『湖北联中』西迁记

◎刘明钢／著

纪念『湖北联中』成立80周年

本书由武汉市老教授协会、闻一多基金会『抗战时期湖北联中教育及当代价值研究』课题项目资助出版

華中師範大學出版社

新出图证(鄂)字10号

图书在版编目(CIP)数据

"湖北联中"西迁记/刘明钢著. —武汉 ：华中师范大学出版社，2018.12(2021.9重印)

ISBN 978-7-5622-8307-2

Ⅰ. ①湖… Ⅱ. ①刘… Ⅲ. ①中学－校史－湖北－1938—1946… Ⅳ. ①G639.286.3

中国版本图书馆CIP数据核字(2018)第179379号

"湖北联中"西迁记

©刘明钢 著

责任编辑:熊 然 责任校对:王 胜

封面设计:罗明波

编 辑 室:对外合作部 电话:027—67867370

出版发行:华中师范大学出版社有限责任公司

社址:湖北省武汉市洪山区珞喻路152号

电话:027—67861367(发行部) 027—67861321(邮购)

传真:027—67863291

网址:http://press.ccnu.edu.cn 电子信箱:press@mail.ccnu.edu.cn

印刷:广东虎彩云印刷有限公司 督印:刘 敏

开本:710mm×1000mm 1/16 印张:16

版次:2018年12月第1版 印次:2021年9月第2次印刷

字数:210千字 定价:45.00元

欢迎上网查询、购书

序　言

我在湖北生活、工作将近70年,颇多与我关系比较密切的老领导、老学长就读过“湖北联中”,因此我对这所战时学校略有所知。我对“联中”历史的真正关心则是由于2009年10月东方出版社公开出版的《陈诚回忆录——抗日战争》。由于此书在大陆出版,是陈诚家属委托我与人民出版社联络的,所以台海两方面都要求我为此书写序。序言虽然不长,却花费了我很长时间阅读原稿,并且对陈诚其人其事有了比较客观的新认识。

我在抗战期间曾经在重庆江津德感坝读过国立九中,1949年以后又一直在湖北工作,所以我对此书第二部《我与湖北》兴味甚浓,特别是其中第六章《试行计划教育》我反复阅读了好几遍,因为作者着重回顾的就是“湖北联中”。“联中”西迁,多半是在偏远的山区简陋办学,其自然景观与风土人情与我抗战时期就读的川东山村有颇多相似之处,校园的教学工作与生活状态也是大同小异。

原来我对“联中”各校不够重视,认为它们无非是一座座难民学校而已。及至读过《陈诚回忆录》之后,才知道这是他主政湖北期间与当地社会精英共同推行的一项开全国风气之先的重大教育举措。为了千千万万沦陷区的学生有书可读,湖北省政府统一规划,合理布局,拨出大量公费,资助青少年继续升学,其乃民间一大福音,至今仍然流传为艰苦战争岁月的一段佳话。作为主政首脑,陈诚的可贵之处就是较早把“联中”纳入抗战持久阶段的战略构想。《论持久战》诚然是毛主席的经典之作,但也是国共两党有识之士的共识。战争虽然是最后决胜于疆场,但决胜的基础毕竟是综合国力,而培养国民素质的教育又是基础的基础。陈诚虽然是职业军人出身,却不缺少政治头脑,特别是对教育事业极为重视。他以省府主席的身份,及时召开全省公私立中等以上学校校长会议,并且通过讨论发布《湖北省公私立中等以上学校联合设立办法》14 条,决定将鄂东、鄂南及武汉地区的中学分别迁往鄂西、鄂西北。他自己亲自担任"湖北联中"校长,并且任命省教育厅厅长、著名教育学家陈剑修担任副校长,全面布局,雷厉风行,有条不紊地完成"联中"成建制地西迁这项艰巨工程。

9 月 26 日,陈诚发表《告全省中等学校学生家长书》,紧急呼吁:"全省诸父老钧鉴:目前湖北已经直接迫近了战区,日寇的铁蹄正在蹂躏我们的家园,我们无数的同胞被屠杀、被侮辱了,无数的学校与文化机关被摧残、被焚毁了。在流徙动乱的威胁之下,我们最关切的就是青年子女今后的学业和安全问题。省府有鉴于此,已经决定在鄂西、鄂北举办湖北省立联合中等学校,把本省所有公立、私立中等以上学校联合设立起来。我们唯一的目的,就是要竭力维持战时教育,使我们的子女在安全环境中继续求学,不致流离失所,荒废学业。同时积极地施以抗战建国的教育与训练。……诸位自然最爱护自己的子女,尤其关切他们的安全,可是求子女的安全,同时必须爱惜子女的光阴与学业,如果使子女无目的地逃难奔跑,不仅违反国家教育青年的宗旨,且亦无以对自己的子女!更何忍让他们沦陷敌区,将来遭仇寇的屠杀,驯至受奴隶教育的毒害与痛苦!诸位父老们,快将子女送到附近的登记处(汉口、襄阳、宜昌三地均有)去履行登记手续,或通讯请求登记,以便审查后加入指定的学校,可以安心肄业。这样我们才是真正的爱护子女,同时也就是为国家培植新的生命,树立三民主义国家伟大建设的基础。"陈诚在信中说:"诚深深感觉到,诸位的子女即是我的子女,我对青年的关切,正如你们对自己的儿女一样。"据说当时竟引发许多父母热泪纵横,纷纷急送子女报名入学,至今仍然被许多"联中"校友反复引诵。

把千千万万的他人的子女当作自己的子女,说来容易做来难,但至少为数以万计的辍学已久的难童及时开辟了一条千载难逢的生路。这就是湖北的敢为人先，而“联中”的规模之大与学生之多，也为后起的各省国立中学所不及。说到底就是其他省下不了这么大的决心为沦陷区学生提供继续升学的巨额经费（“湖北联中”称公费，后起的国立中学改称为贷金，但有借无还，也等于是公费）。回想1938年秋冬之交，我们一家八口流落在重庆，贫病交加、缺医少药，不到一年外婆与两个幼弟都相继亡故。正在父母一筹莫展之际，忽然传来好消息，国立九中即将在江津办学，专门招收安徽沦陷区流亡学生。这是天大的喜讯，父母立刻变卖衣物，把姐姐开明、哥哥开诚、弟弟开永与我专程送往九中，经过甄别测验，全部享受贷金继续升学。随后父母就把我们姐弟4人交给九中，深信九中也会把别人的子女当作自己子女，而他们又行程万里，辗转流落到江西大庚钨矿管理处自谋生路去了。

我从1938年12月到1943年7月初，从初一下读到高三上，在国立九中学习了将近5年。由于处境相同和经历相同，我读“联中”相关校史文稿，常有“似曾相识燕归来”的情思涌现。那连绵的山峦、清澈的溪水、古老的祠堂、简易的茅屋，还有那桐油灯的昏黄照明，那一日三餐吃不饱也饿不死的“八宝饭”与炒蚕豆，无一不撩起我缕缕不绝的乡愁。战时公费中学确实艰苦卓绝，但我们有那么多堪称教育家的优秀校长，为数更多的安于清贫、潜心施教的资深教师，还有那比较齐全的图书资料与实验设备，让我们享受历史上难得一见的一流中学的基础教育。我们初步知道如何读书做人，并且拥有一个丰富多彩的精神世界。正是这个精神世界与我终身相伴，历经多少风云变幻与坎坷曲折，而不忘保持独立的人格与自由的思想，在每一个重大的人生转折关头作出比较理性的选择，所以我深切感到中小学教育的重要，越老越感恩自己曾经受惠无穷的中学老师，乃至最后把自己的一生都奉献给师范教育，而陶行知则是我朝夕膜拜的教育泰斗。

也正因为如此，2006年冬天，王立教授亲自送来她独自完成的《烽火联中》书稿，我不仅认真拜读，还自觉义不容辞，为此书写序。此书几经周折,终于由九州出版社于今年 2 月以新的书名《黉府弦歌:抗战烽火中的湖北联中(1938—1946)》付梓问世。该书分上、下两编:上编从宏观上论述联中组建的前因后果,下篇则是作者"重走联中路,寻访联中人",以亲历者的口述历史为基础的 22 篇随笔。由于作者本人就是"联中"学子的后代,所以情文并茂,颇为感人。此书在海峡两岸都引起重视与好评。正好今年又是"联中"建校 80 周年,台湾地区的《湖北文献》还为此刊发专辑,马英九、吴敦义等名流热情题词,并且刊发具有相当深度的长篇书评,王立此书堪称开风气之先。

最近,华中师范大学出版社又送来刘明钢教授撰写的《"湖北联中"西迁记》的书稿清样,让我先睹为快,同时也嘱我写序。时值盛夏,文思滞碍甚多,但仍有义不容辞之感,每日执笔伏案,不敢急就成章。因为此书是武汉老教授协会为纪念"抗日战争武汉会战"80 周年,在闻一多基金会的支持下,组织一批老教授,承担了"抗战时期'湖北联中教育及当代价值研究'"的课题。这些老教授"重走联中路,寻访联中人,征集联中物",两年来在恩施地区考察各类纪念馆十余个,寻访百余人,收集文献资料数百万字。刘明钢教授的大著正是在集体工作的基础上收获的硕果。我认为,学术研究大多是后来者居上,以"湖北联中"历史内容之丰富与意义之深远,一次能推出两本著作绝不算多。而且两书还可以互相映照,相得益彰。以这两部开创之作为起点,相信越来越多的读者将会了解"联大"之外还有"联中"。"联大"也不仅仅是"西南联大",还有"西北联大"以及其他公私立大学的大批西迁,而"湖北联中"之后还有为数更多、覆盖面更宽的"国中"。正是这些学校的西迁,不仅保证了战时教育的赓续,而且还保证了西部落后地区的文化教育与整个社会的进步。因此,我把大批中等以上学校的西迁与创建,看成是抗日战争期间出现的悲壮史诗。其功绩不下于在前线和敌后与敌寇奋战的英勇将士。

我是个抗战老兵,曾响应政府"一寸山河一寸血,十万青年十万军"的紧急呼唤,毅然投笔从戎,并且进入战斗序列:青年远征军第 9 军 201 师 603 团,参与捍卫战时首都任务。尽管由于反法西斯战争进展顺利,日本侵略军节节败退，最终被迫宣告投降，我未能实现远征缅甸、亲自收复国土的夙愿，但我始终难忘战时的教育。老师们的谆谆教导正如当年岳母刺字一样，把“抗日救亡”四个大字深深地铭刻在我们心中。从20世纪80年代中期以来，我始终在学术领域站在反对日本军国主义第一线，仿佛自己仍然没有退伍，仍然继续抗战。

骄阳似火，终日写序，心劳力瘁，但感觉自己仍然站立在战斗的队列中。读者诸君，你们能够理解我们这一代人的心曲吗？

章开沅　戊戌仲夏
于桂子山实斋，时年九二。

前　言

为了纪念“抗日战争武汉会战”80周年，武汉市老教授协会在闻一多基金会的支持下，组织一批老教授，承担了“抗战时期‘湖北联中’教育及当代价值研究”课题。近两年来，老教授们奔波于图书馆、档案馆、地方志馆，查阅资料，核对史实；又组织考察组，打着“重走联中路、寻访联中人、征集联中物”的横幅，前往恩施地区考察。足迹涉及恩施的七个县市，考察各种纪念馆十余个，寻访百余人，收集资料达数百万字。刘明钢教授积极参与这项课题研究，承担《“湖北联中”西迁记》一书的写作。当刘教授将这本书稿呈现在我面前时，我喜出望外，刘教授又嘱我为这本书撰写序言，我不可推脱，欣然接受。

我反复阅读刘教授的书稿，“湖北联中”漫漫西迁之路，联中人不畏艰难，砥砺前行，在颠沛流离中负笈求知，在栉风沐雨中探寻真理的一幕又一幕情景，在我的脑海里不断涌现。这本书记录了很多守望相助的感人故事，珍藏了很多沁人心脾的温暖回忆，烙下了很多难以磨灭的联中印记。概括起来，这本书有四个显著特点。

一、客观把握抗战历史主线和重要历史事件，热情歌颂党领导的地下斗争，使“湖北联中”的历史光彩鲜活。由于日寇的疯狂侵略，武汉危在旦夕，为了使湖北教育得以延续，当时的湖北省政府组建“湖北联中”，而联中师生则以“誓死不当亡国奴”的决心和信念，跋山涉水，风餐露宿来到鄂西大山区。这是一次我国基础教育史上罕见的大迁徙，使得湖北战区经过几代人发展起来的宝贵教育资源和优秀中华教育文脉得以保存。《“湖北联中”西迁记》紧紧把握抗日战争这条主线，将“湖北联中”这一历史事件放在抗日战争的大背景下加以叙述，使我们对抗战时期湖北的中等教育有生动、形象、具体的认识。书中专辟“地下斗争”一章，书写共产党人在学生中建立组织、宣传抗日、领导学潮、培养骨干、积蓄力量的一个又一个感人故事，使我们了解到面对复杂形势，共产党人表现出斗争智慧和襟怀坦荡的高贵品质，从而以理性的笔触阐释了共产党人的革命风范。

二、充分运用省、市、县馆藏历史资料和联中师生的回忆录，集中展现在恶劣的环境下，“湖北联中”秉承兴学强国的使命，坚持教育报国的理念，开展了丰富多彩的教育教学活动，谱写了浓墨重彩的育人华章。

“湖北联中”在恩施办学长达八年之久，这八年是联中师生弦歌不辍、追求真知的岁月。国破家亡、背井离乡的现实促进青年人爱国热情高涨，苦读之风盛行，用“三更灯火五更鸡”形容恰到好处。

“湖北联中”的教师大多数都主张抗日，鼓励青年学生为民族独立而学习。他们专业知识精湛，教学经验丰富，教学方法灵活，深受学生敬爱。这些教师多数来自武汉，许多教师都是当时武汉教育界的精英，他们一时齐集鄂西山区，吃苞谷，住茅屋，睡木床，毫无怨言；桐油灯下，备课批改作业，一丝不苟；简陋教室里，精心讲解，循循善诱，令学生受益匪浅；联中教师多有爱生情怀，他们像春蚕一样吐丝，像蜡烛一样发光，像严父慈母一样关爱学生，培养学生，使年轻学子、异乡游子，汲取知识营养，感受人间温暖，在苦难中成人成才。

联中的学生生活是丰富多彩的，除了日常紧张严肃的课堂教学以外，学校开展各项文化体育活动，长跑短跑、跳高跳远、唱歌打球、跳舞演戏、打莲湘踩高跷，各项活动一应俱全，每逢“九一八”、“一二·九”等纪念日，还组织文艺演出，宣传抗战。

联中学生还开展各项服务社会的活动，建始县的三里坝是一个热闹的集市，学生办的壁报，挂满了街头，这些壁报的内容，既宣传抗日，又传播中华文化，不仅吸引师生驻足观看，也让当地群众从中了解外面的世界。学生们还走上街头演讲，深入农村演出，到农民家中教识字，到乡村小学教音乐、美术，到村湾宣传破除迷信，等等。“湖北联中”在恩施的八年，使偏僻的乡村不仅热闹了许多，还促进了教育的发展，从此，恩施才有了中等教育学校。

《“湖北联中”西迁记》详细记述在国难当头的日子里，联中坚持办学，共赴时艰，使中华民族自强不息的民族品格、以爱国主义为核心的民族精神，通过将人才培养与国家命运相结合的鲜活事例，在全书中得以充分挖掘和生动展现。这也是该书着重展示的“湖北联中”魅力之所在。

三、《“湖北联中”西迁记》专辟一章“情满施州”，记叙湖北省实验中学在恩施办学的经历，以及近年来该校与恩施利川中学对口帮扶的感人事例。此章并非画蛇添足，而是锦上添花。湖北省武昌实验中学在恩施办学期间，虽然几经变迁，但排除万难，严谨治学，创新发展，把“读书报国”作为学校的宗旨，办学很有成效，很有特色。这段波澜壮阔的历史，铸就了这所江城名校的精神气质。今天，这种“兴学强国”依然是我们必须承担的时代使命。

湖北省武昌实验中学始终没有忘记在恩施办学的这段苦难辉煌的历史，花费大量的人力物力，在校史纪念馆专列一章“舞阳坝岁月”，记述在恩施办学的艰辛时日。当今时代，教育的发展不能孤立地闭门办学，需要加强不同学校的联系，不同学科的融合。因此，湖北省武昌实验中学在弘扬“严谨治学”、“教育为国家和社会服务”的办学理念的同时，更加注重吸取借鉴“湖北联中”和衷共济、共渡时艰的办学模式，主动与利川一中开展合作交流。湖北省武昌实验中学每年派出各学科骨干教师到利川一中送教上门，此外还有心理辅导、同课异构、德育教育融入班级管理、高考复习备考交流等。利川一中也派出学校管理干部和教师到湖北省武昌实验中学跟班学习交流。两校之间真诚合作交流，取长补短，优势互补，亲如一家，成为紧跟时代步伐、弘扬光荣传统、当好新传人的典范。

四、努力追求史学的学术性与可读性的完美结合。叙述深入浅出，要而不繁；文笔清新自然，引人入胜。读这本书，使我们感受到史学的魅力与情怀。该书在内容上重点突出而又兼顾全面，不仅写变幻莫测的地下斗争，也写别具一格的风土人情；不仅写学识渊博的名师风采，也写勤奋苦读的学生情怀。作者的写作严谨求实而又不乏激情满怀，对联中教育的记述详尽深刻，有声有色；对学生生活的叙述形象细致，有血有肉。全书为我们展开了一幅绘声绘色、波澜壮阔的教育文化长卷。

读《“湖北联中”西迁记》，令人联想翩翩：抗战时期，我国高等教育有“西南联大”，而湖北基础教育则有“湖北联中”。它们都是在国家和民族处于危难之时，立足于为国家和民族的长远利益，自觉地承担起文化传承的使命，用教育思想和人生智慧，谱写了浓墨重彩的华章，在我国教育史上具有重要地位。

《“湖北联中”西迁记》的出版发行，是武汉市老教授协会的一批退休教授献给年轻一代的礼物，希望青年们能从历史中汲取营养，从而获得更大的智慧，使人生绽放出更加靓丽的光辉。

罗友松

2018 年 1 月 19 日于松雪书斋

目　　录

第一章　“联中”诞生

日寇疯狂大入侵，山河破碎国将沦。
战区课桌难安放，灾域学堂无幸存。
湖北师生多壮志，鄂西父老助亲人。
韦编三绝不言苦，只为寻求教育魂①。

1931—1945 年的日本侵华战争，是中国近代历史上的一场空前浩劫。日寇的野蛮侵略打断了中国工业化的缓慢进程，同时给中国教育造成极大的破坏。为了使武汉及周边地区的中等教育免遭日寇的蹂躏，保存教育的基础，适应抗战的需要，湖北省政府决定将全省所有的中等学校合并，组成湖北省立联合中等学校（简称“湖北联中”），迁往鄂西、鄂北。这是湖北省中等教育的一段波澜壮阔的历史，在湖北乃至中国近代教育史上书写下浓墨重彩的一页。

一、战时首都

1931 年“九一八”事变以后，日本帝国主义侵占了东北三省，1937 年，发动“卢沟桥事变”，日寇长驱直入，欲亡中国，中华民族陷入水深火热之中，国破家亡，生灵涂炭。1937 年 11 月、12 月，上海、南京相继失陷，国民党华东军队全线撤退。国民政府宣布迁都重

① 此诗作者为黄成平，原题为《只为寻求教育魂——读〈“湖北联中”西迁记〉有感》。黄成平，1945 年 5 月生，男，汉族，湖北黄陂人。原江汉大学秘书学系党总支书记，现为中华诗词学会会员、武汉诗词楹联学会副秘书长、《武汉诗词》编辑，著有《数风流人物》、《红旗飘飘》、《浩气长存壮士雄》、《中华名医颂》等多部诗词集。

庆，在迁都之前，国民党党政军机构和外国驻华使节全部迁到了武汉。中共中央也先后派出王明、周恩来、博古、项英、凯丰等中央政治局委员，组成中共代表团和中共中央长江局前往武汉，负责与国民党谈判，开展统一战线和领导南方13省党的工作。

抗战初期是国共关系最融洽的时期。当时国民党依靠正规军抗战，对动员人民群众参加全面抗战的宣传、组织工作都很生疏，因此希望共产党能在这方面发挥特长。

1938年1月初的一天，汉口八路军办事处来了一位客人——武汉卫戍总司令部总司令陈诚。此时陈诚的另一个身份是国民政府军事委员会政治部部长，他是奉蒋介石之命来请周恩来出任政治部副部长的。

中共中央发布的《共产党参加政府问题的决定草案》规定，中共党员不得在其他党派任职，周恩来只得婉拒，但他认为这是国共精诚合作的机遇，不该轻易错过，于是向中央建议："应该与国民党开诚合作。"1月中旬，蒋介石再次请周恩来上任，周恩来再次向中央表明态度："如果屡推不干，会使蒋介石认为共产党无意相助，使反对合作者的力量得到加强。"

经过慎重考虑，中共中央同意周恩来的意见。1938年2月1日，周恩来走马上任。这是抗战期间共产党人在国民政府担任的唯一要职。大革命时期，周恩来任黄埔军校政治部主任，陈诚任炮兵队长，是周恩来的学生。如今却屈居"学生"之下，对此，周恩来并不介意。他认为，虽然和陈诚在十年内战中兵戎相见，但陈诚是主张抗日的，可以放弃前嫌，有条件地与之合作。

由于历史的原因，周恩来在国民党内有很高威望。上任不久，他就以副部长身份，戎装佩剑，主持政治部的总理纪念周。周恩来的大将风度和威仪，给与会者留下了绝佳印象。在讲抗战形势时，他严密的逻辑思维能力和语言表达技巧，让不少军统、中统、复兴社（均为国民党特务组织）成员为之折服。

那时的武汉，不仅是实际上的战时首都，也是文化之都。"到武汉去”，成为当时爱国人士，尤其是文化界人士中最富感召力的一句流行语。全国各地的文化名流，如胡风、萧军、萧红、沈从文、丰子恺、郁达夫，赵丹、金山、舒绣文、冼星海、崔嵬等云集武汉。一时间，“大武汉成了全国政治、经济、文化、军事和抗日运动的中心，被誉为战时首都”。然而，由于缺乏组织者，难以形成一股凝聚力和一呼百应的宣传效果。国民党的 CC 系、复兴社则竭力鼓噪“一个领袖、一个主义、一个政党”，宣称“今天国民党外的一切党派，都没有独立存在的理由”，更造成思想的混乱。在这种形势下，文化界翘首以待一位能拨开阴翳的领军人物来指引正确的航向。

1938 年元旦，在广州的郭沫若接到陈诚发来的电报，言“有要事相商，望即命驾”。郭沫若渴望见到阔别多年的周恩来，遂于 1938 年 1 月 6 日起程赴汉。抵达汉口的第二天，他就到八路军办事处，拜见周恩来、董必武、叶剑英等人。

陈诚邀请郭沫若出任政治部第三厅厅长。之所以这样做，是为了笼络人才，也是为国民政府装点门面，显示蒋介石对政府已经进行了改组。

郭沫若坦诚地向周恩来表示，不愿到国民政府任职。周恩来充分理解郭的顾虑，耐心地做说服工作。他强调政治部第三厅作为一个政权组织作用重大，有了“三厅”这个招牌，就可以用政府的名义，组织团体到前线去，到后方去，到大大小小的城市和广大的乡村，公开地、合法地、名正言顺地宣传群众、发动群众、组织群众。周恩来还恳切地说：“有你做第三厅厅长，我才可考虑接受他们的副部长，不然那是毫无意义的。”周恩来推心置腹的话语打动了郭沫若，他同意任职，但是希望能“以共产党员的身份公开地、痛痛快快地工作”。周恩来又劝他服从党的需要，要忍受内心的寂寞，还是以非党人士的身份工作。周恩来如此安排用心良苦，既是为了团结大多数，也是为了减少郭沫若工作的阻力和保障他的人身安全。

4 月 1 日，政治部第三厅在武昌正式成立。三厅设 3 个处，每处设3个科，编制300人；下辖10个抗敌演剧队、4个抗敌宣传队、1个漫画队、1个电影制片厂、5个电影放映队及孩子剧团，总数达3000多人。三厅各级负责人中，有不少文化界名流。他们有的是共产党员，有的是文化界的进步人士，可谓群英毕集，盛极一时，被誉为“名流内阁”。

图1 政治部三厅旧址

周恩来、郭沫若联手，其巨大的号召力和惊人的办事效率就充分显示出来。4月7日，第三厅举行了声势浩大的抗战扩大宣传周活动。这是抗日战争爆发后，中国共产党在国民党统治区领导的第一次大规模的抗日宣传活动。周恩来和郭沫若做了周密的部署，宣传周活动开展得有条不紊，每天都有一个主要节目，几十个演剧队和数百个宣传队深入武汉的大街小巷和郊区农村，抗日救亡的歌声响彻武汉三镇。郭沫若在《洪波曲》中如此称道：“武汉三镇的确是复活了！”① 抗战

① 郭沫若：《洪波曲》，人民文学出版社，1979年，第56页。

扩大宣传周活动取得了良好的效果，形成了空前的团结景象。

一个个抗敌文艺组织也如雨后春笋般涌现：1937 年 12 月 31 日，全国文艺界第一个抗日统一战线组织——中华全国戏剧界抗敌协会在武汉成立；1938 年 1 月，中华全国电影界抗敌协会、全国歌咏协会相继成立；1938 年 3 月 27 日，冯玉祥、邵力子、茅盾等人发起组织的中华全国文艺界抗敌协会在汉口成立。随后，长沙、广州、成都等地相继组建分会。文协的成立，是五四运动以来，继“左联”之后的文艺界人士第一次空前广泛的大联合。全国的抗日文化活动达到前所未有的高潮，从城市到乡村，再到硝烟弥漫的战壕、兵营，都可以看到文化艺术工作者抗日救亡的身影。电影《保卫我们的土地》，郑律成的歌曲《保卫大武汉》等，脍炙人口，流传至今。《义勇军进行曲》是电影《风云儿女》的插曲，最能代表时代的强音。

武汉的青年学生具有光荣的革命传统。在中华民族处于生死存亡的紧要关头，他们再次以自己的行动谱写了一曲曲抗日救亡的壮歌。为了声援北平学生的“一二·九”运动，1935 年 12 月 20 日，武汉大中学校学生 2 万多人，举行了声势浩大的示威游行。经过“一二·九”运动的洗礼，省立高级中学的何功伟成为学生运动的领袖，并在学校发展密加凡、孙士祥等人入党。

在中国共产党的领导下，武汉的学生抗日救亡运动出现了前所未有的高潮。

一是成立青年救国团与中华民族解放先锋队。1937 年 12 月 28 日，青年救国团在武昌成立，它是隶属于中共中央长江局的一个群众性青年抗日救亡团体。该团成立后，武汉的学生纷纷加入，省高、女师、省一女中、市一女中等校相继建立分团。1937 年 9 月 30 日，中华民族解放先锋队总部驻汉办事处在武昌育婴堂街 7 号正式建立，省师范学校、省乡村师范学校、省女子师范学校、省立高级中学、省第一中学等校的不少学生加入该组织。

二是广泛地进行抗日救亡的宣传活动。这一时期，青年学生广泛地深入工厂、农村进行宣传。武昌学生经常来到大成纱厂、徐家棚火车站、武昌造船厂等场地，通过办工人夜校、工人识字班、抗战演讲会等形式，一面教工人识字，一面宣传抗日救国的道理。在汉口的华清街五码头、和记蛋厂以及汉阳的汉阳兵工厂，也都有学生们活动的足迹。

三是支援前方抗战。1938 年春，武汉的爱国人士发起了“救护伤兵医药捐款”活动，武汉的学生踊跃加入。为了给前线浴血奋战的将士们以关怀和鼓舞，在“七七”抗战一周年纪念日，武汉还发起了一个献金运动，武汉的青年学生们又参与了这一活动。

在这次前所未有的抗日救亡文化宣传活动中，武汉的大中学生受到洗礼，得到锻炼。后来，随“湖北联中”西迁的学生中，有许多人就是抗日救亡运动的积极参与者。王建纲是建始中学的学生、谷音墙报的美术编辑。他在《回忆我在建始中学办墙报的活动》一文中写道：

> 我在去鄂西之前，在武汉也曾作过一些抗日救亡的宣传活动：如随省一中抗战救国宣传团到黄冈团风去搞过宣传；随应城旅省同学会回应城作过回乡宣传；在武昌徐家棚车站作过街头歌咏队的宣传；在武昌的大街小巷做过募集捐款、救济难民的工作；随同政治部组织的军官带着鞋袜、毛巾等慰问物品到武昌各公私医院去搞过慰问受伤官兵的工作。①

这些在武汉抗日救亡宣传活动中受到锻炼的学生到了鄂西，又有了用武之地。

随着华北沦陷，大批的流亡学生像潮水一样涌向湖北等省。为了收容流亡学生，国民政府教育部于 1938 年 2 月在湖北郧县（现为郧阳区）设立国立湖北中学，并在均县、谷城、房县及河南安阳设立分校，收容冀、鲁流亡学生数千人。此举不仅为战区的学生提供了就学的处

① 王建纲：《回忆我在建始中学办墙报的活动》，“湖北联中”建始中学分校校友会编：《三里坝岁月》，1988 年，第 160 页。

所，也为日后成立“湖北联中”及西迁提供了可以效仿的先例。

1938 年 1 月 4 日，日机首次空袭汉口、汉阳，投弹 80 余枚，平民死 6 人，伤 26 人，毁坏房屋颇多。以后，日寇飞机不断地狂轰滥炸，武汉三镇的中小学全部停课，不少学生跟随家人疏散到乡下躲避轰炸。

1938 年 5 月，日军攻陷徐州后，进一步扩大侵略战争，华中派遣军司令官畑俊六指挥第 2 军、第 11 军共约 140 个大队 25 万兵力对武汉展开进攻，由冈村宁次指挥日军第 11 军 5 个半师团沿长江两岸主攻武汉；东久迩宫稔彦王指挥第 2 军 4 个半师团沿大别山北麓助攻。6 月 15 日，日本政府召开会议，认为“只要攻占武汉、广州，就能支配中国”，正式决定发动武汉会战。

武汉会战打响，超过 100 万的中国军队浴血奋战。战场在长江两岸，横跨安徽省、河南省、江西省及湖北省四省。该战役共进行了 4 个半月，是整个抗日战争中时间最长、规模最庞大和最出名的战役。

7 月 26 日，九江失陷，武汉的形势进一步恶化。

战时的武汉一片狼藉，大街小巷到处筑起街垒，市面萧条，有卖无买，人心惶惶，市容脏乱，垃圾如山，甚至一向隆重的双十节也在凄风苦雨中度过，晚上几盏寒灯，发出惨淡的微光。

武汉及周边地区的中等教育惨遭日寇蹂躏，学校早已停课，成千上万的学生流离失所，学业荒废，湖北教育的基础即将被摧毁殆尽。严立三、张难先、石瑛等有识之士大声疾呼，呼吁省府赶紧拯救教育，他们的建议被采纳。

在军事抵抗的同时，国民政府忙于三件事：1. 将上海、武汉、大冶等长江中下游地区大批近代工矿企业，利用武汉会战赢得的宝贵时间，加紧内迁。2. 安置大量的难民。3. 将武汉及东部地区的公私立大中学校迁往后方安全地带。

有鉴于成立国立湖北中学，收容、安置流亡学生的成功经验，湖北省政府决定实施战时教育，有计划地将学校向鄂西、鄂北战略后方转移。

1938年6月，湖北省政府决定，除省立武昌中学、武昌女子职业学校、实验学校初中部和小学部及第三、第四、第十一小学暂留原地外，其余省会及鄂东之各级学校一律迁至鄂北、鄂西各县。这是湖北省政府首次决定迁移战区的学校。由于各种原因，此决定在执行过程中发生了许多变化。

二、成立“联中”

在战火一天天逼近武汉的情况下，湖北省政府决定成立“湖北联中”并西迁，有三个文献特别重要。

1. 省府决定。1938年7月初，随着形势的危急，学校的迁移更显紧迫。湖北省政府主席陈诚主持召开了全省公私立中等以上学校校长会议。为了使武汉及其他临战地区的学校免遭日寇的破坏，保存教育的基础，培植抗战的根基，会议决定将鄂东、鄂南及武汉地区的中学，分别迁往鄂西、鄂北等地；并将全省47所省立、市立和私立中等以上学校合并为湖北省联合中等以上学校，陈诚兼任校长，教育厅厅长陈剑修任副校长，各分校设主任。“联中”校本部开始设在武昌，后迁往宜昌，再迁到恩施。会议还起草了《湖北省公私立中等以上学校联合设立办法》，交省政府审议通过。

8月30日，省政府审议通过该决定。《湖北省公私立中等以上学校联合设立办法》共14条。全文如下：

> 一、湖北省公私立中等以上学校，为适应抗战建国之需要起见，（除）具有特别情形经指定或核准者外，均应迁移合并办理。
>
> 二、联合设立之学校，定名为湖北省立联合中等学校，内分设高中二所（各附设初中）、初中七所、师范一所、乡村师范一所、高级工业一所、农专一所（附设高农）、高级商业一所、初级职业学校两所（一工一农），其他学校视抗战情形，逐渐增设，以期普遍发达。

三、联合学校分设地点如次：（一）高中一设恩施，一设均县武当山；（二）初中分设利川、来凤、鹤峰、兴山、郧县、保康、宣恩等县；（三）高工设长阳；（四）农专（附高农）设五峰；（五）高商设巴东，（六）师范设建始，乡村师范设房县；（七）初级农校设郧县（注重柘蚕），工校设均县（注重纺织）。

四、联合学校男女学生兼收，但以分部或分班为原则。

五、联合学校设校长一个，由省政府主席兼任，副校长一人，由教育厅厅长兼任。各分校如高中、初中、高工、农专、高商、师范、乡师、初职等校各设主任一人，主持各该分校校务，另设联校校务委员会，由各分校主任兼任委员，教育厅厅长兼任主任委员，秉承校长命令，计划及督促全部工作之进行。分校主任人选由教育厅呈由省府选派。

六、武汉、鄂东及宜昌以下沿江各校集中鄂西，并归并该处附近性质相同之学校；鄂北沿交通线附近各校集中鄂北，并归并该处附近性质相同之学校。

七、各校图书、仪器、重要文卷、册簿及职业学校实习工具，先由各校造册编号装箱径行搬运至教育厅指定地点保存，听候支配。其不能搬运之校具，由各校留一二员工，会同所在地警察分局或县政府负责保管。

八、各校教职员及学生应定期举行登记，在武昌、宜昌、襄阳等处设登记处分别办理。除由学校自选登记，造具名册径送登记处外，其不及来校登记者，得持同学证明文件，直接或通信向附近登记处申请登记。

九、各校教职员经登记后，应即参加政府举办之暑期讲习会，受军事生活训练，实行劳动服务及社会服务。

十、各校教职员于登记及参加讲习会期满后，由教育厅按其服务学校性质及资历统筹分配工作，规定薪额。其编余者由省政府酌量设法救济。

十一、各公私立中等学校学生经登记及审查核准后，由教育厅指定学校入学，所有膳宿制服各费，由学校供给，但学生家境优裕者，仍得按规定收取。

十二、联合学校课程，分学科训练、精神训练、体育训练、生产劳动训练及战时后方服务训练等项，但仍以不降低原正常教育程度为原则。

十三、工业学校应注重纺织、造纸、土木、化工、印刷等工业教育，农业学校应注重蚕桑，种植油桐、药材、漆树、果树以及改进农业繁殖、家畜等工作。

十四、各校均应严格实施军事训练，注重组织管理，劳动服务。①

《湖北省公私立中等以上学校联合设立办法》决定组建"湖北联中"并西迁，是研究"湖北联中"不可或缺的史料。笔者对该文献作如下说明与点评：

第一，服从于持久战略。全国抗战开始后，由于战争局势的复杂，许多人对战争将如何发展认识不清，"亡国论"、"速胜论"等有相当大的影响。澄清这些错误观点，指明抗日战争的基本走势，是指导抗日战争的中国共产党必须解决的重大课题。1938 年五六月间，毛泽东发表《论持久战》的讲演，深刻揭示了中国经过持久抗战夺取最后胜利的客观根据，科学地预见了抗日战争的进程，强调争取抗战胜利的唯一正确道路是充分动员和依靠群众，实行人民战争。《论持久战》以马克思主义的非凡洞察力，清晰地描绘出抗日战争发展过程的完整蓝图，深刻阐述了中共关于抗日战争的战略方针和争取抗战胜利的正确道路，是指导抗日战争的纲领性文献，水平之高，无人可及。

不过，持久战略不是共产党人的专利，而是国共两党的共识。在

---

① 摘自《湖北省政府公报》第 365、366 合期，"湖北联中"建始中学分校校友会编：《青史记联中》，2009 年，第 1—2 页。

抗日战争爆发之前，蒋介石就估计未来的战争将是长期的，在战争初期中国必须实施战略退却，但只要保住中国的西南地区，坚持持久抗战，就能赢得最后的胜利。国民党军事委员会将持久战略概括为两句话：积小胜为大胜，以空间换时间。将长江中下游地区大批近代工矿企业西迁，以及将武汉及东部地区的公私立大中学校迁往后方安全地带，都是执行这一战略。

第二，暗含与共产党争夺青年的企图。抗日战争时期，延安是个革命的大熔炉，是进步青年向往的地方。“到延安去!”成了抗日战争时期进步青年最迫切的呼声。

多少仁人志士为追求救国的真理，不远千里来到延安；

多少知识青年从全国各地一批又一批地涌向革命圣地。

这片偏僻贫瘠的黄土地为何有如此巨大的魅力，使一代青年深深地向往和眷恋？毛泽东一语中的：延安学校的“一切设备都不好，但这里有真理，讲自由，是造就革命先锋分子的场所”。他还说：“你们从南洋、云南、四川、贵州，从全国各地到这里来爬山，并不是你们那里没有山，而是这里的清凉山上飘扬着抗日救国、反帝反封建的大旗。”

对于如潮水一样涌来的流亡青年，延安的办法是，来者不拒，多多益善，开办了各种各样的学校，全部容纳之。

这正是国民党当局最为担忧的事情。

陈诚一方面策划封锁去延安的交通，阻止进步青年学生投奔共产党，一方面成立“湖北联中”，并实行公费制。陈诚说：“此种战时应变之措施，实即推行计划教育之初步，以期消灭阶级斗争之根源。”①

陈诚开办“联中”，暗含与共产党争夺青年学生的企图。

第三，是关于湖北省中等教育的长远规划。《湖北省公私立中等以上学校联合设立办法》是数十位专家一起研究的结果，是一份关于湖

① 李长荣主编：《中共恩施地下党抗战纪实》，湖北人民出版社，2009 年，第 22 页。

北省中等教育的长远规划。该文件对"湖北联中"分校的设置、布局都有明确的规定，对鼓励发展的专业也作出规定。这个文件对湖北的中等教育有着长远的指导作用。

第四，反映了战时的特点。学校课程分学科训练、精神训练、体育训练、生产劳动训练及战时后方服务训练等项，并强调各校普遍实行军事管理，反映了战争年代中等教育的特点。

第五，一次组织周密的大转移。《湖北省公私立中等以上学校联合设立办法》规定湖北省公私立中等以上学校，为适应抗战建国之需要，除特殊情况外，均应合并与迁移。还规定了各学校迁往鄂西、鄂北的措施与步骤，具有可操作性，而且得到落实。《中国战时教育》称："联合中学之设立，有精密之组织计划者首推湖北省。"①

第六，体现了敢为人先的精神。《湖北省公私立中等以上学校联合设立办法》规定将所有湖北省公私立中等以上学校，合并为一所学校。据国民党政府教育部门统计，1936 年年底，湖北全省共有各类中等学校 113 所，教职员 2 417 人，学生 22 527 人。将这么多的学校合并为一所学校，并整体西迁，在中国教育史上前所未有。《湖北省公私立中等以上学校联合设立办法》还规定，"湖北联中"由省政府主席陈诚兼任校长，由教育厅厅长陈剑修兼任副校长，其规格之高在全中国、全世界也极其罕见。这两点充分地体现了敢为人先的精神。

之所以这样规定，是因为将学校合并与搬迁是项极其困难的工作，尤其是战时，决不能各行其是，必须合成一校，采取统一的行动；同时必须提高、强化领导的权威，确保令行禁止。由省政府主席陈诚兼任"湖北联中"的校长，他下命令，谁敢不听？

第七，实行公费制度。为解决学生西迁后无力承担学习费用的问题，湖北省政府决定对中等以上学校实行公费制度，规定凡在湖北国统区中等学校就读的本省籍或外省沦陷区的学生，均享受公费。除免

① 湖北省地方志编纂委员会：《湖北省志·教育》，湖北人民出版社，1993 年，第 130 页。

收学杂费外，衣、食、住宿等各种支出也一律由国家提供，虽然标准甚低，但确实起到了在特殊时期最大限度避免学生失学，促进教育机会平等，使贫寒子弟也能接受教育的良好效果。省政府还制定了比较完善的政策和措施，确保这一制度的实施。实行公费制度，这在当时全国战区和后方各省中是独一无二的。为此，湖北省政府 1942 年经费支出中教育经费比例上升到 23.13%，比战前 1936 年的 12.43%高出近一倍，而 1942 年教育经费中，中等教育经费又占 78.82%，可见当时湖北省政府对中等教育之支持力度。

湖北省这一时期中等教育的发展，与政府的支持密不可分。

第八，坚持自愿的原则。湖北省政府虽然下令，将省内中等学校合并并西迁，也作了动员，但是，愿不愿意离开故土，完全由师生自己决定，绝对出于自愿，没有一点勉强。教师愿意去，就去报名登记，参加培训，然后“由教育厅按其服务学校性质及资历统筹分配工作”。郑万选是“联中”均县武当山高中分校的主任（校长），当他带领师生到达建始三里坝之后，面临的困难之一就是缺少教员。郑万选写道：“照说，‘联中’武当山高中分校接收武昌高中等四校的教员，本来足够。但是，他们当时都以为武当山路途遥远，安全没有保障，多数教员拒不接受聘约；只得请教育厅派人，教育厅还是叫我设法去找。于是向宜昌、万县、重庆、恩施等处分途罗致教员，东拼西凑，才勉敷支配。”①

由于随学校西迁可以免当亡国奴，而且免收学费，因此学生报名异常踊跃。高树是利川师范分校的学生，他在回忆录中写道：

> 当时战火已经逼近湖北，省政府采取紧急措施，将全省所有中等学校改组合并，成立湖北联中。在鄂西、鄂北、鄂东的崇山峻岭之中设立了各类分校，以保证湖北的教育事业不致因战火而中断。为了不让全省青年学生失学、辍学，省政府一面通告全省

---

① 郑万选：《主持湖北“六高”校务的回忆》，政协湖北省委员会文史资料委员会编：《湖北文史资料》，1999 年，第 212 页。

父老，说明联中学生一律享受公费，由政府管吃、管穿、管住、管读书、管升学就业，一面在武汉、宜昌等地设立办事处，负责招考小学、初中毕业生进入联中。于是在全省出现了一个考联中、读联中的热潮，我当时初中毕业，赶到汉口报考，录取后，被分发到联中“利川师范”。①

第九，规定薪额。根据《湖北省公私立中等以上学校联合设立办法》，凡被“联中”录用的教师按规定发放薪额。抗战前，教师的薪俸以大洋计，中学语数外主课教师每月 120 元左右，副课教师亦在 80—90 元之间，学校的办事人员也有四五十元。“联中”初来鄂西时，大米每斤只要三分，猪肉每斤一角六分，鸡蛋旺季时一分可买两个。因此一个中学教师的月薪，不仅养家糊口没有问题，还有可观的储蓄，生活相当富裕。

尔后，国民党统一币制，由“中中交农”四行（中国银行、中央银行、交通银行、农民银行）发行纸币，称为“法币”，代替银圆，不兑现洋。为了弥补财政的赤字，国民党政府滥发纸币，弄得通货膨胀，物价像脱缰野马般飞涨。对此，美联社上海 1947 年 7 月 24 日电讯曾形象地描写道：法币 100 元可购买的物品，1940 年为一口猪，1943 年为一只鸡，1945 年为一条鱼，1946 年为一个鸡蛋，1947 年为三分之一盒火柴。教师的工薪表面没有减少，实则一落千丈。法币贬值，每当工资到手，不仅不能同上月比，即使与前天、昨天相比，购买力亦相差甚远。

湖北省政府无法遏制通货膨胀，只能采取以“凭证分配、物物交换”的措施来维系教职工的最低生活。学生从 1940 年起，省政府决定主副食分开，每人每月发主粮四十斤零四两、食盐十二两，副食随物价而定；教职工每月都有粮、油、盐、棉花、棉布的供应指标，以平价计算。物价一日数涨，家大口阔的教师难以维持生活，不得不典当

① 高树：《抗战烽火中诞生的湖北“联中”》，宣恩县政协文史资料委员会编：《宣恩文史资料》第 15 辑，2011 年，第 106 页。

金银首饰、家具杂物。九师校长吴荫云，由于子女多，每当暑寒假子女要上学，有的要远去重庆、昆明，只好老着脸向亲友借贷。校长尚且如此，一般教职员工的惨状可想而知。

第十，体现了政府的意志、决心与担当。《湖北省公私立中等以上学校联合设立办法》规定，所有湖北省公私立中等以上学校，“均应迁移合并”，但是却没有谈到能不能回来，何时回来。说实在的，当时的国民政府的官员对于西迁的学校究竟能不能回来，何时回来，谁也说不准。《湖北省公私立中等以上学校联合设立办法》绝口不提返回之事，大有“风萧萧兮易水寒，壮士一去兮不复还”的悲壮感。

古人云：“蜀道难，难于上青天。”在炮火纷飞的战争岁月，将几十所学校整合为一所学校，实行公费，并整体搬迁，其难度绝不亚于行蜀道。没有壮士断腕的决心与勇气，是不可能作出这样的决定的。湖北省政府迎难而上，其意志、魄力与担当值得充分肯定。

2. 政策说明。《湖北省公私立中等以上学校联合设立办法》对成立“联中”以及西迁，作了原则性的规定。该文件公布之后，引起学生、家长以至市民的广泛关注，提出许多问题，有必要作出详细的回答。因此，9 月 20 日，湖北省政府发表《为本省联合中学设立经过及今后办理计划布告周知由》，全文如下：

> 溯自抗战以来，暴敌所至，对我教育文化机关，无不横加摧残。本省秉中央抗战建国之大计，巩固教育基础，策划员生之安心教学，并为普遍发展教育，力矫学校集中都市之病，爰拟订本省公私中等以上学校联合设立办法，提经本府第 304 次会议修正通过在案，现在联合中校各分校主任，业经本府明令发表。各分校校舍亦经教育厅派员分赴鄂西、鄂北各地查勘，下饬各该分校主任前往布置，积极筹备，务期于短时间开学上课，俾本省边远偏僻区域，蔚成为教育文化建设中心。自本年下期起所有全省公私中等学校，除确有特殊情形呈经本府核准者外，须并入联合中学。其原有肄业学生，得携原校证明文件，就近前往汉口、襄阳

或宜昌教育厅所设之学生登记证处，请求登记，听候审查，分配学校，编级肄业，并参酌学生家庭经济状况，供给学杂、膳宿、制服等费。关于新生招考事宜，决定采取统一招生办法，于武汉、襄阳、宜昌等各地设立招生处，考试日期及科目，另行公布。至各县属内中等学校，业经教育厅派员视察，其成绩优良者得并入联中，不良者则加以取缔。教育前途，庶其有豸。合行布告，望我教育界人员及有志向学青年一体知照为要。此布。①

布告回答了为什么要组建“联中”，《湖北省公私立中等以上学校联合设立办法》是如何产生的，组建“联中”与西迁作了哪些准备工作等等问题。该布告还有几点须要特别重视。

第一，均衡发展的理念。布告体现了均衡发展的理念，可分为三个层次。

（一）均衡省内的教育资源。“联中”的成立与西迁，是在特定的历史时期湖北省政府为适应战争形势、抢救中等学校而采取的一种应变措施，具有一定的被迫性。正如布告所言：“本省秉中央抗战建国之大计，巩固教育基础，策划员生之安心教学。”然而，“联中”的成立与西迁不仅仅是消极、被动的，还有着更积极的考虑。当时湖北省的中等教育相对落后，且分布不均。武汉地处“国之腹心”，又是最早的通商口岸，中等教育相当发达，武汉三镇共有 61 所中等学校。然而，鄂西、鄂北地区却异常落后，20 多个县仅有两所初中，学生 553 人。教育的落后又直接制约了这些地区文化、经济的发展。

布告化消极因素为积极因素，强调要平衡全省的教育资源，不但着眼当下，而且顾及未来，写道，“为普遍发展教育，力矫学校集中都市之病”，将武汉地区的中等学校迁到落后的鄂西、鄂北地区，“俾本省边远偏僻区域，蔚成为教育文化建设中心”。

（二）均衡地区间的教育资源。省教育厅将登记的 47 校重新组合

① 摘自《湖北省政府公报》第 3 期，“湖北联中”建始中学分校校友会编：《青史记联中》，2009 年，第 3 页。

成“湖北省立中等以上学校”，下设22所分校，名单如下：

(1)“湖北联中”恩施农业专科分校。

(2)“湖北联中”恩施高级中学分校。

(3)“湖北联中”恩施女子高级中学分校。

(4)“湖北联中”建始师范分校。

(5)“湖北联中”建始女子师范分校。

(6)“湖北联中”巴东高级工业职业分校。

(7)“湖北联中”巴东高级商业职业分校。

(8)“湖北联中”利川初级中学分校。

(9)“湖北联中”宣恩初级中学分校。

(10)“湖北联中”咸丰初级中学分校。

(11)“湖北联中”来凤初级中学分校。

(12)“湖北联中”五峰（县）高级农业职业分校。

(13)“湖北联中”均县武当山高级中学分校。

(14)“湖北联中”均县女子高级中学分校。

(15)“湖北联中”房县乡村师范分校。

(16)“湖北联中”秭归女子职业分校。

(17)“湖北联中”郧县初级农业职业分校。

(18)“湖北联中”均县初级工业职业分校。

(19)“湖北联中”兴山初级中学分校。

(20)“湖北联中”秭归职业中学分校。

(21)“湖北联中”郧县高级中学分校。

(22)“湖北联中”谷城初级中学分校。

在这个分校名单中，(1)—(11)设在鄂西的恩施地区；有4所设在宜昌地区，有7所设在鄂北的郧县、均县。之所以这样设置，首先是确保安全，其次也有使教育资源大体均衡的考量。

（三）均衡鄂西、鄂北各县的教育资源。从这个分校名单可以看出，设在鄂西、鄂北地区的各个分校，不是集中在某个县，而是分布在各个县，使地区内的教育资源的布局尽量合理。

总之，布告化消极因素为积极因素，体现了均衡发展的理念。在抗日战争时期，能有这种认识、这种眼光、这种见地，难能可贵。

第二，关于如何报名。布告规定在汉口、襄阳与宜昌三地设置学生登记处，负责招生工作。登记处是常设机构。后来，武汉陷落，改在恩施设登记处，并在利川、来凤等地设置招待所。由于“联中”分校主要集中设在恩施地区，恩施登记处在招生中具有举足轻重的作用。登记处与招待所不但负责考生的登记，还负责学生的食宿、生活管理、文体活动、思想教育等，俨然是“联中”分校的预科班。

1942 年 7 月，王野亭与两个小伙伴历尽千辛万苦来到恩施的登记处。后来，王野亭写下回忆文章《后方求学记——侧记湖北流亡青年招待所和湖北联中》，详细地记载了恩施登记处的情况。这是笔者查到的唯一的有关恩施登记处的史料，弥足珍贵，特摘录如下。

> 湖北省流亡青年招待所坐落于恩施城北门外清江右岸的麻柳湾，是一栋略具规模、有木质骨架的砖瓦民房。一进门，可见高大的木板屏风，屏风上辟有公布栏和读报栏。屏风两侧各有一门进入大厅。大厅为长方形，约 50 平方米，地面铺有平整的灰砖。大厅两旁的东西厢和中间的正室，都有木质地板，学生就在木板上占有一席之地开铺休息。招待所有所长一人，负责学生的思想教育工作。有区队长一人，负责学生的生活管理。有流亡学生约 70 ，全是男同学。
>
> 绝大部分是中学生，少数是上过几年私塾的；分为 6 个小队，小队长由学生担任。这些学生来自本省各地。每周，所长讲话一两次，内容是抗战形势或组织纪律问题。其他时间均为自学文化。自学时，没人组织，也没老师辅导，大家就以能者为师，互相学习：高年帮低年级，高中生帮初中生，情绪很高。咸宁的张光前同学说出了大家的心里话：“逃难，流亡，功课落下了，学业荒疏了，如果还不努力，将来怎能跟得上？我们离父母、别家乡，到

这里吃这份苦，为了什么呢？为了不当亡国奴，为了将来有出息。因此，我们流亡，不能留级！”许多同学夜以继日、孜孜不倦学文化，晚上11点，该熄灯了，可还有许多同学仍在灯下复习，不肯休息。区队长只好一个一个地请，一个一个地催，几费口舌，大家才陆续休息。

读报栏贴有几种报纸和中国、世界地图。为了便于学生了解战争形势，报纸上报道了各地的战况，主持人就用大头针和细线把报道标题和地图上的位置连接起来，流亡学生十分关心战争情况，每天读报栏前，立览踊跃，议论热烈。

招待所实行军事化生活管理。天刚亮就起床，集合整队，跑步到清江边；漱洗完毕，早锻炼半小时。晚饭后，整队到江边，游泳、洗衣一小时，集合回所。晚上一般为自由活动。我在招待所期间，举行了两次月下沙滩晚会。晚会开始时，大家席地而坐，互相拉歌。虽无丝竹管弦之盛、华灯茶点之雅，但大家唱抗日歌曲，情绪高涨。

恩施城内挖了许多防空洞，修建了一些防空设施，当局还对老百姓进行了防空知识教育。敌机临空前，山城即响起第一次空袭警报，升起色彩不一的防空球。防空球的数目和色彩，是告诉人们来袭敌机的数量和类别。这时，人们匆匆忙忙、拖儿带女、成群结队地奔向防空洞，和家乡跑兵荒的情形差不多。响起第二次警报后，街上来往的人很少了。第三次警报后，全城戒严，禁止通行，街上只有警察巡逻了。蹲防空洞的时间是难熬的，直到解除警报的汽笛响过，防空球降下了，人们才从洞里出来，舒一口气，觉得阳光明媚，空气清新，有说有笑地慢悠悠地离去。我在招待所期间，区队长曾带领我们蹲过几次防空洞，但每次来的敌机都是掠空而过，没有丢炸弹。

招待所的生活十分艰苦。一日三餐，两稀一干，可吃个半饱。无论干饭或稀粥，小同学、老实人，照例只吃一碗就洗碗作罢；

强悍的则要参加挤第二碗的斗争。挤饭时，围着饭桶，里三层、外三层，你推我挤，地上洒的饭一片狼藉。菜，说是有，也可以说无，8人围着砂钵蹲下，钵里大约有几十颗可以数得清的盐黄豆。吃豆子时，只可一颗一颗地拈，不能捞，更不可用勺子舀。中午干饭，8人有合渣一钵。恩施人所说的合渣，就是水磨黄豆和芥菜，有盐无油、加水煮熟的。虽然生活艰苦，但大家懂得：前方还在打仗，将士正在流血牺牲；战区、沦陷区，人民流离失所；作为流亡者，能有一席之地安身，有一碗饭吃，就不错了，没有更多、更高的要求。①

该文不但记载了恩施登记处的情况，而且对战时的恩施，流亡学生的生活、学习、思想状态都有详细的描述，展现了当时社会的生动画面，很有史料价值。

第三，如何考试录取。铁打的营盘流水的兵。"湖北联中"西迁后，年年有学生毕业，年年须要招收新生，因此招生工作特别重要。政府布告详细说明了新生的报考资格、考试日期、考试科目以及如何录取等相关事宜，其总原则是宽进严出。

根据规定，内迁学校的原有学生进入原班级就读，新招学生则须要参加考试，按成绩编入各年级。当时，学校的规模很小，除几所完中②学生超过1000人外，其余都是数百人，基本上每个年级两个班，每年招收的名额极其有限。然而报名者甚多，所以能被录取都是幸运儿。1941年8月，卞友声收到湖北省教育厅的通知书："经毕业会考，成绩及格，并准予升入湖北省立高级工业学校。"看到通知，卞友声既高兴又意外。因为只有数理化成绩优异，才可能分配到高工读书，但他的数理化并不好。王克忠是郧阳"联中"1941年的初中毕业生，报考均县八中，参加了入学考试，笔试后有口试，两个问题都不知如何

① 王野亭：《后方求学记——侧记湖北流亡青年招待所和湖北联中》，政协湖北省委员会文史资料委员会编：《湖北文史资料》第1辑，1995年，第18—19页。

② 完中，指既有初中部，又有高中部的中学。

作答，以为要名落孙山，谁知“侥幸”被录取。

王野亭在其回忆文章《后方求学记——侧记湖北流亡青年招待所和湖北联中》，记载了他被录取的经过：

进招待所不久，湖北省教育厅发来了登记表要我们填写。登记表除了填写个人基本情况外，特别强调要写明毕业于何校或高、初中肄业几年，本人打算以何校几年级就读。当时流亡学生可直接由省教育厅分配入学，无须参加入学考试。那次登记，大概就是分配前的学历与志愿调查吧。我们都只读了八九年私塾，自学了一点小学算术，要求到宣鹤联中读一年级。那时，我们都已十六七岁，还刚上初中一年级，有的同班同学年龄比我们还大些。可以看出：抗战时期的中学生年龄一般偏大，文化水平偏低，但他们能吃苦，独立生活的能力较强，就是那个动乱的年代造就出来的。9 月上旬，接到宣鹤联中同学的电话通知：我们已取得了该校的学籍，要我们立即赴宣恩报到入学。这样，我们才离开了湖北省流亡青年招待所。①

1940 年春，谭文熙报考初级农业职业分校，他在回忆录中写道：

初农是 1938 年下半年迁至巴东神农溪畔罗坪的，离我家陡坡仅二华里。我家住初农对面的坡上，居高俯瞰，初农学生的一举一动如早操、开会、开饭、打球等，我都能看得一清二楚，向往入神。开始不明所以，不知那些人是干什么的，后经陆续观察、探询，始知它是一所中学，老师都是从武汉来的，学生多带武汉口音、汉阳腔，并逐渐对它有了好感。我开始沉思、遐想：“要是自己能够进入这样的新型学校学习多好!”但又想，这只是一种单相思，从何得其门而入?

经过七询八问，终于获得一项似是而非的小道消息，说联中初农 1940 年春季可能招生，这可说是我眼前的一线曙光，并很快

① 王野亭：《后方求学记——侧记湖北流亡青年招待所和湖北联中》，政协湖北省委员会文史资料委员会编：《湖北文史资料》第 1 辑，1995 年，第 19—20 页。

了解到考试科目为：语文、算术、史地等。从此，我开始进入紧急战备状态，准备背水一战。自己的家底很清楚：语文、史地靠私塾的那点薄底去应付，行不行就那样，听天由命。头痛的是算术没门。塾师教过算盘，但不管用。

于是，谭文熙请族叔绍伟帮他恶补算术，焚膏继晷，苦战百日。

2月27日清晨，我穿起了为乡下人结婚当陪郎时穿的英丹干士林长衫，较早地走进了平生第一次见到的考场。安排考程表的先生似乎对我有所照顾，头两门语文、史地，我觉得一帆风顺，但我最害怕的算术摆在下午，心想也不能怯阵，只有拼了才能闯关！

试卷交上去了，是赴阴曹，还是留在阳间呢？要看阎王怎样勾薄。在看榜的前几天，我的心情比在考场更紧张，真像十五个吊桶提水——七上八下。公榜的那天，榜前人山人海，深恨自己的眼力不争气，拼命往人群里挤，挤到了最前面，把眼睛睁得大大的，从榜上第一字看起，一字不漏地往后看，看着看着，谭文熙三字霍然凸起来了，我的心猛一跳，唯恐没看准，凝神再看，没错，看准了。这时喜悦的心扑通扑通几乎要跳出来了。连夜写成五律自庆：

抗倭烽火急，唯楚创联中。
校立家门口，时来幸运通。
于焉辞旧塾，遂乃考初农。
算学关攻下，他科悉顺风。①

谭文熙1921年出生，考入初农（相当于初中）时，已经年满18岁。

1942年秋，省教育厅给宣鹤联中下达的招生指标只有80名，但报考者共一千多人，除宣恩、鹤峰两县应届高小毕业生外，绝大多数是沦陷区的流亡生。考后放榜，被录取者喜形于色，落榜者则垂头丧气，不知所措。特别是流亡生，有的愁容满面，有的悲泣不止。湖北

---

① 谭文熙：《风雨晚晴》（1921—2002），鄂省图内字第61号，2002年，第37—39页。

省代主席严立三先生知道后，向学校当局提出建议：凡每门功课及格，或接近及格者，尽量录取。并同时向教育厅打电话，说明增加录取名额的必要性，其大意是：1. 增收本地学生，对文化落后的鄂西来说，有百利而无一害；2. 增收外地流亡生，可使他们不致流落街头，沦为乞丐；3. 这些流亡生，有的是失去父母的孤儿，他们的家乡，受到日寇的蹂躏，具有同仇敌忾的心理，几年后，他们就是抗击鬼子的坚强勇士，或成为国家未来的栋梁。由于严先生出面，教育厅不得不同意，就这样又收了三个班的落榜生。开学后，鹤峰县提出意见，认为他们县的学生录取太少，严先生根据鹤峰的实际，认为鹤峰的文化落后，学生成绩不高，是历史造成的，并不是天生就蠢。因此，建议应录取更多的学生，来改变落后的面貌，于是又在鹤峰增录了一个班。连同原收新生一起，共编为初一上甲、乙、丙、丁、戊、己六个班，每班都是五十多名的足额班①。

3. 陈诚动员。《湖北省公私立中等以上学校联合设立办法》与湖北省政府的布告公布之后，在社会上引起强烈的反响。许多学生想报考，但家长们却普遍担心。家长担心是可以理解的。试想，在兵荒马乱之际，那些从未出过远门的十多岁的孩子却要背井离乡，到鄂西、鄂北的穷乡僻壤去读书，谁管他们生活？能不能适应？饿了怎么办？病了怎么办？这些无不令人担忧。针对这种情况，9 月 26 日，陈诚发表《告全省中等学校学生家长书》。陈诚首先谈到筹办“湖北联中”的目的，指出：

图 2 抗战时期湖北省政府主席、“联中”校长陈诚

① 黄可兴：《严立三先生在宣鹤联中义务任教的点滴回忆》，鄂西宣恩县政协文史资料研究委员会编：《宣恩文史资料》第 1 辑，1986 年，第 50 页。

全省诸父老钧鉴：目前湖北已经直接迫近了战区，日寇的铁蹄正在蹂躏我们的家园，我们无数的同胞被屠杀、被污辱了，无数的学校与文化机关被摧残、被焚毁了。在流徙乱离的威胁之下，我们所最关切的就是青年子女今后的学业和安全问题。省府有鉴于此，业已决定在鄂西、鄂北举办湖北省立联合中等学校，把本省所有公立、私立中等以上学校联合设立起来。我们唯一的目的，就是要竭力维持战时教育，使我们的子女在安全环境中继续求学，不致流离失所，荒废学业。同时积极地施以抗战建国的教育与训练。

针对家长的担忧，陈诚写道：

诚深深地感到：诸位的子女即是我的子女，我对青年的关切，正如你们对自己的儿女一样；为着他们青年的幸福，与我们国家未来建国的基础，我们必须把学校变为家庭，学校的学生犹如家庭的子女，学校的老师犹如家庭的父兄。所以，诸位可以绝对的放心，把你们的子女赶快送到学校里来，政府一定完全负责，给予他们免费的教育——免除所有的学费、膳费、宿费及制服费，并施以严格的管教，使真正成为国家的人才。诸位自然最爱护自己的子女，尤其关切他们的安全，可是求子女的安全，同时必须爱惜子女的光阴与学业。如果使子女无目的地逃难奔跑，不仅违反国家教育青年的宗旨，且亦无以对自己的子女！更何忍让他们沦陷敌区，将来遭仇寇的屠杀，驯至受奴隶教育的残害与痛苦！诸位父老们，快教子女到附近的登记处（汉口、襄阳与宜昌三地均有）去履行登记手续，或通讯请求登记，以便审查后加入指定的学校，可以安心肄业。这样我们才是真正的爱护子女，同时也就是为国家培植新的生命，树立三民主义国家伟大的建设的基础。[1]

---

① 摘自《湖北省计划教育言论选辑》，"湖北联中"建始中学分校校友会编：《青史记联中》，2009年，第3页。

陈诚发表告家长书的意图就是动员家长支持子女报名读书，文章写得很感人，尤其是“诸位的子女即是我的子女”一句，几十年后，仍有学生与家长记得。不过，实事求是地说，陈诚这句话并没有完全兑现，没有落到实处。“联中”学生的生活异常艰苦，引发学潮。学潮中就有学生指责校方：陈诚主席声称“诸位的子女即是我的子女”，你们做到了吗？有的学生嘲讽当局：“陈诚校长真伟大，爱护学生好周到，冬天洗冷水，热天发棉袄，三百六十天吃不饱，流亡的生活真难熬。”

全省中等学校校长会议结束之后，省教育厅做了大量的组织工作：1. 举办教师暑期讲习会，培训“联中”教师；2. 派人到鄂西、鄂北勘察，选择校址；3. 选派分校主任，延聘教师；4. 抓紧学校的合并与西迁动员；5. 组织内迁学校招收新生。

高文华是武昌端本女中的初中生，听到“联中”成立的消息，她们几个同学喜出望外，立即到设在汉口市立一女中的“联中”登记处登记并领到了去宜昌的船票。父母知道她要去鄂西上学后，苦口婆心相劝：“不是我们故意拦着你，实在是舍不得啊！我们生了 13 个孩子，活下来的就你一个。你一个女孩子要走那么远，我们放不下心哪，谁知道今后还见不见得到哇！”① 高文华理解父母的心情，但她决不当亡国奴，去“联中”学本领长知识的志向已定，明天就要启程了，她毅然剪去秀发长辫，向父母表示她负笈西去求学的决心。

许多像高文华一样的初高中生，为了不当亡国奴，为了学本领长知识，毅然决然地报名，步行千里到鄂西大山里求学。

万事俱备，湖北近代史上空前悲壮的中等学校大迁徙即将拉开序幕。

---

① 王立：《岁月磨砺联中情》，恩施新闻网，2015 年 6 月 4 日。

第二章　历尽磨难

1938年8月中旬以后，为了拼死保住教育，保住荆楚的希望之火，“湖北联中”各分校的内迁工作就陆陆续续地开始了。

内迁记录了“湖北联中”顽强生存、延续文脉的艰辛。

内迁向中国，向世界昭示：楚虽三户，亡秦必楚！

一、西迁之路

在形势危急、经费困难、运输工具极其匮乏的情况下，湖北省教育厅组织了联中交通委员会，负责内迁工作。根据规定，学校内迁采取统一组织、分散行动的办法。各个学校自主决定、全权负责学校迁移的所有问题，比如租船、师生食宿与安全、行走路线、勘察校址等等。内迁途中的运输费和学生生活费，由省政府统一支出，各校先行垫付，然后由省教育厅统一核销。内迁学校师生和新招收的学生先到省教育厅设在武昌、襄阳、宜昌三地的登记处登记造册，再由省教育厅分派到各分校。由于内迁学校主要迁至鄂西的恩施、巴东和鄂北的郧县等地，省教育厅指定内迁师生和图书设备在武昌集中，先乘船前往沙市、宜昌、巴东、襄阳，再转赴各地。省教育厅在宜昌、襄阳、江陵等地设立学生照料所，接应内迁师生。

整个的西迁，涉及武汉及鄂东临战区40多所学校，1万多名师生。他们同样风餐露宿，同样颠沛流离，同样艰苦卓绝，同样可歌可泣。

如此大规模的迁徙，不可能面面俱到地记述，我们只能选择其中具有代表性的两所分校，以窥一斑。

1. 高商分校的西迁。“湖北联中”高商分校由武昌高商、汉口市职高商、汉口市商会初级商校组成，主任为年老多病的张翽。按照湖北省教育厅的决定，学校迁往巴东县的楠木园。

1938年9月中旬，高商分校的学生于月色朦胧中登上了轮船，船上大多数是学生。当轮船徐徐离开码头时，无数双手频频向江城告别。学生们都意识到，从那时起，已经踏上流亡之路。水声、歌声、机器轰鸣声混成一片，无数行热泪滴滴答答，似节拍伴和着一船流亡歌声：

泣别了白山黑水，
走遍了黄河长江。
流浪、逃亡，
逃亡、流浪。
流浪到哪年？
逃亡到何方？
我们的祖国已经在整个地动荡。
我们已无处流浪，
也无处逃亡……

思乡忧国之情涌上心头，长歌当哭，凄怆的《流亡三部曲》伴随着五六天的航程。

师生在宜昌集结后，省教育厅又将沙市职业学校并入“联中”高商分校。张翽主任一面派人接收、清点并入高商分校的师生和校产，一面派人前往巴东勘察新校址，同时抓住全省学子云集宜昌之机招收新生，招聘教师。

1938年10月中旬，日寇飞机每天对沙市、宜昌两地狂轰滥炸，公路上下尸横遍野，沙土尽赤，襄河之上樯倾楫摧，浮尸满江。为了确保师生的安全，省代主席严立三急电责令即日组织师生撤离宜昌。

高商分校当日即组织师生乘船渡江。为了避开日机白天的低空扫射，数百人在苍茫夜色中静静地等待，依次登船。渡口上，张翽主任亲执灯笼，清点登船人数。来回摆渡十余次，全部人员安全过江，然后就在江边露营。

第二天拂晓，高商分校的师生向巴东楠木园进发。每两名学生派一位民夫，帮助挑行李。数百名十几岁的青少年，在老师的带领下跋山涉水，跨沟渡壑，整整走了五六天，到巴东野三关才做休整。这些学生大多来自平原地区，面对起伏崎岖的高山峻岭，两腿酸痛，迈不开步子，脚板打满了水泡，平生第一次体会到什么叫累！

图 3　高商分校主任张翮

在野三关休息三日后，师生折向北行，朝着更陡峭、更荒野的高山进发。学校把人员分为两批，分两天启程。第二批师生动身没多久，就发现前一批出发人马的身影，只见他们像一群蚂蚁一般在悬崖绝壁上蠕动。这惊险的景象，几十年后仍然历历在目。

又走了两天，他们登上一座高山，抬头仰望，云雾在头顶弥漫开合；低头看去，长江如带，轮船如豆，楠木园就在山下江边，屋宇人畜隐约可见，师生大喜。可是望山跑死马，又走了两三个小时，下了坡，才到达目的地。

楠木园古镇因盛产楠木而得名，地处巫峡东段，北岸悬崖耸立，南岸高山险峻，“低头一带水，抬头一线天”。长江流经此处蜿蜒向东，在南岸形成一个天然港湾。这是川江船只进入湖北的第一个栖息港口，也是湖北船只进入四川水域的最后一个歇脚点。因此，川鄂两地的船工都愿意在此停泊。楠木园镇上有骡马店、油坊、客栈、茶馆、酒店、商店等 40 余家，每日往来之人在千人以上。

师生徒步近半月终于到达目的地。此时已是 11 月中旬。

按照省教育厅的安排，“湖北联中”共有 7 所分校迁至巴东地区，分布在野三关、东瀼口、火峰、罗坪、龙船河、楠木园等地，高商分校是其一。

人员安全到达了。然而，学校设备的运输却出了问题。当时宜昌是全国抗战物资、人员的转运枢纽，一船难求。终于租到一艘小型货轮“宝亭”号，但运载量有限，只能装载学校的设备、图书等物资西运往巴东。“宝亭”号行至秭归新滩时，水急滩险，翻了船，押运人员和随行的几名学生家长不幸遇难；设备、图书全部沉入江中，给后期办学造成严重困难。

“联中”高商师生终于在楠木园落脚了。楠木园这个小镇看似热闹，但流动人口居多，本地居民少。一下突然涌进来了 500 多人，没有办法解决住宿问题。学校最终在距江边约三公里的山腰选择了一片开阔地，作为办学场址。没有宿舍、教室，没有桌椅板凳，也没有教具设备，一切办学的必要条件全部不具备，困难重重。校长张翩带领师生自己动手，从山上砍来竹木茅草，建起一座座房舍，制作几百套课桌椅及简易的教具。一群从大都市来的学生创造了小小的奇迹。一直忙乎到 1938 年 12 月 12 日，“联中”高商才得以正式恢复教学活动。这一天，楠木园古镇上的人们都听得见师生欢腾的喧闹声。此后若干年，高商一直把这一天作为校庆日。

“联中”高商缺水。师生的饮用水、洗漱用水，全都是专人到江边挑回来的，挑一担水需往返数里地。直到 1939 年天气变暖之后，学校派人在山间高处找到泉水，用一节节竹筒连接起来，将泉水引到校园里，才算解决了用水问题。

2. 武当山高中分校的西迁。与“联中”高商分校相比，均县武当山高中分校的西迁之路更曲折、更艰辛。《湖北省公私立中等以上学校联合设立办法》规定，“联中”设高中两所，“一设均县武当山”。

1938 年 9 月，郑万选主任接收了湖北省高级中学（通称省高）、武昌中学（通称省一中）两校的教职员工和学生，组成均县武当山高中分校。湖北省高级中学与武昌中学当时是湖北省首屈一指的中学。

学校有不少在省内享有盛名的教师，学生也是从全省择优录取的，不仅学业成绩优秀，而且思想活跃，在历次爱国学生运动中，都是武汉青年的先导。两校合并后，郑万选主任安排师生到沙市的童家花园集合，同时派员雇木船多只，运送图书仪器，溯江西上。

图 4　郑万选

在沙市逗留期间，武汉沦陷。戴惠麟是西迁队伍中的一员，他在回忆文章中写道：

> 10 月 25 日武汉失守，我们正在沙市，听到这个噩耗，真不啻晴天霹雳，不知如何是好。那时我才 17 岁，什么也不懂，只知从此家乡沦陷，再也见不到亲人，今后就只有自己独立生活了，而学校就是我的家，我的命运已同学校紧紧地连在一起了。①

两校师生在沙市滞留期间，食宿、交通都发生了问题。原来派给分校的四辆大卡车，被军队抢走了，说是军用。沙市狭窄的街道上人山人海，拥堵不堪。滞留在沙市的两校师生，无人过问，吃住都成问

---

① 戴惠麟：《回忆三里坝生活》，“湖北联中”建始中学分校校友会编：《三里坝岁月》，1988 年，第 68 页。

题。面对混乱的局面，流亡学生临时组成鄂西北学生联合会，推荐原省高学生丁纯洁为主席，原省一中学生李世荪为副主席。

关于成立鄂西北学生联合会，当事人李世荪在回忆录中写道：

> 学生中有我和卢明哲（以后叛变）是共产党员，我们俩又是省委地下党校的同学，通过我和卢明哲以及其他几个党外同学的串联，各校推选代表，向政府要求解决交通、生活等问题，大约在武汉沦陷前的十天，在沙市民教馆召开学生大会，成立了鄂西北学生联合会。会上，公推省高的丁纯洁为主席，我代表省一中为副主席，下设各部，委员有卢明哲、周季敦等多人。这个学联，是抗战期间湖北省的唯一真正群众性的学联，学联的书面要求，除了要求政府解决生活交通等问题外，并提出要将均县武当山中学分校迁往鄂西。学联成立后，通过招待沙市的报社记者，发表谈话，到荆州城上访湖北省第四行政专员公署专员邵汉元，及串联教师，争取各界支持，社会各界也表示同情。当时，沙市的警备司令刘伯龙，他为了瓦解学联，派人找学联负责人谈话，学联负责人拒不个别接触，提出要在民教馆学联办公室公开谈判，在谈判中，警备司令部说陈主席讲只要求学联停止活动，可以给学联代表解决职业，学联表示，“我们要求读书”，拒不接受警备司令部提出的条件。这时，由于武汉日益吃紧，陈诚接受了学联提出的条件，将聚集在沙市的学生，一起运往宜昌，均县武当山中学分校迁往鄂西，学生的生活费、搬运行李的民工也得到解决。①

李世荪提到，警备司令部曾以给学联代表“解决职业”为诱饵要求学联“停止活动”，遭拒绝。这是当局与“联中”进步学生斗争的开始。以后，这种斗争以更激烈的形式进一步展开。

接着，省政府代主席严立三电示：“速率领员工暂来宜昌，向鄂西

---

① 李世荪：《回忆在三里坝的战斗岁月》，中共建始县委党史研究室：《建始革命史稿》，2001年，第146页。

另觅适当校址。"随即调来轮船将滞留沙市的师生全部送到宜昌。其间，江陵中学高中、宜昌中学高中也合并进来。

10月25日，武汉陷落。湖北省政府迁到宜昌，由武汉撤退的机关人员、各校的师生，加之逃难的人如海潮般地涌进，小城宜昌一片混乱。公房和民房都住满了人，四校师生只好露宿街头。敌机不时轰炸，兵荒马乱，群龙无首，狼狈不堪。

就在这时，出现了新情况：因战火阻隔，原计划迁往鄂北的各分校全都滞于途中，前不着村后不着店，情况万分危急。省政府代主席严立三紧急召集各"联中"分校主任开会，当机立断，决定将原计划迁入鄂北及宜昌各县的各分校，除郧县高中分校、谷城初中分校留于鄂北外，其他9所分校全部迁入恩施各县。最终20所学校迁到了鄂西。

这是一个关系"联中"命运的重要决策。

由宜昌西迁，有两条路，一条路是由长江乘船上溯巴东，另一条是过长江后步行去恩施。其时，宜昌人流如蚁，物资堆积如山，日寇飞机狂轰滥炸，大批人员物资涌向船运，轮船根本无法租到，就连载量小、速度慢、极不安全的柏木船也租不到。几经周折，郑万选才租到一只不大的木船，决定先装运仪器去巴东。为了安全，郑万选不得不决定师生走旱路西行。

为了确保西迁学校军事化、纪律化，湖北省教育厅按照各分校班级的多少，派遣军事教官和童子军教练员，参与学生的管理工作。省政府保安处派到武当山高中分校的军事教官有四人，主任教官为郑英。省党部派来的童子军教练员有七人，主任训练员为徐浩。

山叠嶂，水纵横，武当山高中分校的师生也开始长途跋涉。他们栉风沐雨，逶迤前行，凄惨悲凉。戴惠麟在回忆文章中写道：

> 我们从小生长在武汉，未见过大山。这次从宜昌出发进入鄂西山区，根本看不到较大块的平地，走起路来，不是上就是下，有时爬上峰顶，回首下望，云遮雾绕，行人如蚁。当时我还没想

到，学生中还有十二三岁的初一学生。他们又是怎样走过来的呢？这难以想象啊！记得最高险的地方叫“四渡河”。上下都是十多里，山高坡陡，我们爬一阵歇一阵，终于还是走过来了。①

图5　如今的四渡河大桥

与其他分校不同的是，原来指定到鄂西的分校，早就派人找好了地址。而武当山高中分校在哪建校尚无着落，只好派先遣人员沿施宜大道转，一边走，一边寻，比其他分校师生走了更多的路，吃了更多的苦，受了更多的罪。

秦滉是这支西迁队伍的一员，他在《往事如烟漫回首》的回忆文章中写道：

正在宜昌待命时，一天晚上突然宣布情况紧急，要学生连夜过江。过得江来，夜色已深，只好就地露宿野外。次日，政府才派民工把学生送到木桥溪。

木桥溪是长阳县的一个山村野店，一条清清的溪水从村外沿

① 戴惠麟：《回忆三里坝生活》，“湖北联中”建始中学分校校友会编：《三里坝岁月》，1988年，第69页。

山而过，把这山村野店与群山隔开。因为村里人家少，住房不多，学生只好以稻草铺地在屋檐下栖身。晚上，躺在被里，仰观满天星斗，面对幽静的群山，还有桥下潺潺流水，在宁静的夜幕中回响，这一切的一切，不知给人引起几许哀愁。想起大片国土沦陷，而武汉现在已处在敌人铁蹄践踏之下，思乡忧国，百感俱生，终夜不能入睡。

在木桥溪，学校把学生编为两个中队，丁纯洁为第一中队长，李世荪为第二中队长。中队之下设分队。秦滉是二中队的高中分队长。孙家聪是二中队初中分队长。编好队伍，学校训育主任陈敬业（字文山），在召集学生训话时说：在行军途中，为防止异党活动，如有发现，要即刻向学校汇报，准备继续西行。因为学校临时改迁鄂西，校址没有勘定，真是前途茫茫，惶惶不知如何。在木桥溪一住就是五六天，筹措去向。

因为木桥溪是个山村野店，突然增加这么多食宿客，粮柴俱感困难，实在无法再住。到第七天头上，政府才又派人把学生经长阳的榔坪、贺家坪而送达巴东的野三关。野三关，在山区算得上个大镇。街上有小学，有邮政所，有地方政府，食住勉强可以安排。到了野三关，就像到了目的地，只好暂时住下，再作计议。①

需要指出的是，秦滉提到，"学校训育主任陈敬业训话时说：在行军途中，要防止异党活动"。所谓"异党"就是指共产党。学校与当局反共的立场是确定无疑的，防范异党活动始终是他们的重要任务，在西迁过程中就十分注意，以后也没有懈怠。

师生到达野三关已是初冬季节，天寒地冻，檐前滴水已结成二尺多长的冰凌柱。野三关位于巴东县的南端，距宜昌市约三四百里，沿

① 秦滉：《往事如烟漫回首》，中共建始县委党史研究室：《建始革命史稿》，2001年，第169页。

途崇山峻岭，重峦叠嶂，不少地方石阶达两千余步。原本地旷人稀，加上军阀连年混战，老百姓一见大队人马过境就说“过兵了”，逃避一空。食宿民夫都是问题，时值初冬，寒风刺骨，但同学们也只能用脸盆煮稀饭，在屋檐石板露宿，有时候还必须从宜昌运来烧饼充饥。就这样，行行走走，好在沿途救亡歌声不绝，师生间亲如父子兄弟，尤其老师更辛苦，白天与同学走路，夜晚还要与高年级同学巡夜，防止小同学受寒，受伤。

在野三关，队伍休整了一段时间，受到当地人民的热情欢迎，殷勤接待。辛亥革命元老邓玉麟将军，执意要把学校留在野三关。但郑万选经过调研获悉：此处尽是黄土山地，产玉米，不产水稻；而且缺水，须要到十余里的溪流中背水食用，不能容纳两千人的食宿及二十四个班的教学，必须另觅新校址。由于打前站考察学校选址的人员尚未回来，同学和老师就分住在学校和居民腾出的房舍里。就这样在野三关一住就是一个多月，直到勘察的先遣人员选定了新校址。

这时，曾任武汉大学校长、孙中山先生的秘书长、南京市市长，时任湖北省参议长的石瑛避居建始县城。二十世纪二三十年代，时人戏称严立三、张难先、石瑛三人为湖北“三怪”，亦称“三杰”，均含褒义。因为三人都是特立独行，为官清正廉洁，都有较好的政绩与口碑。石瑛原是武昌高等师范学堂校长，与郑万选有师生之谊。郑闻讯后，立即就校址问题请示石瑛。

石瑛考虑很周全：鄂西大部分地区只产苞谷，而武汉的师生吃惯了大米，因此要求校址一定要找产大米的地方，指示把学生带到建始，并通过县长刘亚东的帮助，选定了三里坝。

在恩施山区，凡地名带“坝”或“坪”的地方，都是有水的小平原。

三里坝是一个小镇，人户少，房屋也不多，可是地势平坦，北接望坪，南连河水坪，堪称建始县的“粮仓”，有大米吃；镇边有一条小溪，潺潺流水，终年不竭。有了这么好的生活条件，又得到当地人民的协助，于是，郑万选决定就在三里坝建校。没有教室，就在山坡上露天上课。后来争取到经费，盖起了校舍。建校之初，仍沿用"联中"均县武当山高中分校的名称。

这个校名名不副实，除了地点不符外，该校有初中、高中各12个班，是所完中，而不是高中。1939年7月，湖北教育厅令改校名为"湖北建始中学"，分校主任也改称校长，终于名实相符。

此次西迁长达4个月之久。

图6 "联中"校歌作者耿长寅

谢邦定就是武当山分校西迁队伍的一员。他的国文老师是"联中"校歌的词作者耿长寅先生。在国文课上，耿先生布置学生写一篇记叙学校西迁的作文，谢邦定写了一篇《从木桥溪到三里坝》的长文，详细记述了他们从长阳木桥溪出发，沿武陵山脉前进，每天步行几十里，经郎坪到达巴东野三关，因野三关也无法久留，又经高店子到达建始三里坝的"小长征"过程。耿老师称赞这篇作文写得好，把它贴到墙上，同学们看后感同身受，不少同学流下了眼泪。

随学校集体迁徙的师生虽然吃苦受累，但还算是幸运。行进途中，组织有序，食宿等生活问题都有人负责安排。王孝章是这支迁徙大军中的一员。他被分配在宣恩分校，随学校整体西迁。宣恩分校的师生从宜昌对岸的三斗坪出发，沿着清江，晓行夜宿，日行山路60余里。按理说，一个年轻壮实的小伙子空手日行60里（行李统一雇人以背篓运送）本不算辛苦，但怎奈他正患疟疾，而且一身疥疮，行走不便，总是落在最后。一路上总能看到路边写着"王孝章，加油!"的标语。

与之相比，那些结伴或独自前行的求学学生，则更艰辛，更危险，更令人揪心。丁洪春被“联中”巴东女高分校录取了。1939 年 3 月中旬，她终于在女高正式开课的前一天赶到了罗溪坝。一踏进学校大门，半年多来悬着的心终于放了下来，喜悦和饥饿同时袭来，双眼一黑昏了过去①。自清早起她就粒米未进，手头所剩的钱勉强够付脚夫的力资。不知过了多久，丁洪春尝到口中流进的米汤，睁开双眼，看到先期到达的省立二女中的老师和同学，也见到了湖北各地乃至外省流亡而至的新同学，喜极而泣。她知道，自己终于来到了日思夜想的学校。

“湖北联中”西迁是湖北中等教育的大磨难；但对鄂西的学子来说却是天大的运气。原来的巴东县没有一所中学，这回一下子涌进了 7 所学校。刚刚初中毕业的韩方淑好高兴啊。学校就在家门口，还有女校，她决定报考“联中”巴东女高分校，并被录取。

1939 年 3 月，巴东女高分校在罗溪坝沈家大屋正式开学，韩方淑接到通知，拎起行李便去巴东女高报到。韩方淑的家距离学校只有七八里路，尽管离家很近，但是“联中”实行军事化管理，全体学生一律住校。韩方淑只能在星期天清晨升旗、早操之后，急急忙忙跑回家，在家吃午饭改善一下伙食，下午在降旗之前回到学校赶晚点名。就这样韩方淑已经十分满足了，“联中”绝大多数学生来自沦陷区，他们早已与家人失去联系。和这些同学相比，每周能够见到父母已是一件十分幸运、十分奢侈的事了②。

这次学校内迁是抗战时期湖北中等教育的一次战略大转移。为了抢救学校，为了抗日救国的共同目标，1 万多名师生员工带着图书仪器，冒着日机的轰炸，肩挑背驮，跋山涉水，辗转千余里，向鄂西山区转移，构成了世界教育史上少有的悲壮画面。

在迁移的过程中，设备损失惨重。湖北农专在武昌宝积庵时，图书颇丰，1938 年学校图书馆共有各类图书 8 000 多册，学校西迁，水路辗转溯江而上，在宜都遭遇日机轰炸，所运图书仪器设备均沉入江

---

① 王立：《傲雪凌霜始为春》，《恩施日报》，2015 年 10 月 8 日。

② 王立：《跟着联中求学去》，恩施新闻网，2016 年 11 月 24 日。

中，损失惨重，仅剩图书50余册；湖北女子职校大批纺织机械及学生成品作业，也在秭归新滩沉入江底。

读万卷书，走万里路。在西迁的过程中，师生深切地感受到社会的不公。吴国顺、万汉民在《忆抗日时期的湖北联中》一文中写道：

> 这种不满情绪，远在1938年底联中西迁之日就在学生思想上潜滋暗长。在宜昌露宿街头，食无定餐，病无医药，同学们还以不愿做亡国奴、以卧薪尝胆自励，认为逃难有尽头。到巴东后，又步行到恩施，一路山脉峰峦重叠，山高路陡，省府官员乘坐滑竿，挑夫随行，学生则徒步跋涉。大一点的男同学还须自背行李，鞋破无底，甚至赤脚步行，为状至为艰苦。当时学生看到达官贵人、小姐太太们骑马坐轿，而广大学生、难民却栉风沐雨，风餐露宿，对比之下，愤慨万分！当年在九师的墙报上，学生的诗歌有："绿葱坡上，山高路陡。贵人坐轿，力夫发抖。吁嗟斯民，山河易手！"①

贫富悬殊，以及由此带来的种种不平等，使小小年纪的中学生就深切地感到世道的不公！这种在流亡途中产生的不满，随着学校与当局的贪腐及法西斯专制而持续发酵，终于酿成各分校一次又一次的学潮。

彭德润是巴东初中分校的学生，他与同学包了一条木船，逆峡江而上，体验了步行同学所没有经历的惊涛骇浪。他在回忆文章中写道：

> 我们目的地是巴东，论距离，离宜昌最近，可是小火轮根本不给你上，峡江两岸也无陆路可走。终于，我们三十几个同学包了一条木船，冒险逆峡江而上。说冒险，其实当时并不觉得。初生牛犊不怕虎，因为它原不知虎的可怕。我们年轻，当时对峡江险恶情况几乎一无所知，上船以后，便与十几名船工真是风雨同舟了。船老大是船上最高权威，船工和我们都得听他的，上船时已交代明白。他要求我们平卧船舱，一边睡几个，都由他安排。

① 吴国顺、万汉民：《忆抗日时期的湖北联中》，政协湖北省委员会文史资料委员会编：《湖北文史资料》，1999年，第191页。

还规定：行（他读“恒”）船不喝酒，行船不打闹，行船不看书。后一条有些莫名其妙，也只有照办。船老大手扶着舵，立于船尾，神情十分严肃，一会高呼“三王爷借风”，于是船呼啦啦扯起了帆蓬；一会一声吆喝，又放下帆篷，船工忙划起大桨，喊着号子，有节奏地划着；一会船老大又一声吆喝，船工迅速放桨，背起纤绳跳下水，爬上岸去拉纤。每逢拉纤，船必靠岸行驶，岸上也会有路可走，于是我们征得船老大同意，下船随船工一起前进，有时还帮船工拉拉纤。拉纤，真算是一步一个脚印，纤路上每一二尺有一个小小石坑，船工背着纤，手扒着前面的坑，脚踩着后面的坑，气喘吁吁，汗流浃背，艰难地爬行着，并不像“伏尔加船夫曲”那么有韵味。船过了青滩，我们在岸边才听说“叶滩不算滩，青滩才是鬼门关”的民谣，一眼望去，真是“江流有声，断岸千尺”，惊涛骇浪，汹涌澎湃，这才真正领略了一点点峡江风光，而以前我们卧在船上，有时只感觉到船有些颠簸，有时可听到浪涛拍打着船帮，其他则全然不知道。

由于我们生活在平原地区，不了解峡江山区特点，不懂得“望山走死马”的道理，差一点闹成事故。有天下午四五点钟，船在牛口镇下十几里歇夜（当时轮船也不敢夜航），我们望见牛口清清楚楚，用平原经验，跑一趟来回一小时，绰有余裕，年轻人好奇好动，我就离船上岸，奔向牛口。可是越走越远，天渐渐漆黑，还下起小雨，牛口似乎是海市蜃楼，不见踪影。问题就出在视觉的直线和实际路程的曲线上，山路，尤其是峡江边小路，是依自然地貌形成的，峡江江岸有数不清的大沟小谷，路便忽上忽下，蜿蜒曲折，高高低低，这一条曲线，不知比视觉直线多出多少倍。幸而船上的同学们见天已黑，我久出未归，便向船老大说明了情况。船老大说必须把人找回，明天船靠对岸走，不靠牛口，且江边陌生人夜行危险性很大，可能失足堕崖，可能遇上野兽，也可能走上岔路……龚翔鹏、张继良、陈希良等七八位同学急了，央求船工带路，用船上拉纤的篾片当火把，边走边呼唤，终于在午夜以前把我找回来了。于今已事隔五十一年，同学们急难相助之情，使我终身难忘。

十月初，于暮色苍茫中抵达巴东，学校事务处孔君，接待我们住进国民党县党部的一间房子。第二天大早，我们就看到宜昌版的《武汉日报》大字标题"武汉大火，我军转进"，同学们闻讯都痛哭失声，国破家亡的滋味，真是不好受的。当天上午，学校安排民工用背篓背上我们的行李，渡江经西襄口，向行程六十里的火峰进发，下午抵达目的地，正式开始了流亡学生生活。①

事后回想，令人后怕。峡江上经常翻船，彭德润等没有发生不测，实属万幸。再有彭德润一人走失，幸亏同学出手相救，否则后果不堪设想。

在西迁的过程中，各校都非常重视安全，宁愿吃苦受累也不冒险。为了撰写本书，笔者查阅了大量的史料，没有看到学生死在迁徙途中的相关记载。在那兵荒马乱的战争岁月，上万的师生长途跋涉数百里，能做到这一点，不简单，不容易！

二、伟大壮举

由于湖北省政府将全省中等以上学校合并为"湖北联中"，因而迁往鄂北、鄂西等地的学校，其校名统称为"湖北省立联合中等以上学校某某分校"，简称"联中某某分校"。还由于陈诚兼任校长，教育厅厅长任副校长，其各分校的校长也只能统称主任。

1. 二十二所分校。为了保障学生的安全与物资供应，湖北省教育厅采取分散安置的办法，除鄂北2所（郧县高中分校、谷城初中分校）外，在鄂西方圆几百里的群山中，星罗棋布地设置了20所学校。其

① 彭德润：《抗战时期云梦流亡学生生活漫记》，政协湖北省云梦县委员会文史资料研究委员会编：《云梦文史资料》第6辑，1990年，第133—135页。

中：恩施县境 5 所，巴东县境 7 所，建始县境 3 所，利川县[①]境 2 所，咸丰、来凤、宣恩县境各 1 所。它们是：

(1) 恩施高中分校。由汉口一中、省立荆州八中、省立宜昌四中、省立恩施十三中、私立武昌中华大学附中、私立武昌大公中学、私立武昌育杰中学等 7 校合并而成，分为 26 个班，学生 1552 人，为“联中”最大之分校。主任（校长）李淑熙。1938 年 12 月在原省立恩施十三中（校址在梓桐巷道台衙门）开学上课。1939 年初，恩施高中分校迁到金子坝。继任主任（校长）王道隆、王研农、汤济川、卢广镕。该校后改称湖北省立恩施高级中学、湖北省立第七高中。恩施高中分校的初中部独立出去，校址设小龙潭，易名“湖北省立恩施初级中学”，1942 年 9 月更名为“恩施县立初级中学”。

(2) 恩施女子高中分校。由湖北省一女中、汉口市一女中、宜昌中学女生部、江陵中学女生部组成。校址设屯堡。主任（校长）刘礼琼。后改称湖北省立恩施女子高中，又改为湖北省立第七女高。

(3) 恩施高农分校。由省农专附中组建。校址初设五峰，后迁恩施大桃口，改称湖北省立高级农业学校。主任（校长）倪汝发，继任校长高光道、胡治照、杨惠安。

图 7　恩施高农实验大楼

① 利川县于 1986 年撤销，设为利川市。

(4) 恩施农业专科分校。由省农专组建。校址设在恩施五峰山，后迁恩施金子坝。主任（校长）刘发煊。1940年秋因学潮问题，陈诚下令停办。后学校升格为湖北省立农业学院，院长管泽良。学生经甄别方可入校。

(5) 恩施职业分校。由秭归青滩迁到恩施向家村，主任（校长）周仲甫，后来其高级部迁巴东并入"高工"，初级部改为普通中学。易名湖北省立恩施第二初级中学。

(6) 建始中学分校。由武昌中学、湖北省高级中学、江陵中学高中、宜昌中学高中组成。校址设在建始三里坝。主任（校长）郑万选。后改称湖北省建始高中、建始中学和湖北省第六高中。继任校长项贡川。

(7) 建始师范分校。由湖北省立师范学校组建。校址设在建始七里坪。主任（校长）程发轫。后改称湖北建始师范学校、湖北省立第九师范学校。继任校长夏伯初、吴荫云、李彦常。

(8) 建始女子师范分校。由省女师组建。校址原设建始松树坪，后迁宣恩沈家寨，改称湖北建始女子师范学校。后又改称省立第一女子师范学校。主任（校长）段奇璋。

(9) 巴东初级农业职业分校。校址设在巴东罗坪，由省初级农校组建。主任（校长）何斌。

(10) 巴东高工分校。由汉阳高中职土木科，江陵中学土木科、中华大学附中应用化学科组建。校址设在巴东野三关，再迁宣恩小关。后改称湖北高级工业学校。主任（校长）朱树馨，继任校长张孔容、胡国瑞、徐善同。

(11) 巴东初级工业职业分校。校址设在巴东野三关。校长李向春。后省教育厅将初级职业学校改为普通中学，迁咸丰清水塘。

(12) 巴东高商分校。由武昌高商、汉口市职高商、汉口市商会初级商校组建。原设巴东楠木园，后迁利川汪家营，改称湖北省立高级商业学校。主任（校长）张翮，继任校长邓泽葆、徐珩。

(13) 巴东女子职业分校。由省女职、汉口市女职学校组建。校址设巴东龙船河，又迁宣恩沙道沟，再迁恩施龙凤坝，改称湖北省立女子职业学校。主任（校长）石鸿翥，继任校长程瑾思、何秉彝。

(14) 巴东女子高中分校。由省二女中、私立汉口心勉女中、襄阳高中（女生）、钟祥中学（女生）组成。校址设在巴东罗溪坝。主任（校长）叶启秀。后迁宣恩冉大河。“联中”撤销后改称湖北省立巴东女子高中，后又改称湖北省立第四女子高中。

(15) 巴东初中分校。由中华大学附中、安陆初中组成。校址设巴东火烽。主任（校长）张金光。继任校长刘长彪、王志遽、余康。

(16) 利川初中分校。由武昌实验中学（初中）、黄冈初中组成。校址设利川县城。主任（校长）王道隆。后改称湖北省立利川初中。

(17) 利川乡村师范分校。由武昌、襄阳、宜昌、黄冈、恩施、郧县师范学校组建。校址设利川岩洞寺，改称湖北省立利川师范学校，也称湖北省立第七师范学校，主任（校长）高启圭，继任校长李嘉诲。

图 8　省立七师毕业照

(18) 咸丰初中分校。由武昌初中组成。校址设在咸丰县城。主任（校长）张策勋。后改称湖北省立咸丰初中。

(19) 来凤初中分校。由荆门初中、宜昌中学初中组成。校址设在来凤三光坪。校长陶鼎。后改称湖北省立来凤初中。继任校长龙智仙。

(20) 宣恩初中分校。由汉阳初中、江陵初中组成。校址设宣恩县城。主任（校长）项贡川。后改称湖北省立宣恩初中，继任校长卢兆麟。旋因鹤峰县没有初中，宣恩县恰感财力不济，难以承担，省政府令两县合办，更名宣恩鹤峰联立初级中学，简称"宣鹤联中"。1943 年秋鹤峰县立初级中学建立，"宣鹤联中"分校解体。

按地域划分，上述分校迁入恩施县境有 5 所，建始县境有 3 所，巴东县境有 7 所，利川县境有 2 所，咸丰、来凤、宣恩县境各 1 所。

按学校类别划分，迁入恩施地区的 20 所分校中，中学有 9 所，中专有 6 所，师范有 3 所，职业学校有 2 所。

另外，20 所分校中有 4 所女子学校。

"联中"各分校原来一般都用简称"联中"某某分校。

需要指出的是，"联中"曾两次易名。第一次在 1940 年秋至 1941 年，陈诚为"整顿学风"而彻底改组"联中"，校名全部更名，去掉"分校"；第二次在 1942 年，为配合推行新县制，按新县制规定设置学校，部分学校再一次更名。比如，第一次"联中"恩施高级中学分校易名为"湖北省立恩施高级中学"，第二次更名为"湖北省立第七高级中学"，简称"七高"。

2. 伟大的壮举。将这么多的学校，一万多师生，在两三个月内，迁至鄂西、鄂北，这是当代教育史上一个伟大创举，也是一个伟大壮举。

何以完成这一伟大壮举？

第一，政府决策正确，组织有力。首先，组建"联中"并内迁的决定符合民意，深得人心。日寇发动侵华战争，中华民族到了生死存亡的最后关头。正如陈诚所言："日寇的铁蹄正在蹂躏我们的家园，我们无数的同胞被屠杀、被污辱了，无数的学校与文化机关被摧残、被焚毁了。"在国家危难的情况下，内迁学校"就是要竭力维持战时教育，使我们的子女在安全环境中继续求学，不致流离失所，荒废学业。同时积极地施以抗战建国的教育与训练”。这是反映民众心声的决定，人心所向。因此，受到广大学子、家长、社会的普遍认同与赞成。其次，政府组织有力，领导有方。在内迁过程中，湖北省采取组建“联中”，整体迁徙，根据统一的部署，各学校分散行动的办法，最大限度地发挥各分校的积极性，最大限度地减少内迁的损失，增强复校复课的能力。当时，在全国各省中，采取这种方式的只有湖北一省。而另一个成立“联中”的江苏省主要采取各个学校自行迁徙的办法，政府只给予指导与补助，不作统一的安排。由于各校各自为政，力量单薄，很多问题很难办。而湖北省利用政府的权威，统一筹划，使许多难以解决的问题得到解决。比如，在日寇飞机对沙市、宜昌两地狂轰滥炸的情况下，为了确保师生的安全，省政府代主席严立三责令即日组织师生撤离宜昌。再比如，严立三获悉武当山高中分校的师生食宿、交通都发生许多困难，电示“速率领员工暂来宜昌，向鄂西另觅适当校址”，并调来轮船将滞留沙市的师生全部送到宜昌。要知道，在战火纷飞的时刻，调来轮船是极其困难的事情。没有省政府主席的命令，武当山高中分校只能望江兴叹。

湖北省还根据情况的变化，及时调整了计划，将原来迁往鄂北、宜昌的 9 所学校改迁鄂西。除此之外，湖北省教育厅长陈剑修，按照各分校班级的多少，派遣军事教官和童子军教练员，参与学生的管理工作。

第二，师生信念如磐，咬牙坚持。在学校迁徙过程中，尤其在鄂西山区的长途跋涉，许多师生经受了从来没有经历的苦难，然而，没有一人打退堂鼓。不仅如此，师生还保持了高昂的斗志，所到之处，弦歌不绝。据戴惠麟回忆：这些悲壮、激昂、雄伟的歌声，使得我们无比悲愤，热血沸腾，恨不得马上走向战场，与敌人拼个死活。在长途步行中，抗战的歌声常在我们的队伍中飞扬，它激励着我们不懈地前进，前进[①]！

坚定信念是"联中"师生在逆境中英勇奋斗的强大的精神支柱。一万多师生随学校迁徙，每个人有着不同的动机，但是他们有一个共同的信念：为了战胜穷凶极恶的敌人，为了民族的复兴、国家的富强，必须"十年生聚，十年教训"，必须保住民族、国家的文脉。因此他们能够义无反顾，告别亲人，离乡背井，历尽千辛万苦奔赴鄂西、鄂北的大山深处。

第三，百姓善良朴实，热情接待。鄂西山区是少数民族土家族、苗族的聚居地，他们热烈欢迎"联中"师生的到来。在"联中"西迁的过程中，鄂西各县派出了大量的民工帮助搬运行李、设备。仅宣恩县就派出几百名民工到巴东接学生。师生苦，民夫更苦。进入鄂西，尽是悬崖绝壁，山高路险，民夫抬着图书设备，从码头往返学校一次往往要二十多天。

在"联中"师生最危难的时刻，鄂西的父老乡亲热情地接待、收留了这些衣衫褴褛的师生，为他们提供住所、粮食。在漫漫征途中，有些学生饿极了，在田里摘些豆角，挖些红苕充饥，善良、宽厚的老乡们也不予计较。鄂西土匪多，但很少抢掠学生的财物。

郑万选带着一两千师生和眷属到达三里坝之后，面临的第一难题就是如何解决这么多人的住宿和饮食问题。三里坝是个小集镇，只有一个联保主任在家里办公；一所小学，四个班，有楼房一座；没有什么祠堂、庙宇可供使用。所幸当地人民同情这些远道而来的师生，主动欢迎到他们的家中食宿，扫地开铺，将师生安顿下来。没有炉灶、锅碗瓢盆、柴米油盐，住户们还同意供应饭菜茶水，收取一定的费用。正是有当地百姓的热情款待与帮助，才使"联中"师生渡过了难关。

在以后"联中"办学的过程中，鄂西的老乡给予师生许多关怀与爱

---

① 戴惠麟：《回忆三里坝生活》，"湖北联中"建始中学分校校友会编：《三里坝岁月》，1988年，第70页。

护。胡紫岩曾是宣恩初中的学生，他在回忆文章中记载了这么两件事：

当时，宣恩初中附近有位五六十岁的婆婆，没有儿子，只有一个女儿已出嫁。这位老人除种点菜外，就是靠帮师生洗衣挣点钱。我和几个同乡家中没有资助，衣被多是自己洗，破了也大都是自己补，但有时破口很大束手无策时就请她帮忙。她用自己的旧布补好后一分钱也不要。放寒暑假，非沦陷区同学回家时会丢弃许多旧鞋袜衣服，我们捡来和太婆一起洗的洗补的补，又可穿用一学期。我们采到野菜，她用自家的油盐帮忙弄熟了给我们吃。有时遇到她家蒸土豆饭，她会拿几个熟土豆给我们吃。

一次有位年纪较小的同学黄某患了一种密密麻麻的毒疮，在无可奈何之际，我带他走10多里去找一位原在学校当过炊事员后来回家种田的老农民，这位老农懂得若干中草药，马上带我们去山上找药。寻了个把小时终于觅到医治毒疮的药草，他采集了一些回家捣成浆糊状，敷在疮上，用布带围住包好，他也没要一分钱。真神，没几天小黄的毒疮全消。①

感谢上苍。恩施以其崇山峻岭，阻挡了日寇西侵的铁蹄；以纵横交错的江河溪涧，哺育了流亡到此的学子。

感谢黎民。善良、宽厚的土家族、苗族父老乡亲真心实意地收留了这些远道而来的师生，并提供力所能及的帮助。

图9　张良皋

对于鄂西百姓的关怀与帮助，对于曾经流亡的那片热土，“联中”学生始终铭记在心。张良皋有一首

① 胡紫岩：《炮火中负笈西征——抗战时期恩施求学散记》，宣恩县政协文史资料委员会编：《宣恩文史资料》第15辑，2011年，第124页。

《答施州父老》，表达了感激之情。诗云：

行脚国中春复秋，更无佳处胜施州。

少年曾饮清江水，长忆深恩到白头[①]。

三、再次搬迁

1938年底，"湖北联中"各分校西迁到鄂西，刚刚开始安定的学习生活，1940年，由于战事紧张，一部分学校不得不再次搬迁。

宜昌扼长江三峡东口，素有"川鄂咽喉"之称，自国民政府西迁后，遂成了拱卫陪都的第一道大门。正因如此，1938年10月下旬日本侵略军占领武汉后，加紧了西犯重庆的部署，宜昌又成了日军进攻的目标，黑云压城，硝烟弥漫。1940年6月，日军攻陷宜昌，重庆震惊。巴东、建始距宜昌最近，宜昌沦陷后，巴东、建始就成了前线，日机时时对县城进行轰炸，安全堪忧。为此，省政府下令巴东、建始境内的分校另觅校址，再次搬迁，从恩施地区的东北或往西迁，或往南迁，有的甚至迁到四川。

"联中"高商分校原在巴东的楠木园，接到省政府的命令后，派人到建始、恩施、利川等地勘察，最终选择利川汪家营为新的校址。汪家营是一个高山盆地，四季温暖如春，气候宜人。1940年9月，全校师生分两批出发，乘省建设厅轮船"建阳"号经瞿塘峡抵四川万县，然后徒步折返湖北境内，过磨刀溪，越齐岳山，经野茶坝，经月余长途跋涉，到达利川汪家营镇。

汪家营又名清源乡，意为清江发源之处，地处川鄂交界，人烟稀少，虎啸狼嗥。镇上帮会袍哥横行，高商分校迁来后，深受挟制，地方恶势力甚至扬言要杀死学生，赶走学校。张翩校长为消弭隐患，只

---

① 张良皋：《答施州父老》，"湖北联中"建始中学分校校友会编：《三里坝岁月》，1988年，第107页。

得忍辱负重，多方联系周旋，屈尊礼拜并宴请地方“大爷”。为减少矛盾，迁学校至镇外二三里远的袁家大屋和苏家大屋，每个学生发给一个小木凳、一块方板，草草收拾，即行复课；随即组织师生搭建了两群茅草房屋充作校舍，赶制教具，以最快速度恢复了正常教学秩序。此时多数学生已无家可归，与学校相依为命。全校学习蔚然成风，生活有无相济，教学亦日趋正规、安定。

巴东女高分校最早设在火峰山，当地民房不多，只能勉强解决几百女生的住宿，但没有做教室的房舍，学校无法开课，加上山上缺水，在火峰住了两三个月，巴东女高分校便迁往罗溪坝的沈家大屋。宜昌失守后，考虑到女学生的安全，省教育厅决定将巴东女高分校从巴东罗溪坝迁往宣恩冉大河。

图 10　宣恩冉大河四女高旧址（1）

为了尽量少影响学业，巴东女高分批迁校。从 1940 年 7 月开始至 1941 年 1 月结束，迁校历时整整一个学期。全校师生用双脚从罗溪坝走到冉大河，途径巴东、建始、恩施、宣恩四县。迁校由学校负责组

图 11　宣恩冉大河四女高旧址（2）

织实施，省教育厅派专人督查迁校全程，学校沿途安排有接待站，并在沿途各县征集挑夫，两个学生一个挑夫，迁校工作井然有序。

第一批出发的是初一两个班的师生。她们步行至巴东县城，乘木划子过江后换乘木炭车。车行至绿葱坡住了一夜，第二天继续乘车至恩施县城。她们是此次迁校中唯一一个没有全程步行的年级。

到达恩施县城后，她们在一个庙宇里休整。空袭警报响起，大家四散躲避。一个女学生刚跑到庙门口就见日机飞过来了，慌忙蹲到泥菩萨下面，口中喃喃念叨"菩萨保佑，菩萨保佑……"可是泥菩萨连自己也保不住。这个女生被炸倒，埋在了土里，失去知觉。警报解除，回到庙里的同学发现露在外面的两只脚，赶紧把土扒开将她救了出来。

从恩施起，这些初一学生就开始步行，她们将行李交给挑夫，自己背着书包向冉大河进发。山路弯弯，上坡下坡，遇到雨天更是难走，这些城里长大的女孩真正体会到山民"看到屋，走得哭"的滋味。

最后一批离开罗溪坝的是初三两个班的同学，此时已是 12 月下旬。毕业考试一结束，她们就踏上征程，出发时飘起了雪花，不久就成鹅毛大雪。过绿葱坡时，大雪已经没过膝盖，不得已在山民家中等待了两天。进入建始境内，雪越下越大，学生、老师和家眷只得在山民家中借住数日。这样，女学生们有机会看到沿途百姓的穷苦生活：外面是冰天雪地，屋里与外面一样寒冷，一家生一个火塘，瑟瑟的山民围着取暖；家徒四壁，床上仅有一张席子、一床被子，有的人家一家人只有一条棉裤，谁出门谁穿。山民贫困的现状使这些不谙世事的女学生们心灵为之震颤①。

1941 年元旦，这批在风雪中艰难跋涉的师生终于安全抵达冉大河的向家大屋。寒假过后全校师生在宣恩冉大河新校舍举行了开学典礼。此时学校更名为“湖北省立第四女子高级中学”，简称“四女高”。1944 年，学校又迁到恩施芭蕉的吴家大屋。

初级农业学校也接到通知由巴东迁至四川石柱。军令如山，战时轻装，桌、凳、床架等全部丢下，说搬就搬，两天工夫就彻底搬走，校址设在县城正街城隍庙内。石柱的学校以及各界人士，联合举行了较为隆重的欢迎会。初农的师生代表，在会上控诉了日寇侵我国土、淫我姊妹、烧杀抢掠、奴役同胞的滔天罪行，叙述了国破家亡、妻离子散、四处流浪的悲惨景象。讲到伤心处，声泪俱下，泣不成声。在场的人，无不义愤填膺，痛恨日寇的种种暴行。女小的樊汝琴老师在会上演唱了几首抗日歌曲，深受初农同学们的爱戴，亲切地称呼她为“大姐”。

随着抗战形势的变化，加之省外办学诸多不便，1942 年春，省政府决定初农由四川石柱县迁回湖北省利川县的凉雾。全体师生顶风冒雪自负行装，步行前往。这是初农的第三次迁徙。由于频繁搬迁，缺乏农场实习，以致初级农业学校的“农”字有名无实，所学课程与普通中学无异，从而同一利川县出现了课程相同的两所中学。因此，上面决定，将初农与利川中学合并，统称利川中学。这是后话。

---

①　参考王立：《从罗溪坝到冉大河》，恩施新闻网，2015 年 3 月 19 日。

除了上述几所学校之外，搬迁的学校还有：

巴东高工分校，从巴东野三关先迁至四川彭水高仓谷，1942 年迁回宣恩晓关大岩坝。不幸的是，该校所有图书、仪器设备在迁回途中全为大火焚毁，工厂设备变为废铁，损失惨重。

巴东初级工业职业分校，改为普通初级中学，由巴东火烽迁至咸丰清水塘，更名为省立恩施第四初级中学。

巴东女子职业分校，从巴东龙船河迁至宣恩沙道沟，再迁至恩施龙凤坝。

驻巴东火峰的“联中”巴东初中分校，迁至咸丰丁寨，仍用巴东初中校名。

至此，巴东境内 7 所“联中”分校尽数迁出。

建始县的部分学校也转移到更安全的地方。

1940 年 2 月，国民党湖北省教育厅为了削弱和分散建始中学的进步力量，以初中学生年龄小，如发生战争，难于逃避为由，下令将建始中学的初中部迁往贵州。当时地下党组织认为学校一经分迁，势必削弱党在初中的领导力量，给初中地下党的工作带来困难，于是发起一次“反迁校运动”。五名学生代表到恩施省教育厅请愿，陈述理由：其一，分校之后，师资不足，有一些课开不出来，影响教学质量；其二，搬迁路程太远，贵州太穷，学生、家长都不愿意去。学生问道：刚刚安定地读了一年多书，又要搬迁，这样折腾还怎么读书？这样的流浪、逃亡何日休？教育厅无言以对，迫于社会舆论的压力，答允缓迁或就近迁设。最后决定将建始中学的初中部从三里坝迁往宣恩的高罗。由于初中部分了出去，建始中学改称建始高级中学。

恩施职业分校，其初级部改为普通中学，由恩施向家村迁往咸丰甲马池，易名为湖北省立恩施第三初级中学。

建始女子师范分校，从建始松树坪迁至宣恩李家河，再搬晓关。

由于巴东、建始距前线最近，因此巴东境内 7 所“联中”分校尽数迁出，建始县迁出 3 所学校，其他县的学校基本没动。

第三章　艰苦岁月

对过惯了大城市生活的学生来说，栉风沐雨、长途跋涉仅仅是苦难的开始，更艰苦的日子还在后面。

在江汉平原，视野开阔，极目楚天舒，站在龟山上，能见“晴川历历汉阳树，芳草萋萋鹦鹉洲”。而在鄂西，无论身处何地，四周皆山，人像坐在锅底里，目难眺望，胸难舒展；想念平原，有家不得归；面对群山，乡音阻断使人愁。

在家乡，一马平川，天天走平路，习以为常；而在鄂西，地无三尺平，出门就要爬坡下坎。

鄂西的贫穷更令从大城市来的学生触目惊心。当地的农民贫困的程度，用衣不遮体、食不果腹、家徒四壁、一贫如洗来形容一点都不夸张。

在家乡吃惯了大米，而鄂西却只有苞谷。

鄂西狼多。漆黑的夜间，学生经常看到山林中一闪一闪的绿光，那是狼的眼睛；经常听到群狼嚎叫，此起彼和，令人毛骨悚然，不禁让人联想起“鬼哭狼嚎”一词。利川师范分校设在岩洞寺，距县城十余里，群山环抱，豺狼成群。学生到利川的第一个暑天，学校所在地的一个村子，被豺狼吃了五个小孩。据说有一天，一个屋场的人，晚上在场坝纳凉，大家围坐成圆圈，把小孩放在圈中，豺狼居然跳入圈内，把小孩衔走了一个。这些都让大城市来的学生长时间提心吊胆。

1939 年的冬天，大雪纷纷扬扬下了尺把厚。一天晚上八九点钟，学生正准备熄灯睡觉，听到有人喊救命，事后打听是一个老人打着灯笼走夜路，遭到几条豺狼围攻，活活地被吃掉了。当地人说，为防豺狼，天黑以后，家家关门闭户，路无行人，所谓“豺狼当道，朝不保夕”，绝非虚语。

鄂西还有老虎。“联中”的一个学生赶集，看见一老乡牵着一匹仅比狗大一点的小老虎，但狗见了它，吓得满地打滚，流尿。当地老乡告诫，夜间外出，一定要点火把。这些稀奇事，大城市去的师生见所未见、闻所未闻。

抗战以前，武汉地区的学生衣食无忧，学校有整洁舒适的教室、寝室，电灯、自来水一应俱全。而今来到鄂西山区，才知道何谓艰苦。

面对这些变化，有些人很快就适应了，但仍有些人始终适应不了。不管能否适应，他们必须在这里生活！

这是艰苦卓绝的八年，这是难以忘怀的八年。

校友彭德润在回忆录中写道：

> 人的感情有些是非常微妙的，比如人生经历之处，苏东坡喻之为雪泥鸿爪，但有些处所，尽管居留过许多时日，事过境迁，毫无留恋；而有些地方，虽阔别多年，仍魂牵梦绕，对于三里坝，便是如此。这种浓郁的感情，并未被四五十年的无情流光所磨损。这种感情的形成，绝非偶然，我想是因为我们在三里坝度过了几百个、一千多个日日夜夜，度过了人生中最美好的青春年华，自信没有空掷虚抛，我们初步懂得了如何做人，如何为学。难忘良师教诲，春风桃李，绛帐恩深，难忘益友，患难与共，相濡以沫。①

每次触碰这段时光，总会有一种化解不开的凝重萦绕心头。

每次面对这段历史，总会有一种难诉笔端的慷慨荡涤体魄。

一、校舍简陋

学校迁徙之后，首先须要解决校舍问题。20多所分校情况各异，

---

① 彭德润：《抗战时期云梦流亡学生漫记》，政协湖北省云梦县委员会文史资料研究委员会编：《云梦文史资料》第6辑，1990年，第147页。

大都设在古刹、文庙或大户人家的庄园、宅院，一言以蔽之就是因陋就简。比如宣恩初中分校设于县城破旧的文庙和城隍庙内，邻近搭上几间篾席棚为教室；利川师范分校则设在岩洞寺，古庙改作学校，佛堂成了教室，罗汉的宝座改修成宿舍。这里环境清幽，空气新鲜，每天与佛像为伍，暮鼓晨钟，青灯黄卷，无人打扰，确实是“藏焉、修焉、息焉、游焉”的好处所，读书求学的好地方。此后学校依地势建筑校舍，完成校舍数十间，其中大饭厅1栋、教室4栋、盥浴室2处，另有2个运动场、1个游泳池、3块校园、7条人行道、1个防空洞，及农场4处、垦荒区1处、植树区1处①。学校初具规模。

巴东初中分校在火峰，本部很气派，但教室、宿舍却很差。彭德润回忆道：

> 火峰附近有些居民点，多是三五户聚居的小村落。附近村民多数姓薛，据说他们的祖宗曾做过“天官”，是什么朝代我们没有考证，只认为我们学校住房就是“天官府”。房子的确不坏，因为山区石料、木料可就地取材，加上大官僚地主的势力，当年气派想是很威风的。作为校本部的一栋，前后四五层，有大小四个天井、石阶，天井石板平平整整，它有一栋三层转楼，为砖木结构，大大小小的房间有十多间，楼梯板壁全为木制，虽然年久失修，有些衰败模样，但雕梁画栋还未完全损坏划落。如果没有这个“天官府”，我们几百人能在这儿学习、生活，将是不可想象的。
>
> 这年十月下旬，学校师生员工基本抵达，开始了紧张的建校工作。学校组织学生搬运木料，修建操场和道路。各班还分配了菜地。雇请来的木工赶制课桌凳、黑板，改建教室和制作固定式简单床铺。将民房、寺庙改建为学校，当然是因陋就简低标准的，寺庙大殿和民房中较大的房间改成教室，小房间作办公室或老师

① 刘正文：《抗日时期利川县的中等教育》，政协利川市委员会文史研究委员会编：《利川文史资料》第2辑，1987年，第118页。

卧室，有家属的教职员，则借住附近民房。学生寝室，多是比较低矮或光线较暗的房间，有两层铺的，也有三层铺的，都是上一层"顶天"，下一层"立地"，最差的是偏屋，只能开地铺。即使这样，每人铺位也只有一尺多宽，起床和就寝时，室内总是尘土飞扬。①

恩施高中分校最初设在原省立恩施十三中（校址在梓桐巷道台衙门），但没有足够的教室，迁到距恩施城关十余里的金子坝。学校的总务工作人员找到了几座地主宅院，那宅院很大，一座宅院可住上二百人，按年级分成三个大队，一个大队安顿在一座宅院里。

图 12　恩施高中西区

当时恩施的房子多是干打垒或土坯砌的，极不结实，又加上年久失修，1939 年春天，恩施高中分校就发生一起意外事故。在第一大队的宅院里，睡在阁楼上的学生太多，超过负荷，墙倒房塌，压死学生四名。

事起突然，全校震惊!

学校举行了追悼会，城内不少单位派员参加，送了很多挽联和挽词。追悼会中，哀乐低沉，特别是由三十多位同学合唱的挽歌，更是哀思绵绵，催人泪下。挽歌歌词是："你们流亡来恩施，惨遭不幸事，

① 彭德润：《抗战时期云梦流亡学生漫记》，政协湖北省云梦县委员会文史资料研究委员会编：《云梦文史资料》第 6 辑，1990 年，第 137 页。

国家失英才，爹娘失娇儿，数千里外依闾望，假如九泉有知，遗恨终无止!”李叔熙校长在追悼会上痛哭失声。国民党七区专员袁济安也到会悼念，他怕事态扩大，在讲话中不得不引咎自责，说了“专署没有敦促学校选好校址，致使四条人命就此了了”之类的话，以缓解师生怨恨情绪。造成这一悲剧的直接责任者是学校的总务主任，他以“过失杀人罪”被判刑两年（缓刑两年)。学校吸取教训，赶紧做了一些双层床，把各宅院住在阁楼上的学生全部搬了下来，并加强了对危房的检修工作。

另一件不幸发生在日本刚刚宣布投降之际。1945 年临近期末考试的时候，四女高一间教室的一堵墙突然倒塌，砸死了 3 名靠墙坐着的学生。原来，为了通风采光，学校在那堵墙上开了一个大窗户。殊不知吴家老屋的墙是用糯米和石灰搅拌在一起砌成的，凿开一个窗孔，整面墙便会松动。可惜呀！日本刚刚宣布投降，八年辗转求学路眼看着就要熬出头，偏偏出了这等不幸。校长叶启秀、训育主任施静之随之被撤职。

武当山高中分校一千多师生到达三里坝之后，学校租用吴家一栋两进楼房作为办公室、仪器标本室与医务室，另外租用两栋较大的楼房作为学生宿舍，仍不够用，还租用了附近的一些农家房子。

为了使学校尽快走上正轨，必须修建教室。经过多次呈请，教育厅拨给临时校舍修建费六千元；不足之数，挪用四千元结余款抵补。在当地百姓的协助下，用三个月的时间，修建了高中部砖瓦教室十二座、初中部草木架教室十二座，还修了两大间平房做图书馆，修大厨房、饭堂各一大栋，又在小溪两边平行地修建了两排平房和楼房，作为教员宿舍。在小溪上修起三座木桥，颇有小桥流水之意境。每天清晨，学校钟声悠扬，师生带着书本，从四面八方来到教室，就像迁川后的著名大学那样巍然壮观。建始高中分校的这种规模与气派，在“联中”各分校中是绝无仅有的。

校舍竣工，全校欢腾，立碑纪念。

图 13　三里坝石碑

1940 年，由于战事紧张，巴东初级农业职业分校迁到四川的石柱，其时有六个教学班，学生 320 人，教职员工 30 余人。新的教学环境极差，居住条件也极其艰苦。该校学生刘纯光回忆：

> 学校在城隍庙时，没有教室、桌凳、黑板。仅有一块三尺长两尺宽的小黑板，学生用自己的箱子盖或木板当书桌，万年台两侧空敞的书楼（看戏的楼厢），既做宿舍又做教室。冬天脚冻僵了，学生们只得将脚偎在被窝里听课。每年冬至后，城隍庙香火旺盛，时有信士来庙内杀猪酬神，猪的嚎叫声震动了整个庙宇，香烛纸帛燃烧的气味，令人头晕目眩。生物老师曾伯冀只要听到猪的嚎叫，立即掩耳跑出“教室”。恶劣的环境，影响了教学的正常进行。①

① 刘纯光、冉浩：《“湖北联中”在石柱时的片断回忆》，政协石柱土家族自治县文史委员会编：《石柱文史资料》第 12 辑，1990 年，第 73 页。

石柱的城隍庙，连厕所都没有，学生到处大小便，不具备办学的基本条件，绝非久留之地。经过有关当局的疏通，初农在乡下找了个新的校址——离城关约半天路程的石林场一个姓马的寡妇家。1940 年冬全体师生高兴地告别了城隍庙，搬进了新校舍。马寡妇不到 30 岁，貌美，温文尔雅，颇有风度，出门坐轿子，进门躺滑竿，前呼后拥一大排，她的丈夫去世不久，儿子约三四岁，非常富有，家业大得很，有人说，三分石柱她有其一。

马寡妇的住房不仅闻名石柱全县，就是在毗邻的忠州，也少有比得上的。农村一般地主、绅士住个四合天井就算够气魄了，而马家住房由几个四合院组成，外加一栋高楼，而且两厢竹林成荫，屋后松柏参天。老远看去，就像一个园林，也像个集镇。离屋基百多米远，有一条约宽十米、长三百米的跑道，林荫夹道，据说是马家祖先的练兵场。

马家所有房屋上有天花板，地面铺青石板，暑天无酷热之忧，雨季无潮湿之虞。由于马家住房颇多，初农近三百名师生员工都各得其所。各班都有宽敞舒适的教室，老师都有宽敞舒适的住室，学生都有宽敞舒适的集体宿舍，外加图书室、医务室，还有为学生服务的储藏室。

马家尊师重道，在物质上给了初农极大的方便，购粮不出院，烧柴不要钱，石井水清澈可鉴，桌椅板凳、家具用材不作价，一律奉送。师生一致认为这真是办学之佳境，纷纷表示，享受优美的环境，应报以优秀的业绩，要努力工作、学习，把搬迁中遭受的时间损失夺回来了。于是学生们学习安心，老师教学认真，初农苦教苦学蔚然成风。

卞友声是湖北省立高级工业学校的学生，1941 年 8 月入学。他的宿舍令人目瞪口呆。他在回忆文章中写道：

> 我们到校部注册之后，被分配去一个吊脚楼上的“宿舍”就住。大家爬上去一看，无不惊异得目瞪口呆。这哪里是什么宿舍！只见若干块大木板浮搁在横梁上，透过宽宽的板缝，看到下面是

一个大牲口圈，半边养着猪，半边养着牛，满圈都是稀泥和粪便，恶臭冲天，熏得人睁不开眼、喘不过气来。木条钉的窗子下边摊开着铺盖行李，就是说已经有同学在那里住下了。于是，我们也只得权且住下。头几夜，大家都无法安眠，地铺下的牲口圈里，不分白昼黑夜，成群结队的老鼠，肆无忌惮地在稀泥粪便上奔跑觅食、追逐咬打……这种老鼠，就是名闻天下的“川老鼠”、“四川耗子”，大个儿的连头带尾足足有两尺长，尾巴和身子大约各占一半，眼珠泛着绿光，不时发出吱吱吱的叫声。入川以前，我久仰“川老鼠”的大名，却无缘谋面，做梦也没有想到，在高谷场他们竟成了我的“芳邻”。现在想起来，还是毛骨悚然、恶心要吐。①

古人云：纸上得来终觉浅，绝知此事要躬行。2017 年 10 月，我们课题组一行 12 人到恩施州实地考察，重走“联中”路，走马观花，八个县去了七个，收获甚大。恩施州关心下一代工作委员会杜开朗主任、蹇平秘书长为我们设计考察路线，安排座谈会，并全程陪同。通过考察，我们发现原“联中”的校舍绝大部分没有保存下来。只在宣恩县高罗原建始初中、冉大河原四女中的旧址看到一些老房子，但都破烂不堪。据当地领导介绍，这些老校舍之所以保存下来，是上级交代这是抗战遗址，但没有经费修缮，只能任风吹雨打。这样下去，不久这些校舍也会垮掉。

宣恩县高罗原建始初中旧址是一座地主的大宅院，砖木结构，有很高的门槛，梁与柱都是很粗的木料，历经沧桑仍然很扎实；两边的厢房早已塌了，只保存了前面的房子与后面的堂屋。前面房子的两边有阁楼，木制地板、木制楼梯。前后房子之间是一个很大的天井，天井中一边一个大石槽。

---

① 卞友声：《大长见识的一年》，“湖北联中”建始中学分校校友会编：《青史记联中》，2009 年，第 19 页。

图 14　宣恩高罗建始初中旧址（1）

图 15　宣恩高罗建始初中旧址（2）

在当地，我们采访了一位曾经在这里读书的老人，他叫张国泰，

1933年生，1944年入校学习，后来参加过解放战争、抗美援朝战争，复员后一直在家乡教书，辛辛苦苦一辈子，是个默默无闻的老革命。张老对我们讲：这所老房子就是省立一中的旧址，当时是学校办公的地方，相当于如今的行政楼。如今虽然破烂不堪，但当初却是很气派，柱子都刷有红漆，光彩照人。天井中的两个石槽，养了金鱼，一是增添情趣，二是为了防火。他还告诉我们，后面房子的小窗户就是当年卖饭票的地方。

在考察中，我们寻觅到两块石碑，一在三里坝建始中学遗址，碑文为"民国二十八年春，湖北省立联合中等以上学校均县武当山高中分校建，主任郑万选题"。该碑高1米，宽0.48米。从石碑斑驳的痕迹，我们可以感到岁月的沧桑。一在咸丰一中。1943年，湖北省政府令"各县筹办县立初级中学，建筑初中校舍"，咸丰县县长徐鼐立即组建修建委员会，并亲任主任委员。工程设计、施工、监理等都周密布置，经费筹措到位。王俊安等慷慨捐资，民工踊跃投劳，全县参与，场面壮观动人。从破土动工到落成典礼，历时一年半。校舍竣工，盛况空前，为此县长徐鼐亲撰《创建咸中校舍碑记》，碑文近千字。

图16　咸丰一中内的建校纪念碑

二、抢饭之风

"联中"实行公费制，从1939年起，每年发粗灰布单衣一套（女生发连衣裙），两年发棉衣一套。学生衣能遮体。不过，巴东女高分校的制服却是女学生们一针一针缝制成的。据高文华回忆，星期天不上课，她们把桌子搬到操场上，老师画图讲解衣服的裁剪缝制方法，高中同学裁剪，初中同学缝制。一些年纪小的初中生不会用针线，高中大同学就帮着初中小同学做衣服。冬天她们做灰色棉袍，夏天她们做草绿色连衣裙。待这些制服穿旧了，心灵手巧的女学生们又将其改做成夹袄或短衣短裤①。

1940 年，日子更加艰苦，出产丰富的大平原，几乎都被敌人强占，全国将近半数的人退守在各地山区。日寇截断了沿海通道，中国的西南、西北大后方受到封锁，物资供应困难。学生的衣服，细布换为土布，有领变为无领，外衣权作内衣，袜子也是前头“卖生姜”，后头“卖鸡蛋”，最终不得不剪去一截，长袜成短袜。

艰难困苦，玉汝于成。

生活虽苦，但学生学习的毅力更加坚强。

为了解决穿鞋的问题，有些同学学会了打草鞋。大都用破旧衣服撕成条，编成“布草鞋”，穿起来比真草鞋还舒服。校友余振亚有诗云：

布衣配草鞋，穿着也和谐。

还我河山志，人人心里埋。②

在食的方面，整个“联中”学生的生活费用全由政府包下来，每月法币 5 元。初时物价低，学生伙食尚好。半年以后，物价上涨，改发实物。口粮日给原粮 20 两（当时每斤为 16 两），菜金（包括油、盐、木柴）月给 5 元。早晚两餐总是玉米糊，从未见过馒头之类的干粮；八人一桌，每桌放上一小碗炒黄豆，黄豆少，学生多，八双筷子，一人一次就差不多了。于是大家约定只准竖着夹，不准横着撮，叫

① 王立：《岁月磨砺联中情》，恩施新闻网，2015 年 6 月 4 日。

② 余振亚：《湖北联中学生生活回忆点滴》，“湖北联中”建始中学分校校友会编：《青史记联中》，2009 年，第 297 页。

“只准骑马，不准坐轿”。上千人每天才一二斤油，食堂只得将油烧熟了浇在菜上。午餐是掺有玉米或蚕豆的干饭，不限量；菜则既无油水，量也很少，无论是白菜或萝卜，一抢而光，美其名曰“速战速决”。初一、十五加餐，名曰“打牙祭”，其实只不过有几片猪肉而已，没有挑精拣肥的余地。

每逢食堂“打牙祭”，便是最激动人心的时候。四节课时，肚子咕咕叫，屁股也坐不住了，心早已到了食堂。老师知道学生的心思，谁也不愿意拖堂，总是提前几分钟下课。有一次，郑校长看着眼里，打趣地说：“同学们，肉多休啃骨，饭少须淘汤，你们懂得这个秘诀吗?”郑校长确实道出了在竞争中吃饭的诀窍。上句是说啃骨费时，莫如吃肉要紧；下句说的是淘汤落肚快，吃完可早添饭。次日晨，食堂门口一张“肉多休啃骨，饭少须淘汤”的漫画出现了。以后，三里坝街上陆续开了几家餐馆，也出现了这样的漫画与对联。

经过斗争，学校负责人终于同意学生参与伙食的管理，由学生组织膳食委员会。膳委会下设总务、保管、采购3组，每月改选一次，均不脱离学习。各班每天还依次派监厨值班，隔不多久就轮一回。

王炎森是利川师范分校的学生，在班里年龄最小，被称为“细娃”。他在《联中利川师范分校学生生活纪实》一文中记载了他当监厨的经历：

> 有些人把监厨当做美差，因为冬天监厨，既可洗个热水澡，又可烤个灶门火，还能吃个消停饭，说是监厨有“三好”。我却不以为然，对监厨有“三怕”：一怕起早。我有“早眠不足如患大病”的习惯。监厨在转钟3点就被伙房叫起，领米，领油，领盐，样样到堂，坐在厨房，柴烟弥漫，浑浑浊浊，整日晕头转向。二怕误课。监厨一天，得好几个晚自习才赶得齐掉下的笔记。三怕受埋怨。那时最看重粮食。老称20两原粮，若调拨的是谷子，加工成大米只有14两，相当于10两制的8两7钱5，若调拨的是苞谷，加工成粉子也只有10两，战时无钱买零食吃，3餐饭就是生

命活动的唯一能源，16岁上下的青少年，正是吃长饭的时候，吃不饱比什么都着急。所以我最怕粮食方面出纰漏，受人埋怨。旧社会，读书人高高在上，不懂得尊重工人，团结工人，生怕他们搞鬼，守着米箩寸步不离，水热了，烧火的师傅关心我："先生，洗个澡?""不洗。"我以为他们想把我支开偷米，钉子似地钉在灶门口，一动也不动。人的关系，似乎就是这么玄，你不尊重他，他也不尊重你，你越不放心，他偏出蹊跷，真是"道高一尺，魔高一丈"。早饭后，当届总务王崇伦同学气势汹汹地从后门拦回一担淘米水。挑淘米水的是厨房X师傅的儿子。王崇伦指着我的鼻子说："细娃，怎么搞的，叫你去厨房睡大觉?"

"没睡呀!"我吃惊地望着比我高过一头的大个子。

"伸手掏掏看!"王崇伦指着淘米水。我卷起袖子一掏，天哪!几乎是小半桶米。我感到脸上有些发热，目光也不敢和王崇伦严峻的眼神相碰，眨眨眼，惭愧地低下头来，一连几天，都受到同学们的埋怨，说我不负责。但还得硬着头皮去搞。吃一堑长一智，吸取了以前的教训，我监厨的方法变了，帮忙抱柴，加火，择菜，嘴也乖了，师傅前师傅后叫个不停。他们也尊重我，再没出什么纰漏。①

1939年，物价持续上涨，政府虽对副食费又作了调整，但毕竟跟不上物价的涨势。即使选能力最强的同学当总务，不但"打牙祭"落空了，渐渐地连正常伙食也无法维持。再加上校长、事务主任和膳食委员的层层"揩油"，最终用在学生身上时，白米饭变成了糙米饭，糙米饭变成了苞谷饭，后来连苞谷饭也日渐减少，餐餐桶底朝天。桌上的菜肴——合渣、萝卜、土豆，也由三钵变成两钵。

合渣，又名懒豆腐，恩施土家人对其有着深厚的感情，特别是兵荒马乱之际，由于粮食奇缺，合渣救下不少人的性命，因此当地流传

① 王炎森：《联中利川师范分校学生生活纪实》，《鄂西文史资料》第2辑，1995年，第202—203页。

有“辣椒当盐，合渣过年”的民谚。

战争越来越紧张，沙市、宜昌相继陷落，物价飞涨，伙食越来越差。中午苞谷饭，由于苞谷未磨好，颗粒大，难得嚼，咽不下，打得满嘴是血泡。有一阵吃蚕豆，煮成黑糊糊，上课时，屁声此落彼起，令人哭笑不得。由于光吃稀饭，尿特别多，在教室外、寝室内摆了不少便桶，上课时解小便络绎不绝（当时是男女分校），讲课声，屙尿声，交织在一起。晚上睡在上下铺，一人方便，全局动摇。一夜之间，你上我下，忙个不停。好在那时，都是十几岁的娃娃，仍然能睡着。

仓廪实而知礼节，衣食足而知荣辱。

没有油水，肚子饿得更快。十五六岁的孩子，正是长身体的时候，最能吃，却只能忍饥挨饿。长期饥肠辘辘，平时知书达理的学生也斯文扫地，每到就餐时，围着饭桶抢饭，抢不到勺子，就用碗舀。人多拥挤，互相撞击，当一桶稀饭舀完时，桶里有破碗渣，头上、衣服上都粘上稀饭。抢饭还抢出了人命。四女高的女同学某某就是因为抢稀饭扑在瓮口上，被挤倒在瓮底烫死了，并引发学潮。利川初中校长王道隆，包庇总务人员克扣学生伙食，学生吃不饱饭，发生抢饭潮，他不但不改善学生伙食，反而逞校长之威风压制学生。一次在饭厅，学生怒不可遏，大打出手，他在无可奈何之中，把盛饭的箩筐戴在头上，作避打的“钢盔”，从此学生戏称他为“王箩筐”。不可一世的王道隆威风扫地，自觉无颜再发号施令，辞职离去，在家种菜、写字、吟诗。

校方为了制止抢饭之风，开饭时间派训育主任、军事教官和童子军教练主任轮流坐镇，还处分了几个带头的学生；但抢饭事关是否饿饭，屡禁不止，而且愈演愈烈。高树（原名梁书楹）是利川师范分校的学生，在《抗战烽火中诞生的湖北联中》一文中，对抢饭之风有详细、生动的描述，他写道：

> 下课钟响，饥肠辘辘，等不到饭桶抬进饭厅，就先把桌上的两钵菜吃净，然后再去围歼四大饭桶，端回一碗“白”饭，望着空空的菜钵狼吞虎咽，这真是：“菜来饭未至，饭来菜已空，可怜

菜与饭，何时得相逢”。

抢菜之风未息，抢饭风潮又起。粥少僧多，不抢饭就饱不了肚子，为了抢饭闹得人仰马翻。我记得有这么一天，第四节课的下课钟声刚刚敲响，同学们好似饿牢里放出来的囚犯，潮水般地涌向饭厅。首先，狼吞虎咽地解决了桌上的两钵土豆和“合渣”，然后涌到厨房门口，等待第一个大饭桶抬进饭厅，饭厅里有人敲着碗筷，用《打倒列强》的调子唱起了：

肚子饿了，肚子饿了！

要吃饭，要吃饭！

哪个要你不吃？哪个要你不吃？

抢不到！抢不到！

前呼后应，此起彼伏，在饥饿的饭厅里滚动，突然一阵嘈吼，只见一群跃跃欲试的同学们簇拥着两个厨工，把一个大饭桶盖上，举起木棍大声喊道：“不许抢，等别的饭桶来了一起开!”话音未落，木盖和这位膳委一起被掀倒在地。当他爬起来寻找肇事者的时候，环形的人墙早已把这个大饭桶围得水泄不通，里面开始抢饭，当第二、三、四个大饭桶接连抬进饭厅的时候，抢饭的斗争全面打响，而且马上白热化，展开肉搏战，像开了锅的粥一样，整个饭厅沸腾起来，到处鼓泡泡，到处有骚动，到处有嘈吼。包围、突围、远征、凯旋、咒骂、冲撞、滚翻……直到四大饭桶掀翻倒在地，抢饭战斗才告结束。

这种抢饭风暴一度席卷联中各校，虽然逮捕了几名“为首”分子，但抢饭之风断断续续一直没有平息，甚至波及恩施的几所大学。1941 年，我从联中升入教育学院之后，依旧见到抢饭余波，只是因为“男女授受不亲”，在异性面前多少要讲点形象美，抢饭的动作才比较文明些罢了。①

① 高树：《抗战烽火中诞生的湖北联中》，宣恩县政协文史资料委员会编：《宣恩文史资料》第 15 辑，2011 年，第 106 页。

高树的文章具体生动，栩栩如生，文采飞扬，给人印象极深。细细读罢，有身临其境之感。

初农一日只开两餐，都是苞谷饭，学生们个个饥肠辘辘。在石柱读初农的谭文熙目睹抢饭的过程，他在回忆录中写道：

> 次晨，我跟同学们一起早自习，上了一堂课，九点钟排队进早餐，依次领回了一碗蒸熟的整苞谷（据说买不着粉子），领取的办法：由值班人右手持饭瓢，左手拿一约四市寸口径的小碗，先将苞谷盛满碗，然后用瓢刮平。一轮发完后再发第二轮，第二轮有时可保每人一碗，有时难以保证。队伍中离饭甑较远的人，一看形势不妙，就引颈以望、跃跃欲抢。我排队的第一天，发生了抢的现象，第三、第四天有同样的情况，上饭堂好比上战场。最滑稽可笑而又最痛心的是我回校的第五天的午餐，第二轮分饭到队伍半数的时候，后面的人一看形势不对，甑里饭没好多了，忽有一二人带头，大伙一拥而上，把甑包围了起来，里三层外三层，挤的挤，吼的吼。有几个亡命者竟把头钻到甑底抢了起来，外层抢不到的同学怒火冲天，有一位气极了，拿起一张直径一米多的大甑盖往下一框，把七八个人框得头碰头、碗碰碗，有的头碰出血了，有的碗碰破了，有的眼睛被筷子戳伤了，有的眼镜打破了。同学们几乎倾巢围观，还有老师旁观，一位年纪大的老师为孩子们的饥饿形象洒下了同情泪。
>
> 我想得最多的还是大伙儿的肚子问题，天天挨饿，怎么办？异域他乡，寄人篱下，难度很大，有关当局能否把工作做得扎实一些？有无漏洞？我们身在城隍庙，却不见菩萨，只好望天喊"南无"（佛教用语，音 namó），祈求上苍恻隐。正是：
>
> 城隍庙内喊"南无"，粥少僧多没奈何。
>
> 头碰甑中抢饭吃，母兮知道莫难过！[1]

---

① 谭文熙：《风雨晚晴》（1921—2002），鄂省图内字第 61 号，2002 年，第 43—44 页。

由于生活拮据，人与人之间的关系也出现不协调的情况。有的同学患病，咽不下学校的粗糙饮食，大家尽其所有，凑钱买鸡蛋、水果，想方设法让他开胃口。对病号留饭留菜，也照顾得无微不至。但在饭堂抢饭，却顾不了彼此的情谊，没有一丝一毫的温良恭俭让。人与人的关系就这么微妙，“小气”与“大方”又常是一身兼有。

三、背粮搬柴

为了节省开支，学校要求学生运粮，来回一趟数十里。运粮没有那么多箩筐扁担，有人想出好主意，脱下长裤，两只裤脚拿绳子一系，装二三十斤往肩上一驮。这样方便是方便，但是裤子易破，破了就补，所以那时学生穿的长裤，大都有好几个补丁。学生运粮，体验到劳动的艰辛，也拉近了与劳动人民的思想感情。有学生写下这样的心得：每当我从粮仓里扒粮往口袋里装，金黄色粒粒粮食流出时，我都会想，是鄂西山区农民在用血汗养活我们啊！由此看见那些衣着褴褛的农民，不由得肃然起敬。

因为伙食费太少，买柴嫌贵，于是学校提出包山砍柴的措施，有奖有罚。学生每周末搬运一次。膳委会改组为膳食劳动委员会，专人过秤、登记、张榜公布每人搬柴数量，考核劳动成绩。成绩突出的给予奖励，劳动不及格的留级。若不能按规定交柴，就要受罚。

富家子弟，吃不了这份苦，受不了这份罪，不愿上山，情愿出罚金。

穷家子弟没钱交罚金，又怕留级，只得尽力而为，来去50多华里，苦不堪言。王言生在《抗战时期湖北联中生活纪实》一文中详细记载了背柴的经历。他写道：

柴山离校二十多里，半天时间空手往返已很吃力，何况还要负重？我第一次上山背柴，背一根小柴。哪知走在路上竟受尽了奚落。

第二次上山，仍然找不到称心如意的"大柴"。狠心绑些树枝，心想堆头大，遮丑。不料捆得不得法，扛上肩时，一根上翘，一根下坠，两柴一绞，右肩皮顿时夹破出血。便向路边老乡借根绳子，系在柴的一端，拖着前进。幸遇一位老汉，见我这般狼狈，便帮我把柴枝分成两小捆，用半截断竹扁担插进两捆柴的中上部绑成A字形。他说："左肩扛累了，就换肩扛"。照老汉的办法，居然捱到了学校。肩头虽有些痛，心里却乐滋滋的。

从此我把半截扁担削得光光的，每逢上山，专背小柴，堆头大，又起眼，人人都夸我卖力。半年后，我的背柴量由15斤提高到50斤，数量虽比不上大同学，但就身材而言，这数字却是最显眼的。年终我得了条毛巾奖。①

到山上扛柴，对于肩不能挑手不能提的学生来讲是一大磨难，因此，许多当年的"联中"学生的回忆录都有记载。王野亭写道：

每个星期六下午照例不上课，全体学生上山扛柴。扛柴要往返几十里羊肠山径，有的道路陡峭，还要手足并用，蛇行而上。这对于我们这些在平原长大的青年来说，确实是一大难关，何况还要扛几十斤的松木下山呢？但不交足烧柴就停伙食——不给饭吃。有经济来源的，可以买柴交；而流亡者则只有上山扛柴了。开始我扛一块30多斤重的松木，肩压得疼痛难忍，劈柴又不能滚动，只好从山上往坡下掀，掀来掀去，树皮摔得精光。为了赶在天黑前回学校，我就鼓起勇气，把劈柴一扛上肩，就快跑几十步，实在吃不住了，就把它竖在地上，扶着它歇歇，然后又是一阵快跑。像这样一般可以晚饭前赶到学校。用汗水背回的松木，对我来说，好像是一块黄金，因为它能给我换来两稀一干的膳食。等到过了秤，入了账，人已是汗流浃背，筋疲力尽，饥肠辘辘了，

① 王言生：《抗日时期湖北联中生活纪实》，《湖北文史资料》总第32辑（科技文教史资料专辑），1990年，第94页。

这时才觉得真想休息一会儿，吃点东西了。①

吃粮要学生背，烧柴要学生扛。搬粮运柴成为学生的经常负担。针对这种苦状，九师的学生仿照国民党第二军的军歌的一段歌词，“我们是革命的第二军，我们是英勇的一群，英勇抗战是我们，不怕牺牲是我们”，编成“我们是九师的学生，我们是流浪的一群，背粮搬柴是我们，半瓢合渣是我们，生疮长虱是我们”。每当开饭集合，就不约而同地唱起来，并自称为“校歌”，实则是在发泄对当局的不满。

尽管让学生运粮、搬柴，伙食还是越办越糟。一些同学索性将伙食费领出，自愿组合，就近租房自己开伙。这样做的开支肯定要大一些，但自由自在，至于伙食的好坏，全由自己掌握。

而那些穷学生只能继续在学校的食堂吃饭，继续每餐必抢。

“联中”的生活是艰苦的，但晚年回忆起来，却是满满的快乐与幸福。建始高中分校的毕业生饶钦农写了一首《歌唱三里坝读书生活》，该诗写道：

有时上山去砍柴，砍刀镰刀自己带，
半天能砍一大堆，分成两捆挑回来。
有时出外去运粮，学生哪有布袋装，
裤脚裤腰紧紧缝，装进苞谷送磨房，
七成苞谷三成米，有时无米全杂粮。
包米做饭合渣菜，吃得饱来吃得香，
平时赤脚穿草鞋，粗布衣服如麻袋，
宿舍全在山坡上，茅屋土墙一大排。
有时思家掉眼泪，三三两两吐情怀。
读书救国喊口号，说说唱唱笑开来。②

---

① 王野亭：《后方求学记——侧记湖北流亡青年招待所和湖北联中》，政协湖北省委员会文史资料委员会编：《湖北文史资料》第1辑，1995年，第21—22页。

② 饶钦农：《歌唱三里坝读书生活》，“湖北联中”建始中学分校校友会编：《三里坝岁月》，1988年，第53—54页。

四、疾病蔓延

“联中”学生大都来自沦陷区，国破家亡，接济断绝，既穷且苦。他们买不起牙粉，也找不到细盐，只有一小块黑“盐巴”，用舌头舔一舔，用牙刷擦一擦，尝到一点咸味就赶紧洗口刷牙，完成“例行公事”。买不起肥皂，洗脸、洗衣服用的是树上生长的皂角，几分钱一袋可以管一学期，但很难把脸和衣服洗干净。

高工分校学生张保全有写日记的习惯，一日不拉，已经记了一年多。最近，武汉市老教授协会的黄明忠老师淘得一本日记，应该是张保全众多日记中的一本，从 1939 年 11 月 1 日记到 1940 年 1 月 11 日，约 20 000 字。日记是牛皮纸封面，里面是毛边纸，内容用毛笔书写。日记的封页上用非常工整的楷书写着“廿八年十一月一日　流浪生活记略　张保全”。该日记记录了“联中”学生的学习与生活，是研究“湖北联中”历史的重要文献。

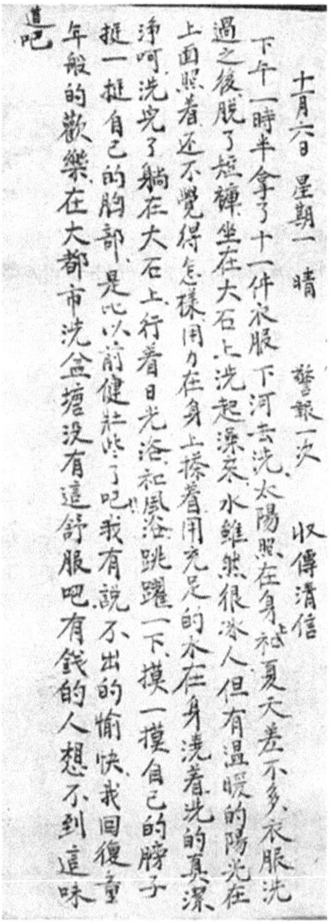

图 17　张保全日记（1）

夏天与秋天，“联中”学生可在清江或溪水中洗澡、洗衣服，这是学生最惬意的时候：清清的溪水温柔地抚摸着身体，洗去汗味与晦气。有的学生只有一套衣服，只好先洗衣服，放在石头上晾干，自己赤条条地躲在灌木丛中，等衣服干了，再穿上返校。

但是，到了冬天，溪水太冷，学校又没有浴室和浴盆，学生半年都不能洗澡，汗臭难闻。晚上，没有热水洗脸洗脚，下了晚自习就带着满脸的桐油烟、满脚的泥土、满脚丫的臭气，往被子里钻，美其名曰：“被窝洗脚，无腥无汗。”那时，走进寝室，各种气味汇集在一起，熏得人胃里作翻；走在街上，行人捂鼻。

在西迁途中，就有学生感觉身上发痒，原来是长了虱子。由于长期不能洗澡、换衣服，学生几乎个个长虱子。起初还害羞，不敢明言，时间一长，也就习以为常了。每逢冬天温暖之日，他们就成排地坐在门外的石头上，脱掉衣服晒太阳，也像当地老乡一样抠里扒缝地捉虱子，用指甲挤得啪啪地响。

学生睡的高架床，臭虫特别多，人一躺下，臭虫便蚂蚁似的牵线而来，贪婪吸血，咬得满身疙瘩，只要把床单四角一提，向中一抖，臭虫就有一小酒杯。

臭虫不但床上有，教室板凳上也有。一次上课，一个学生突然站起，老师问有什么问题，该同学结结巴巴，面红耳赤说不出。原来是臭虫叮了他的屁股，弄得师生哄堂大笑。

由于生活条件、卫生条件差，再加上外地的学生水土不服，几乎人人生疥疮，以致全身灌脓包，衣服结成壳。

北京大学黑格尔哲学研究泰斗张世英教授就是第一批到达楠木园读书的“联中”高商学生。

图 18　张世英

2009 年 90 岁高龄的张世英先生回到楠木园寻旧，次年专门写了一篇回忆楠木园生活的文章。他在文中写道：“我们学生宿舍的每间小房里，都是几十个同学共睡在一块用稻草铺的土地上，吃的是稀粥加白薯，晚上几个人共点一盏木子油灯，伴读到深夜。早上一起床就跑几百步石阶，到江边用急流漱洗，然后夹着一本英文书，到山谷里高声朗读。由于当地瘴气重，全校同学，几乎没有一个人不是虱子缠身，疥疮难耐。不少同学因遍体溃烂，听课时只能侧身而坐。比我年岁小的初中一、二年级生，有的疼痛难忍，便一边听课，一边流泪。”①

学校的医疗条件极差。协文曾就读于巴东初农分校，他在回忆录中写道：

> 说到医疗保健，几乎是有名无实，公费医务室经常只有红汞、碘酒、硫黄膏之类，应付门面，真有需要打针吃药的病，那就只有听天由命，医院的费用太高，一般学生负担不起。有位叫孟庆常的同学就是在病中无医疗条件，硬拖死在寝室里的。一位教师感怀悼诗：“远望孟君墓，凄凉农校旁。青年竟折寿，愧我为人忙。”②

最可怕的是患上疟疾、伤寒等传染病。当时的学校缺医少药，学生一旦患疟疾、伤寒，唯一的治疗手段就是隔离。被隔离的同学实则是任其自生自灭。高文华回忆：

> 初二下学期，我生了一场大病。开始是打皮寒（疟疾），发冷的时候把三四个同学的被子盖在身上还发抖，发热的时候高烧40度人都糊涂了。和我一同来联中的端本中学高中同学王慧懿用一个搪瓷漱口杯烧开水给我喝。由于完全没有药，恶性皮寒发展到后来就呕吐，转为伤寒。学校把得伤寒的学生送进“疗养室”，实则是隔离室，因为怕传染，不许学生靠近。我进去的时候里面还有三个同学。多亏王慧懿偷偷送来菜汤，慢慢喂我。我头发掉光了，虱子扒不住，掉到碗里，我就连虱子一起把菜汤喝了。后来慢慢好了一些，王慧懿要把我扶起来穿上衣服坐一坐，却发现对襟棉袄上的扣子都没有了。我说：是我的一些好朋友当汆汤元子吃了。王慧懿奇怪，谁是你的好朋友？我告诉她：老鼠呀。还好，

---

① 张世英：《张世英回忆录》，中华书局，2013年。

② 协文：《流亡旧事录》，武汉市蔡甸区政协文史资料研究委员会编：《蔡甸区文史资料》第3辑，1995年，第188页。

算我命大，在隔离室住了一个多月终于出来。进隔离室的几个同学就我一个人活着出来了。①

与高文华一样，陈光焰也是大难不死。他在回忆录中写道：

1941 年暑假，我不幸患上伤寒，高烧一周不退，饮食不沾，大便不通，可以说在死亡线上挣扎着。一日，训育主任陈文山先生和中医周济川校医到寝室看我的病情，陈文山先生懂得中医，他仔细为我切脉，详细询问病情后，和周校医研究一小时之久，然后决定了处方。这服药服后，烧渐退下，大便通了，能吃点清稀饭，约半个月基本痊愈。这次重病，幸得师友的关怀，使我侥幸渡过了生死关。中国有句俗语："在家靠父母，出外靠朋友。"在我卧病期间，同班同学王文明、李碧涛，陪伴床前，打开水、喂汤药，真是无微不至地护理。当时如果没有他们亲人般的关怀照顾，我是没有可能痊愈的。我难忘他们的恩情，我难忘在那流亡的日日夜夜里，同窗砚友，患难与共、疾病相扶持的兄弟情谊是多么的深厚啊！②

患上恶性传染病，无医无药，能够活下来只是少数。

在三里坝，第一个撒手人寰的是伍伯龙同学。在下街一栋低矮幽暗的平房地面，躺着用破旧泛黄棉被所掩盖的尸骸，白色蜡烛临风落泪，纸灰飞扬，壮志未酬，客死他乡，走得太早了些。小山坡一座破庙之侧，成了这些不幸同学的埋骨之地。

"联中"的师生有多少因病长眠在鄂西，没人统计，但肯定不在少数。仅建始中学因病去世的教师就有数人，学生十余人。这些师生背井离乡，泣别父母兄弟，负笈千里，矢志击败日寇，收复河山。谁知其志未展，不幸客死他乡。呜呼！"出师未捷身先死，长使英雄泪

---

① 王立：《岁月磨砺联中情》，恩施新闻网，2015 年 6 月 4 日。

② 陈光焰：《三里坝散记》，"湖北联中"建始中学分校校友会编：《三里坝岁月》，1988 年，第 81 页。

满襟。”

丁纯泉，应城人，被病魔过早地夺去生命，年仅16岁。

师生们为逝去的学生撰写挽联，称扬死者，寄托哀思。李世荪为丁纯泉所作挽联是：

二八孤儿，去年离家今年死；

六旬寡母，长子从军幼子亡。①

丁纯泉的哥哥丁纯洁，投笔从戎，上了战场，后来为抗击日本侵略者、争取民族独立献出了宝贵生命。所以李世荪的挽联写：长子从军幼子亡。

张良皋为病故学生刘文贤所作挽联是：

风雪送君归，踯躅巴山，更何人相濡以沫；

云霓奚我后，寥落江浦，剩旧好有泪如倾。②

冤有头债有主。校友吴恒槐写道：事实很明白，没有日寇的入侵，也就没有我们青年学生的流亡，这十几位同学也不会如此悲惨地过早地结束了他们年青的生命。这也是日本帝国主义欠下的一笔血债。③

生活上虽然承受巨大的压力，但全国人民同仇敌忾的情绪却使学生感到充实，学习的毅力也更加坚强。同学们都意识到自己的肩上将担负的重任：被侵略的战火摧毁的家园靠吾人重建。

五、名师荟萃

“湖北联中”各分校主任由省教育厅任命，各分校的教师由分校主

---

① 李世荪：《挽丁纯泉同学》，“湖北联中”建始中学分校校友会主编：《三里坝岁月》，1988年，第211页。

② 张良皋：《挽刘文贤学兄》，“湖北联中”建始中学分校校友会主编：《三里坝岁月》，1988年，第211页。

③ 吴恒槐：《悼念长眠天鹅观前亡友》，“湖北联中”建始中学分校校友会主编：《夕照万山红》，1998年，第146页。

任聘用，报教育厅备案。

与国民党党政军系统一样，“湖北联中”也是派系严重。“联中”各分校主任基本上是两大派系，即所谓的北师大派（包括北京大学、北京高师、北京女子师范大学等）与湖北的武高师派（包括武昌高等师范、武汉大学等），其余的中华大学、湖北省教育学院则摇摆于两派之间，谁的势力大就依附谁。北师大派以尹元勋、王延杰为首，均在湖北省教育厅担任科长、督学职务；武高师派以王介奄（教育厅科长）为首。他们各自把持一部分学校的校长。如果某校的校长系某派人物，则校长以下的教务主任、训育主任、总务主任的人选，均为其派系人物，甚至教师的遴聘，也不出此潜规则。比如，建始师范分校主任程发轫系武高师派，他遴选的丁培元（教务主任）、李咏裳（训育主任）、杨赏世（总务主任）以及教师贾修龄、吴汉宗、王卓生、肖象明、张绍良等均为武高师各科系毕业。少数杂牌学校毕业的人物，如谢敬止、柳育才、李耀卿等（教育学院毕业）在这所学校任教，仅属客串性质，难于久居其位。类似的情况，像七师校长高启圭系武高师派，他组阁的教务主任李嘉惠、训育主任叶晓岚，亦为清一色的武高派。至于北大派的李叔熙（恩高校长）、周仲甫（恩施初中校长）、刘礼琼（屯堡女高校长）、段琦璋（一女师校长），他们的组合班底，延聘教师也无不以派系作为依据。

当年，陈诚自兼“联中”总校长，试图打破根深蒂固的宗派势力，结果不了了之。

虽然“联中”派系严重，校长喜欢延聘、重用自己一派的教师，但校长中也不乏有识之士。比如九师校长程发轫，出身清寒，苦学成才。他常对学生讲他青年时期的生活：用膳，家贫，缴不起伙食费，日以烧饼、片馍充饥；穿戴，以布履褴衫自持，羞与豪华为伍；假日回乡，不辍农作，克勤克俭。他常以“寒门生贵子，茅庐出公卿”而自勉。时值国难当头，“半瓢合渣，两碗冷饭”度日。听了程校长的讲话，同学深受感动，认为程校长不失长者之风，且为人淡泊，虽在国民党政潮浊流中，还能洁身自好。是时，九师的数学教师夏伯初（CC系分子）拉帮结伙，要取而代之。程发轫面对夏的苟且钻营，毅然告退。以后在九师学潮中，同学们常常留恋程校长，斥夏伯初为“党棍”。

高商校长张翮（1890—1946）曾任农商部商标局局长，湖北教育厅科长、督学，多所中学的校长，是一位德高望重的老校长。湖北教育界素有派系之争，哪一派的人当了校长，便聘用哪一派系的人任主任及教师，恶习相袭，为害不浅。张翮几乎当了一辈子校长，却不落窠臼。到了高商更是这样，任内从不轻易解聘教师，相反团结了一批教师，精心教学，为学生服务，以至高商师资阵容整齐，社会名望很高。

“联中”分校的师资力量也是参差不齐。郑万选是武当山高中分校的主任，负责学校的内迁与教师的招聘，但多数教员认为“安全没有保障”，拒不接受聘约，于是，郑万选只得在宜昌、万县、重庆、恩施等处分别招聘教员，“东拼西凑，才勉敷支配”，因此这所学校既有杏坛名宿，但也不乏滥竽充数之辈。武当山高中分校迁到恩施后，更名为建始中学，在“联中”各分校中师资力量最强，但也出现缺老师上课的尴尬。当时，高中数学、英文两科老师奇缺。张良皋是建始中学学生，他在一篇文章中写道：

> 建高第八届一年级学习很正常，二年级就遭逢师资危机。数学老师尤其缺乏，全校几乎只剩严栋开先生一人，我们全年级一百七八十个学生在餐厅合班上课。严先生每课下来，声嘶力竭，根本不能保证进度，更无从阅卷督课。郑荛夫校长心急如焚，为稳定学生情绪，每到中山先生纪念周就要念他向各方延聘教师的往来电报，我们称之为“上电报课”。到三年级，居然让郑校长从恩施“挖”来了陈化贞、熊大权二位“金刚级”的教师，这才使我们如大旱之得甘霖。我们八届同学，在湖北省会考中大获全胜，在全国大学招生联考中也所战皆捷，升学就业大多顺利，不能不

铭感全体老师特别是陈、熊两位先生的及时抢救。[①]

笔者也是教师，也上过合班的大课，但一百七十八十个学生合班上数学课，闻所未闻。严栋开先生能够接这样的大课，确实不简单。不是为学生着想，谁会做这种吃亏不讨好的事？

“联中”最好的分校尚且如此，其他学校的师资情况就可想而知了。方景鹏是建始师范分校的学生，他在《学校、老师、同学——记湖北联合中学生活、学习片段》一文中，就生动地记录了建始师范分校教师水平悬殊的情况：

> 我们虽然年龄较小，但也知道毕业以后要当老师，自己不学好，将来怎么教书呢。我们学校有一位生物老师，上课总是照着书本念，他倒成了我们的反面教员，学生都看不起他，认为他自己没有学好，所以不受人尊敬，他上课讲他的，学生不是看小说就是做别的功课，他也不敢管，他一管学生就闹他的堂，吵得课堂上闹哄哄的，搞得他不好下台。我们这学校的老师都很棒，讲课从来不照本宣科。老师上课都有教案讲稿，从不照着念，都是离开讲稿，侃侃而谈，我们都佩服他们，课堂纪律十分好，非常安静。特别是我们的国文老师李傲寒，古典文学根基深，唐诗、宋词、元曲无所不精，在湖北省是很有名气的。他经常同我们讲《古文观止》上的文章，受他的影响班上的同学对《古文观止》上的文章能理解、熟读的不少，不懂就去问李老师，他都很细心讲解，真是诲人不倦。[②]

该文对比鲜明：生物老师照本宣科，成为学生的反面教员；国文老师李傲寒不但古典文学根基深，而且诲人不倦，对学生影响巨大，深受学生爱戴。

---

① 张良皋：《闻野窗课》，“湖北联中”建始中学分校校友会主编：《闻野窗课》，2005年，第57页。

② 方景鹏：《学校、老师、同学——记湖北联合中学生活、学习片段》，“湖北联中”建始中学分校校友会主编：《青史记联中》，2009年，第16页。

作为建始中学主任的郑万选，认为教员普遍缺乏责任感，主要的表现为：

在众多的教员中，能够认真备课的，确有其人，但不多见。同年级同科的教员，在课前集体研究教材，分析教材，无此规定，也无此做法；既不彼此听课、互相观摩，也不商量进度，而是各搞一套。有的个别教员，上课钟声响了半天，姗姗来迟，下课钟声一响，便即远离教室。教员如此带头，学生自然星散喧闹，教室秩序不问可知了。

每周教学时数三十多个小时，学生的负担相当繁重。教师一意追求升学率，不问学生能否接受与消化，搬用老一套"注入式"的教学方法，很少运用"启发式"进行教学，以促进学生思维能力的提高和主动自学的兴趣。这样，尽管教师口讲指画，舌敝唇焦，学生仍然晕头晕脑，毫无所获。然而教师布置作业，却给学生以大量的练习题，至于做作业与否，则任凭学生自由，从不检查、批改。到了月考期考临近时，学生便着了慌，在浓烟滚滚的桐油灯光下，硬背死记，目的在于如何把考试应付过去，等到考试完毕，就认为"百事大吉了"。"教师为学生升学而教，学生为应付考试而学"，每当临考之前，学生要求教师编写温习提纲或指示范围，教师怕不及格的学生多了有伤自己的体面，也就一律照办。学生课外活动时间，教师从不亲临指导，即使在学生早晚自习时间，也很少有教师走进学生自习室以备学生质疑问难。①

中学教学有这么几个环节：备课、上课、批改作业、课后辅导、考试。郑万选认为，在以上环节，教师都表现出责任心不强。郑万选曾任武昌中学的校长。而该学校是湖北省首屈一指的名校，教学管理相当严格与规范。以武昌中学为参照物，内迁的建始中学教师确实有

① 郑万选：《主持湖北"六高"校务的回忆》，政协湖北省委员会文史资料委员会编：《湖北文史资料》，1999年，第212页。

不少不尽如人意的地方。

郑万选还认为，教员中的个人主义和平均主义严重，他写道：

> 气候寒冷时，教国语、英语和数学的教员要求不排或少排上午第一节课；天气炎热时，担任历史、地理和生物课的教员要求不排或少排下午第一节课。高中部有文科、理科之分。同一年级同一学科时，因科的性质有所不同，每周教学时数有多有少，假如某人每周多排课一小时，便和少排一小时的人提出对比，说教务处欺负了他，拒不接受。例如陈正干和严栋开都教高中数学课，我和教务主任石逢云认为陈正干的教龄较严栋开稍长，而严又系陈的学生，平时对陈口口声声尊称老师，多排严栋开一小时课，论理应无问题，不料严表示坚决拒绝，不得已，只好另外补贴一小时的教课费。教务处在学科的支配上，事前固然要征求任课教师的同意，但在某种情况下，有时不能完全尽如他们的意，也是常有的事。例如王言纶自命为教范氏大代数的能手，每周排了一班平面几何，即坚决不接受，声称，平面几何多年没教，要教则要重新备课，怕吃力。于是把几何课完全排在荣少陔一人身上，而荣少陔愤愤不平，以为瞧不起他，认为他不能教大代数，连夜捆起行李，离开学校而去建始师范。①

每学期的排课不可能使所有人都满意。郑万选所谈的一些问题，如今的一些学校也时有发生。不过，如今的老师虽然有意见，但一般会服从安排，绝对不会“连夜捆起行李”走人。

郑万选撰写的《主持湖北“六高”校务的回忆》，是研究“湖北联中”的重要史料。笔者认真研读该文献，认为郑万选的思想方法有问题，存在着片面性，只见树木，不见森林，只见支流，不见主流，只见消极、阴暗面，却不见积极的一面。他长期担任建始高中的校长，

---

① 郑万选：《主持湖北“六高”校务的回忆》，政协湖北省委员会文史资料委员会编：《湖北文史资料》，1999年，第212页。

但在他的笔下却没有一件值得称道的事，没有一个值得表扬、肯定的人。

与郑万选截然不同，学生对教师的评价更加客观、实事求是。吴国仪是建始中学的学生，他在《在抗日战争中培育英才的湖北建始高中》一文中写道：

> 我们的老师，最根本的一个优点，就是都主张抗日。抗日在当时我们的国家来讲是一个时代的主体思想，是一个主旋律。谁要是脱离了这一点，就一切都谈不上了。第一个事实，他们能够到三里坝来，首先就是用实际行动，实践了抗日。其次在教育工作上，他们百般关心学生，从各个角度鼓舞青年为民族争气而学习，这是一个带根本性的动力。我们的老师无论讲什么课程，都无不渗透这种精神。国破家亡，离乡背井的年轻人，感情上受到了极大的伤害。假若没有老师们随时给予的一场“及时雨”，这些苗苗是受不了的，更不知会浪费多少青年的青春。我们始终能够不懈地努力，便是和老师们的辛勤教导和积极鼓励分不开的，这是多么现实而动人心弦的疼爱啊！并由此产生出无穷无尽的力量，结下了丰硕的成果。再其次，就是老师们经常能够把抗日战争的信息，特别是胜利的消息告诉给来到后方求学的子弟，要是信息不通，那就更不堪设想了。我们的老师在课前课后，总要讲一段国事，同学们也时常要求老师们讲国事。在讲的内容上，常常都能较公正地如实讲述，确实起到了知识分子的桥梁作用。当然，当时在敌后抗战的消息，也确实是多一些，只要你讲就一定要讲到敌后的广大战线，这也是客观存在的事实。同时，当时在意识形态上，严酷的现实生活，使我们的老师在实事求是上是大有进展的。一些不切实际的货色，使大多数有教育经验有思想修养的老师，至少是不以为然的。
>
> 在学校里，党的统一战线工作是做得较出色的。能够深入学校的核心里去，并且团结了积极进步或较中间的力量，因而甚至

在课堂上还能讲解些新东西。特别具有正义感的广大知识分子，经过抗战开始到保卫大武汉，虽然有人取缔了“民先”、“武汉青救”和“上海蚂蚁社”等青年进步组织，可知识分子的思想是受到了很大触动的。思想认识有所提高，特别是谁也摆不脱围绕抗日这个关键性的现实问题。一般从教师方面来看都比较开明，思想也比较求实，特别是学问越好，认识就越高，这也是符合认识规律的。所以顽固派在无法维系的时候，就采取极端恐怖的手段抓人，也抓了一些老师，则是不无渊源的。①

吴国仪的文章，讲主流，讲政治，摆事实，讲道理，有分析，有结论，很有说服力。

学生任延平也写道：流亡的老师，流亡的学生，大家都有一颗爱国的心。特别是单身的老师，课余房里总是坐满了学生，谈学习，扯家常。学生的宿舍，晚上有老师光临，在桐油灯下，辅导同学们学习②。

对于教师的教学水平，学生非常满意，评价非常高。李治德曾就读于建始高中与恩施高中，他在《清江水悠悠，往事堪回首》一文中，赞美了三位教师。

他写的第一位是数学老师严栋开先生，该文写道：

建始高中数学老师甚多，师资雄厚，其中有王、严、冀、陈，谓之“四大金刚”。他们专业知识精湛，教学经验丰富，各具特色。而严栋开老师的教学方法灵活多样、深入浅出、引人入胜，效果很好。

严老师讲着一口武汉话，语调慢条斯理，对于每个问题，往往采用几种方法加以解析，启发诱导同学们独立、正确的思考方

① 吴国仪：《在抗日战争中培育英才的湖北建始高中》，“湖北联中”建始中学分校校友会编：《三里坝岁月》，1988年，第24—25页。

② 任延平：《回忆抗日战争时期的“六高”》，“湖北联中”建始中学分校校友会编：《三里坝岁月》，1988年，第91页。

法。他有一种启发式的特殊教学方法，使我记忆犹深、至今难忘，就是在分析论证问题后，有意地停下来，要同学们“酝一酝”，也就是让大家品味品味，在脑子里转一转，深刻领会其中的道理，巩固所学内容，以获得更佳的教学效果。

上课间，他常引经据典，以扩大同学们的视野。有一次，他在黑板上写了一行英语大字：“I think，therefore I am。”其中文译意是：“我思故我在。”然后他说：“这是笛卡儿的名言。笛卡儿是解析几何的创始者，他把变数引入数学领域，促进了科学技术的发展。

由于他的启发，我对数学产生了浓厚的兴趣，在图书馆阅览了许多数学书籍，做过大量难题，在数学上打下基础，后来在多种考试中，都取得了较好的成绩。

我在有关资料中，知道笛卡儿不仅是个数学家，也是物理学家和哲学家。他创立了“能量守恒”定律，在科学发展上作出了重大贡献，马克思曾给予他高度评价。后来我逐渐理解到，数学及物理学的进步与创新，是提高科技水平、发展工业的基础。

严老师讲课严谨而幽默，课余生活也丰富。他喜欢唱汉剧，爱好多种文艺，极为风趣。

严栋开老师是一位深受学生敬爱的好老师。

李治德写的第二位是英语老师汤世尧先生，该文写道：

汤世尧老师是武汉大学西语系毕业的高材生，也是学校最年轻的老师。他的英语很有造诣，在课堂上除讲授一般教材外，还选授许多西方文学作品。如莎士比亚的《威尼斯商人》、雪莱的《西风颂》、莫泊桑的《项链》、海明威的《老人与海》，等等。他经常介绍一些著名作家的生平事迹，以丰富我们的知识。汤老师非常崇拜莎士比亚，认为他是西方最伟大的作家。他说，在西方世界，一般家庭必备两本书，一本是《圣经》，一本就是《莎士比亚全集》。并说英国有一句谚语：“宁可不要100个印度，也不能没有莎士比亚。”这个谚语虽有殖民主义思想，而莎士比亚的影响可见一斑。

汤老师还非常赞赏莫泊桑的文学成就。他告诉我们，莫泊桑一生中创作了300多篇中短篇小说，均取材于现实生活，写的都是凡人小事，能够深入现实生活是难能可贵的。

汤老师的教导熏陶，使我进一步重视英语学习，并初步了解了西方文学。我每天早起读英文，晚上还要写简短的英文日记，并请高班同乡朱馨远斧正。

1944年，我在重庆报考复旦大学外文系被录取，由外文系主任全增嘏面试。他让我背诵莎士比亚的一段诗歌，我当场熟练背出，他很满意。后来正式录取我为外文系第一名。

我很想就读该系，然而，由于这个专业远离我的工业救国志愿，我还是回到了中央大学电机系。现在回想起来，一个好老师，对于学生的影响是多么深远。

李治德写的第三位是语文老师肖寄语先生，该文写道：

我转到恩施高中二下，开始读的是文科班。教语文的肖寄语老师，是一个颇有名气的作家，笔名肖荑。

肖老师说得一口低沉的四川话，头发过耳，时常穿着一身旧中山装，形象显得有些特别。

那学期上课不久，他出了一道作文题：“又是霜柏可怜红的时候。”同学们都感到这题目很新颖，富有诗意，很能启发文思。于是，我写了一首小诗交上去，肖老师看后觉得颇有新意。

他在课堂上除了讲一般外，大部分时间是讲解新文学及其文学理论。肖老师非常崇拜鲁迅。他说，鲁迅是伟大的文学家和思想家，他的诗句“横眉冷对千夫指，俯首甘为孺子牛”，充分体现了他的人格和文章风格，要求我们将它作为座右铭身体力行。

肖老师讲授《阿Q正传》时很认真投入，说这部作品以“哀其不幸，怒其不争，”揭示了麻木、愚昧的国民劣根性，是一部启迪民众觉悟意识的里程碑作品，不但具有较高的文学价值，更有着深刻的思想内涵。

他还向我们介绍了多部俄罗斯作品。如肖霍洛夫的《静静的顿河》，他说这部小说，主题深刻，场景恢弘，反映了俄国历史大转折时期的时代脉搏，是一部不朽的文学巨著。

他特别推崇果戈里的《死魂灵》，认为这部作品针砭当时俄国社会各种弊端与罪恶，并将其暴露无遗，其中不少人物形象都成为艺术典型。

肖老师的教导与启发，使得班上许多同学对新文学产生了浓厚兴趣，文学写作水平普遍提高。不少人努力写作，向报刊投稿。如谢牧同学后来就很有成就。

当时在恩施所处的不良政治环境下，同学们都担心他会遇到一些麻烦。后来，肖老师应朋友之邀回到四川工作去了。解放后，他曾任四川省文联副主席，说明他一直战斗在文艺战线，并为文艺界所推崇。

肖老师是一位忠诚的文艺战士，也是一位辛勤的好老师。①

李治德笔下的三位教师有共同的特点：1. 专业知识精湛，并有独到的见解，是专家型的教师。2. 运用启发式教学，善于调动学生的学习积极性。3. 注重培育学生的学习兴趣，注重能力的培养。

数年前，中学教育曾有一次改革，批评应试教育的弊端，提出素质教育的新概念。然而，对于什么是素质教育，怎么进行素质教育？却有着不同的认识与理解。笔者认为，如果认真地研读李治德笔下的三位老师，或许能够找到答案。

王孝章 1940 年就读于湖北省第六高级中学。在《联中生活琐记》一文中，他写道：

---

① 李治德：《清江水悠悠，往事堪回首》，"湖北联中"建始中学分校校友会主编：《青史记联中》，2009 年，第 119—122 页。

六高，是个响亮的名字。六高人常为之感到自豪。因为它拥有全省一流的教师队伍和丰富的图书设备。要说教师阵容之强，那是有口皆碑的。数学教师中就有几位当时被称为“数学大王”，如王言纶、严栋开诸先生。其中印象最深的是严栋开先生。他是武大数学系的高材生，同学们都爱听他讲课。他讲课条理清晰，论证突出，还写得一手好板书（中华人民共和国成立后曾任西南师院数学系主任）。国文老师胡芝湘先生教授古典文时，选材精当，他旁征博引，讲得很有深度。还有一位地理老师，不仅讲课生动，还能随讲随手准确地画出地图。英语老师也很有水平，教学要求很严格，反复强调我们多背诵名篇名句。除此以外，还有石谭龙、陈文山、张少春等，他们都是湖北教育界颇有名望的老教师。①

以上诸同学都提到严栋开先生，不过这些同学的回忆，都是宏观的评价，而王治柱却谈了一节课的感受，给人印象深刻。王治柱的文章写道：

立论严谨，而又善于抓住和吸引同学们的注意力，是严老师讲课的显著特点。有次，严老师讲了一个关于行列式的证题，该行列式是一个关于a、b、c的六次齐次对称函数。证题可以利用行列式的性质做，但严老师为了扩大同学们的学习效果，还特地利用了因式分解法。他根据先前学过的诸有关定理，层层剖析，步步深入。在这一过程中，他没有呼唤同学们注意，但同学们却被他那有板有眼的讲课姿态和严密论证的精神所感染，很自然跟随着他的思路前进。当论证题刚一讲完，他又话锋一转，对当时流行的《范氏大代数习题详解》一书中的错误解答详加剖解。有了比较、鉴别，同学们理解问题的力度和透明度就大不同了。说

① 王孝章：《联中生活琐记》，宣恩县政协文史资料委员会编：《宣恩文史资料》第15辑，第117页。

真的，这是我整个学生生活中听到的最生动、在某些方面获益也最多的一课。①

一节普普通通的高中数学课，令学生受益匪浅，几十年后仍记忆犹新，并认为是“整个学生生活中听到的最生动”的一课，足见严栋开老师的教学能力、教学水平确实非同凡响，其教学魅力更令人钦佩。

学生对“联中”的教师，无论是专业水平，还是敬业精神，都大加赞扬。吴国顺、万汉民在《忆抗日时期的湖北联中》一文中写道：

联中的教师多属来自武汉的精英，国（文）、数、英（文）等主科教师，硕彦名宿，一时齐集鄂西各县，吃苞谷，住茅屋，睡硬木板，桐油灯下，仍然是“三更灯火五更鸡”，为学生操劳不辍。当时的国文教师如九师的贾修龄以诗词著称，吕友璋以哲学闻名，傅佛岩为文字学专家，王祖佑是全国知名的声韵学者，其他各校类此有专长者亦不乏其人。当时以数学“三杰”名闻武汉的王言伦、陈化贞、夏伯初，均来鄂西六高、九师任教。理化教师如七高的吴元海、吴慈云、左叔良，七师的罗大玉，九师的张根沅等，在没有仪器设备和药品的情况下，千方百计自制自备，为教学做演示实验，力求理论与实际相结合，让学生学有所得。七师国文教师鲁怀西（沔阳人、武昌高师毕业），终身从事国文教学，他在当时教师队伍中，年纪大，身体弱，视力差，可他对于备课、改作业却一丝不苟，课堂语文教学，语言规范化。学生听他讲课，轻松愉快。他能把课文欣赏、教材感情、学生感受、教师神情几者融为一体，找不出他在讲课中有半句闲话。他在桐油灯下，戴老花眼镜，还加放大镜，每晚工作到深夜，学生见了，往往心绪不安，间或路过他的窗下，目睹鲁老师神情，常暗暗地

① 王治柱：《良师教诲终生难忘》，“湖北联中”建始中学分校校友会编：《三里坝岁月》，1988年，第188页。

为他落泪。①

一位好老师对学生的影响是巨大的。王瑞明是恩施高中分校的学生。他在《抗日战争时期的湖北联中》一文中写道：

有一位永远值得怀念的语文教师，讲起课来，谈笑风生，始终吸引着整个教室学生的注意力。他特别擅长修改作文，循循善诱，尽力尊重原作，可改可不改的，他不动，非改不可的，他才动一两笔；他欣赏的文句就加圈，有两圈三圈的，最好的文句加五圈，这是很难得的奖赏，一篇作文能得到几个四圈也就很不错了。他的评语很有讲究，鼓励的多，批评的少，善于正面引导、积极启发，有的评语，令人受到极大的鞭策、鼓舞而终生难忘。他给我的一篇作文《故乡》写的评语中有“情感丰富，用意深刻，堪称佳作。此后若能努力发展，必有惊人之作品出现”。由于自己笨拙，未能照他的希望办事，一生没有写出“惊人”之作。但从这一评语来看，老师用心良苦，既有殷切希望，又有敦厚的鼓励与鞭策。我从这位语文教师手里学到了语文知识以外的许多知识——如何当好教师，如何指导青年，这对我以教育事业终其生起到了潜移默化的作用。②

学生是教学活动的主体，评价教师的教学，学生最有发言权。“联中”的学生对于教师的教学态度、能力、效果都非常满意，评价非常高。

习近平总书记曾经指出：一个人遇到好老师是人生的幸运，一个学校拥有好老师是学校的光荣，一个民族源源不断涌现出一批又一批的好老师则是民族的希望。

当一名优秀的教师，难；

---

① 吴国顺、万汉民：《忆抗日时期的湖北联中》，政协湖北省委员会文史资料委员会编：《湖北文史资料》，1999年，第191页。

② 王瑞明：《抗日战争时期的湖北联中》，政协武汉市洪山区委员会文史资料委员会编：《洪山文史》第5辑，1993年，第148页。

当一名令学生能够铭记的教师，更难；

当一名让耄耋之年的学生仍能念念不忘的教师，难上加难。

六、教学水平

“联中”的办学条件、教学水平，较之迁徙之前相差许多。

在恩施地区，巴东距武汉最近，一下子涌进 7 所分校，学校最为集中。巴东地处前线，敌机频频光顾，空袭警报不时拉响。巴东高工分校学生张保全在日记中详细记录了拉响空袭警报的次数：1939 年 11 月 1 日，“警报三次”；11 月 4 日，“警报二次”；11 月 6 日，“警报一次”；11 月 7 日，“警报一次”；11 月 18 日，“警报三次”；11 月 19 日，“警报一次”。由于空袭警报频繁，教学时断时续，教学进度大受影响。与巴东相比，其他各县的分校相对安全。

1. 缺少图书。学校是读书的地方，但“联中”的各个分校却普遍缺少图书，更是缺乏新书。建始中学是“联中”中办学条件最好的学校。据郑万选回忆：

> 我们经过万水千山从武汉运到三里坝的一些图书，多属经史子集一类古籍，新的科学书报，为数极少；又因经费限制，特别是国民党军警机关的检查扣留，新订阅的杂志报章也很难到手。如中共机关主办的重庆《新华日报》和其他进步报刊，更难看到。如教员冯皋九、詹楚琼订阅的《新华日报》，曾经被第二军李延年部驻建始部队检查扣留，并以密函责令对冯、詹二人“应予监视”。①

2. 缺少实验设备。各个分校普遍缺少实验设备，许多实验课开不出来，而一些任课教师也不积极想办法，据郑万选回忆：

---

① 郑万选：《主持湖北“六高”校务的回忆》，政协湖北省委员会文史资料委员会编：《湖北文史资料》，1999 年，第 212 页。

> 例如理化教学需要的仪器和药品，从武汉搬运到三里坝的，尚不够高中示范实验之用；尤其在经费困难的情况下，自然更无法购买，这是客观事实。而理化教员不顾当时的客观条件，又不从主观努力，想方设法进行科学实验，只是强调客观障碍，对学生仅凭书本作理论的讲授，没给学生以感性的认识，空空洞洞地来谈科学，教学上自难收到良好的效果。生物实验，本可就地取材，到处有研究的对象；但教员从不带学生往野外进行实地观察，采集或制作标本，以进行直观教学，单纯强调资本主义国家教学设备的完善。①

一方面缺少实验设备，另一方面有些教师缺乏敬业精神，一些以实验为基础学科的教学效果不佳。向淦之曾是国立湖北师范学院的学生，他在《回忆“国师”的学风》一文中写道：

> 物理及化学是以实验为基础的学科。没有实验，就要增加学习的困难，特别是化学，更为突出，如元素及化合物的性质，没有通过具体实验，内容抽象，真叫人难以理解，可学校却没有仪器设备。因此，我们在一年级学习普通化学时，是胡治熙老师进行课堂教学口讲手写，教育既无演示实验，学生又从不动手自己作实验，更无书本或油印的学习资材，只是一双眼睛望着黑板，耳听老师的口述，手写能记下的笔记，故感到学无依据，确实难于接受。有的同学形象地说：“化学话学，难于捉摸，研究问题，就凭口说。”②

3. 缺少课本。战士打仗要有枪，学生读书要有课本，这是天经地义的事情。然而，在鄂西山区，既没有经费购买，也没有条件印刷，缺少课本成为长期困扰“联中”教学的一个大问题。

---

① 郑万选：《主持湖北“六高”校务的回忆》，政协湖北省委员会文史资料委员会编：《湖北文史资料》，1999年，第212页。

② 向淦之：《回忆“国师”的学风》，政协湖北省委员会文史资料研究委员会编：《湖北文史资料》第2辑，1986年，第97页。

4．办学理念落后。日寇发动侵华战争，中国的东南部大部分沦陷，情况发生了巨大变化，然而，"联中"在教学方面却没有与时俱进，无论是教学科目，还是教学内容都是沿袭旧制。更有甚者，学校将中共的一些新思想视为洪水猛兽，绝对不允许传播。再有，当时中国的教育非常落后，文盲的比例非常高，大学生更是凤毛麟角。然而，当时"联中"分校中的中学仍然是应试教育，一心追求升学率，根本没有为经济发展培养人才的思想，没有为当地经济服务的理念，拒绝传授经世致用之学。

总之，"联中"的教学条件差，甚至缺乏必要的设施，教学理念也相当落后。不过，"联中"各分校的质量意识非常牢固，宽进严出，严把质量关。国立湖北师范学院的一个理化专业班，入学时有学生 44 人，男 32 人，女 12 人。这些学生大多毕业于"联中"的高中、师范或其他学校。虽然入学时人数较多，但在四年的学习中，仍有不少学生因基础差而被淘汰，最后仅有 16 人毕业。

建始中学分校是由湖北省立高中、省立一中等名校联合组建的，教员和学生均属省内一流。校风好，学风好，师生十分珍惜来之不易的学习机会，刻苦攻读，还是取得不错的成效。1942 年在恩施组织的湖北全省高中毕业会考中，建始高中大获全胜，囊括前七名，全省保送名额建始高中占了三分之二。每年高考，其毕业生鲜有落榜者。这在湖北教育界传为佳话。

初级农业学校注重理论与实践的结合，设置的课程除了普通初中应开的基础课外，还设有土壤、园艺、气象、造林、肥料、棉花、水稻作物、病虫害防治等专业课程。为了教学的需要，在石岭场附近还租了十多亩土地，作为实验园地。科学的耕耘结出了丰硕的成果，他们种植的水稻、棉花、蔬菜、瓜果，产量和质量均大大优于当地农民。

总的看来，"联中"各分校的国文、数学、英文三科的教学水平普遍较高，而以实验为基础的物理、化学、生物等学科，则相对较弱；中学、师范等分校的教学水平较高，而工科学校的教学水平则相对较弱。李治德曾考入“联中”巴东高工分校，大半年过去，却开不出物理、机械制图等必修课，许多同学失去了信心，有的投考军校，有的弃学而去。李治德也感觉这样下去学无所成，便想办法转到建始高中。

七、寒窗苦读

尽管生活条件异常艰苦，但学生的学习气氛还是很浓的。由于大家深感日寇侵略，国难当头，救亡图存，重任在肩，遂以卧薪尝胆的精神，刻苦学习，孜孜不倦。

吴国仪在文章中写道：

> 从高年级老生到低年级新生，都是我省一部分精华。不仅学问都比较好，有功底，特别经过保卫大武汉阶段的锻炼，认识是比较高的，思想是比较活跃的，具有坚强的抗战信念，则是极其宝贵的主流。尤其在处境上，由于国破家亡，离乡背井，生活的现实，时时刻刻都在促进着有血有肉有血气的知识青年。他们的爱国热情高，又能勤学苦读，课堂学习紧张，课外学习生动活泼，绝大多数是很有志气的。河边田头早晚到处一片读书声，个个都有为我中华争气的学习劲头。①

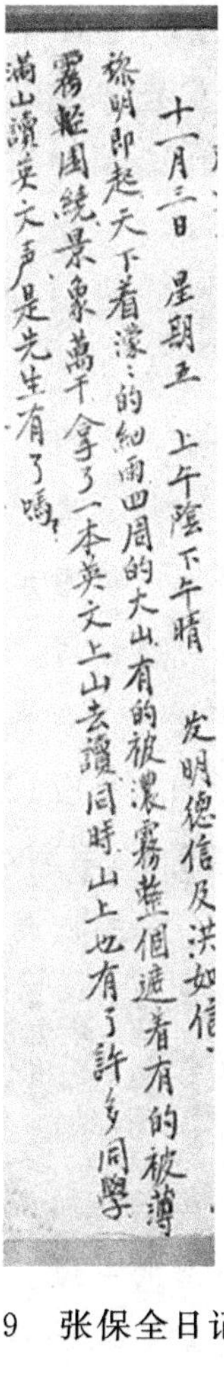
十一月三日　星期五　上午陰下午晴　发明德信及洪如信、
黎明即起天下着濛濛的細雨四周的大山有的被濃霧整個遮着有的被薄
霧輕圍繞景象萬千拿了一本英文上山去讀同時山上也有了許多同學
滿山讀英文声，是先生有了嗎，

图 19　张保全日记（2）

学校起床的钟声，只是催促懒学生的信

---

① 吴国仪：《在抗日战争中培育英才的湖北建始高中》，“湖北联中”建始中学分校校友会编：《三里坝岁月》，1988 年，第 27 页。

号。多数同学都在打钟前就轻手轻脚地叠好被子溜出了寝室。

没有人督促，没有人检查，一切出于自觉。

曙光初照，小溪旁边、树林深处已书声琅琅。

晓风过处，松涛与书声共鸣，别有一番情趣。

巴东高工分校学生张保全在日记中记载了学生晨读的情况。

大部分学生早上读英语、背古文。受国文老师李傲寒的影响，方景鹏也给自己提出了更高的要求：

> 我那时是普师一年级的学生，我暗下决心，到毕业时，至少要背《古文观止》上的文章四十篇。所以每天早晚都在学校后半山上，树林中读《古文观止》，很多同学在那里读，没有人管。李老师书法也很好，他常告诫我们，再有学问，字写得不好，东倒西歪，也叫人看不起，学生一看到不成体统的字也会看不起你这个老师。当时连纸都买不起，我的同学想了个办法，就是把砖磨平，用笔蘸水在砖上写，刚写上还看得清楚，一下砖把水吸收了，就可继续写。就这样，很多同学的字都练出来了。不论进校的同学是什么水平，到毕业时，人人字写得不错，提笔也能写文章。①

彭德润是巴东初中分校的学生。他认为“联中”是他“最勤奋学习的时期”，写道：

> 鸡鸣起舞，发愤为雄，也许是在这段时期大多数同学的写照。清晨四五点，就有人用昨晚攒下的灯油，开始孜孜不倦地学习。天色微明，很多人带着书本登上附近的清凉山，庙旁、树下、石头边，书声琅琅。白天，课排得紧紧的，作业也多（那时只能用毛边纸自制练习本，用毛笔书写），谁不潜心学习，同学们会投予不屑的一顾。入夜，工友送来桐油灯，灯实际是一个瓷碗，加上灯草，说这是在“挑灯夜战力”，想必恰当。从 1938 年 12 月到

---

① 方景鹏：《学校、老师、同学——记湖北联合中学生活、学习片段》，“湖北联中”建始中学分校校友会编：《青史记联中》，2009 年，第 16 页。

1940年元月，我们完成了平时要三个学期才能学完的课程，而且一般比较扎实。这一年多，正像韩愈描绘的那样："焚膏油以继晷，恒兀兀以穷年。"人生难得几回搏，这一段，也是我最勤奋学习的时期，艰苦是可以激励人前进的！①

晚自习时，同学们非常自觉，没人聊天，没人做其他事情，而且从不间断，一般十点多钟才回寝室睡觉。每天的晚自习时间，同学们首先是核对、整理课堂笔记，然后是做练习，复习当天所学内容。

那时没有电灯，煤油属于进口物资，一般城市根本买不到。几种照明的植物油中，以桐油价钱最便宜，且又耐点，只是亮度差，而且烟雾大。一间教室几十盏桐油灯，一齐燃烧，黑烟袅袅，像几十条乌龙腾空而起，烟雾笼罩着整个教室。鼻孔成了烟筒，咳出的痰也带黑色。

有钱的同学买四根灯草，甚至于五根，那样火大一点；钱少的就买两根，有的还点一根，灯光如豆，很费眼睛。小说《欧阳海之歌》的作者金敬迈曾就读于宣恩高罗的初中。他没有钱买桐油，只得与邻桌同学合伙用一盏灯。由于长期营养不良，也由于灯光太暗，很短的时间内，他视力衰退得很厉害，还得了夜盲症，到晚上完全看不见。因为个子小，他坐在第一排，白天连黑板上的字也看不清。视力衰退就用耳朵，思想高度集中听老师讲课。幸亏天资聪明，功课还能跟上，尤其是语文、英语，成绩极佳，深受老师喜爱。

那段时光，"联中"学生至今回想，仍觉苦中有乐。校友余振亚有诗云：

窗纸呼呼响，油烟漫课堂。
频掏黑鼻屎，苦煞读书郎。②

在国破家亡的时刻，流亡学生特别珍惜这种异乎寻常的学习机会。

---

① 彭德润：《抗战时期云梦流亡学生生活漫记》，政协湖北省云梦县委员会文史资料研究委员会编：《云梦文史资料》第6辑，1990年，第140页。

② 余振亚：《湖北联中学生生活回忆点滴》，"湖北联中"建始中学分校校友会编：《青史记联中》，2009年，第297页。

在他们看来，尽管生活艰苦，学习时断时续，生命也受到威胁，但尚能读书，实属幸运；看到积贫积弱的祖国受到外敌侵犯，他们同仇敌忾，一心学好科学知识，以报效祖国。校友卞友声有诗云：

抗战八年苦难熬，日食两粥几片椒。
饥肠辘辘志弥坚，救亡图存势如潮。①

学生们抓紧一切时间读书。傍晚时分，山间田野，点点身影，琅琅书声，夜深人静，挑灯夜读，焚膏继晷，苦度寒窗。彭德润有《忆江南》一首，诗云：

山前月，
似雾满清溪。
一片云山三里坝，
三更灯火五更鸡，
壮志逼云低。②

这首《忆江南》生动地记载了“联中”学生寒窗苦读的情况，其中“三更灯火五更鸡”是唐朝颜真卿的《劝学》诗句，生动、形象，彭德润引用得恰到好处，极为传神，而且与“一片云山三里坝”对仗工整。

“壮志逼云低”是点睛之笔。“壮志”是指打败日本帝国主义的雄心壮志，将寒窗苦读与抗日救国联系起来，使诗的意境得到升华。

“联中”各分校教学秩序井然，课堂纪律十分好，非常安静。老师认真地讲授、板书；学生认真地听讲，记笔记，生怕漏掉一句。虽然当时抢饭成风，去迟了抢不到就会饿一餐，但学生上课从不请假，课堂教学也不受影响。

由于缺少实验仪器，做一次实验格外艰难，学生也格外珍惜。向

① 卞友声：《联中求学千里行》，“湖北联中”建始中学分校校友会编：《青史记联中》，2009年，第279页。

② 彭德润：《回首六十五年前》，“湖北联中”建始中学分校校友会编：《青史记联中》，2009年，第259页。

淦之在《回忆“国师”的学风》一文中写道：

由于学生有了反映，在二年级学习分析化学时，代理系主任刘新老师才和金子坝的湖北省立科学馆联系首次实验，有的同学是第一次见到化学仪器，认识了酒精灯、烧杯、试管等简单仪器。

开始作实验，对于学习来说，还是起了一定促进作用的，但每作一次实验，困难是很大的。五峰山离金子坝约二十华里，每次作实验前一天，要抄写和预习实验内容，到了那天，吃了早饭，就立即出发，完全靠步行，沿路不停地赶路也得两个小时，到了科学馆无休息场所，有的女同学走得较慢，先到同学要在大门外等半小时左右，人员才能到齐，到齐后才进行实验。全班三十余人（有的同学转了系），共分为六个实验小组，故每次不能人人动手，有的同学也只能站在一旁观看。科学馆指导教师仅一人，仪器又不熟悉，反复试验的情况常常有之。约经三个多小时实验才结束，完毕后，我们到预先准备好的一家民房里（轮流由两位同学办理）吃一碗面条作为中餐，这时约已到了下午两点钟。饭后常常不休息，又拔腿向学校赶路，否则到校后吃不到晚饭。那就该挨饿了。女同学也就更加吃力，若遇雨天，就更苦不堪言，满身淋湿，半身稀泥，回校后既无水洗，又无火烤，湿透了的衣服换了以后，往往要等到星期天才能下河去清洗。由于劳累了一天，精疲力竭，因而晚上只想休息，否则第二天就难以坚持上课。虽然如此，但每次实验，无论男同学还是女同学，都没有人请假或迟到早退。这也表明了同学们的求知欲望强烈和把专业课学好的决心。①

上一次实验课竟如此艰难，如今的学生难以想象。

没有课本，也没有条件油印讲义，学生只能利用自习时间抄课文。

---

① 向淦之：《回忆“国师”的学风》，政协湖北省委员会文史资料研究委员会编：《湖北文史资料》第2辑，1986年，第97页。

一篇《六国论》，要抄几个晚自习。因为晚上黑板无法照明，须由一个同学念，其他同学一边听，一边写，速度极慢。战时学生很少有钢笔，多用毛笔，砚池用小土碗代替。若有一方端砚、一锭徽墨或一支紫光阁的狼毫毛笔，便如获至宝。笔记本是自己装订的，从集市上买来廉价的毛边纸，裁成8开或16开，用线装订起来，一般用来专抄古文、诗词或数理化公式、定理。久而久之，“联中”的学生毕业时每人至少有八九个毛边纸的笔记本，尽管其质地粗糙，翻阅几次，便破角缺边，不甚耐用；抗战胜利后，笔记本已升格为精装的道林纸，但在“联中”所记的毛边“课本”，仍然“敝帚自珍”，随身携带。

金敬迈在回忆录中写道：

> 寒假时候我无家可回，就在学校抄课本，奇冷无比，手冻得不行。后来有同学就告诉我说，你到河边去捡两块鹅卵石，不要太大，就这么圆圆的，你把它悄悄丢到伙房的灶膛里头去，等他们做完饭，你再把它扒出来，找些草或破布把它包住，放到抽屉里头。它冷却得慢，可以好几个小时都有热度。抄书手冻僵了，就捂着那个石头摸一摸，然后接着抄。到后来我就索性捡了一块大的鹅卵石，冬天抱着鹅卵石睡觉。我宿舍的床铺在门边。冬天，雪就从门缝里刮进来，能在我的脚上落一层。后来我写《欧阳海之歌》，写欧阳海小时候砍柴，睡在柴草房里，脚被雪埋住了，其实这是写我自己。①

图书馆很简陋，藏书也不多。课外读物很难找到，偶尔从同学手中借到一本文学名著或什么刊物，如获至宝，彼此传看。进步书刊被禁止阅读，鲁迅、茅盾的著作以及《辩证唯物主义》和《大众哲学》等，只能偷着看。

对祖国光明前途的憧憬，是“联中”学生刻苦攻读的强大动力。

---

① 金敬迈：《老迈的学童生涯》，口述历史系列丛书《述林》第一辑《战争阴云下的年轻人》，广西师范大学出版社，2016年，第65页。

恩施高中的王瑞明在文章中写道：对“挑灯夜读”的意义，我体会最深的一点是：在豆大的灯光下，要憧憬祖国光明远大的前途，这一憧憬的力量是巨大的，支撑着我们以充沛的精神与顽强的毅力在学习的道路上分秒必争、刻苦钻研、奋勇前进①。

省立七高教师肖萸也写道：恩高学生的生活格外的苦，一年半载很少打几回牙祭，好在他们身上的肉并不需要猪肉去变化。他们有充实和光明的内心②。

一些贫困的学生还要勤工俭学。虽说衣食是公费，但总不能没有零花钱。学校的助学金，是僧多粥少，不敷分配；而且评发助学金还得经层层审批，评头品足，吹毛求疵。许多学生不愿低三下四，向学校伸手。

带家眷读书的学生，就在学校附近租个小屋，摆个杂货、香烟摊子，赚点生活费。有门路的则以半工半读的方式在附近机关、学校、报社谋个职务。如黎祥兰同学在省党部子弟小学代课，刘静毓同学在红庙小学兼职，王炎森、陆照奎、张文俊、吴宜寿等在《新湖北日报》报社兼新闻版校对。这些学生在不耽误学业的情况下每天抽出几个小时去工作，付出很多精力。尤其是报社新闻版的校对工作，在夜间十二时以后进行，常在凌晨四五时才能结束，因此长期睡眠不足。报社在滚子坪，距学校不少于两华里，冬天朔风凛冽，夜去早归，工读之苦可想而知。

八、师德师风

“联中”时期，教师的教学任务是相当重的，一周要上 15－20 节

① 王瑞明：《抗日战争时期的湖北联中》，政协武汉市洪山区委员会文史资料委员会编：《洪山文史》第 5 辑，1993 年，第 147 页。

② 龚和生主编：《恩施抗战时期教育纪实》，湖北人民出版社，2009 年，第 90 页。

课。有的教师因为家庭负担重，不得不到其他学校兼课，一周就要上30多节课。"联中"的生活虽然异常艰苦，但教师却能积极、乐观地面对。

越艰苦越奋斗，越奋斗越快乐。

1941年12月12日省立七高（恩施高中）迎来成立三周年的纪念日。该校教师肖萸以"三年"为题，热情讴歌了教师的精神面貌，他写道：

> 恩高师生艰苦为教、刻苦为学。每当细雨绵绵，路途泥泞的时候或是隆冬腊月，大雪纷飞的时候，你若到恩高一二两部门前一看，随时都有教员打着赤脚来上课。他们一走进办公室便哈哈大笑。这愉快的笑声，并不是炖鸡炖鸭中换来的，而是从名副其实清高职业中体味出来的。
>
> 恩高实在不平凡。但也有很多退化的地方，那便是：三年前教员先生们手上的金戒指早已变为油盐柴米了；三年前身上的哔叽西装已经变成臃肿不堪的灰土布中山装了；脚上的鞋子，三年来几经变动，已由皮鞋变为布鞋，现在已打上补巴快变成草鞋了。教员先生们三年前还是英气勃勃，现在又苍老许多，有如久经风霜的松柏。①

现在的教师被誉为"人类灵魂的工程师"，肩负着教书、育人两项任务；而当时的教师只管教书，被称为教书匠。有的老师上完课就走人，少与学生接触，更不用说关心学生的思想了。而且当时很多学校没有配备班主任，学生的思想、生活问题，基本没有专人负责。在这种情况下，仍有一些老师主动关心学生，他们像春蚕一样吐丝，像蜡烛一样发光，像严父慈母一样关爱学生，培养学生，使年轻学子、异乡游子，得以吸取知识营养，感受人间温暖。

---

① 龚和生主编：《恩施抗战时期教育纪实》，湖北人民出版社，2009年，第90页。

邹待清在文章中写道：

> 六高的师资阵容是第一流的，不仅聘请了许多省内著名老教师如王言纶、陈化贞、熊大权、赵合俦、马丝白、冯皋九、童伯权、詹学时、胡德超、雷伯豪、冀程遥等，还包含一些青出于蓝而胜于蓝的中青年教师，如严栋开、余光远、胡国瑞、汤世尧等。有的教师则是以特有的思想品德感染学生，教师们教书育人，潜移默化，视学生如子弟，各以不同的教学风格获得学生的尊敬与怀念，使学生终身奉为楷模。①

1. 爱生如子。湖北省立第七师范学校有位地理教师覃鸣周，他像爱护自己的子女一样，关心、爱护流亡学生。每当学生患病，他都要到宿舍看望，问寒问暖，安排同学照顾。

有些学生家里寄来钱，放在身边，怕丢了；十几岁的孩子不懂得过日子，一旦有了钱，大手大脚，几天就花光了。

覃鸣周老师深知，这些学生的家长挣钱不容易，把钱寄到孩子手中更非易事；而培养学生勤俭节约的习惯尤其重要，于是，在任课的班上提出，如果愿意，可以把钱存放在他那里，用时去取。

帮助学生管钱，是件费力不讨好的事情。然而覃鸣周老师却赢得了同学们的信任，纷纷将钱存在他那里。覃老师为学生存钱立专户账，即使是一角两角去取，他也不嫌麻烦，而且从未发生错误。因而他涉及过的在校学生，从未丢过钱。学生都称覃老师是我们的“好家长”。

任延平是建始中学的学生，他在文章中很有感情地回忆级任老师黄叔荞的点点滴滴，写道：

> 黄老师是一位戴眼镜的中年人，有一只脚不方便，所以在我们到三里坝后，他是坐滑竿来的。他的脸经常沉默着。他没有孩子，据说师母是在逃难中死去，后来坟地也被日寇炸了。他把仇

① 邹待清：《抗日战争时湖北联中建始中学分校在三里坝的前后》，《建始文史资料》第4辑，1992年，第36页。

恨埋在心里，以后即很少有笑容，但他很爱学生。他到三里坝，同我们接触不到一个星期，就能叫出每个同学的名字。我们问他如何记得的，他微笑了，这是我接触他所见到的第一次笑，他说："很简单，你们每个人的入学表上都有照片，我天天看照片，记好名字，再对照人，还能不记得。"早上我们没起床，他就先来了，怕有同学生病。晚上我们睡了，他悄悄地走进来，看有没有同学被子未盖好。我们班有位同学叫王国英，因一路风霜，到三里坝患了伤寒，他四处打听，有无土方子治病，请来当地医生看病，但无药吃，最后这位同学终于离开了人间。他泪流满面，在遗体旁，一遍又一遍地抚摸着王同学的遗体。他说："为了抗日，他流亡出来了，我这做老师的，又没有照顾好，让病魔夺去了他年轻的生命，他的父母可能还在挂念他哩！"以后他不知听谁说，伤寒病是由吃喝不卫生引起的。刚好这时，我们班上有几个同学，喜欢捉青蛙，搞田螺吃，常常洗也洗得不干净，弄也弄得半生不熟。于是黄老师即去请教当地的炊事员，学习青蛙、田螺的烹任技术，再引导这几位同学做着两样菜，同时还说青蛙是吃害虫的，要大家少捕食。黄老师是教美术课的，他的画画得很好。①

黄老师是普普通通的美术老师，无微不至地关怀爱护学生，把整个身心都扑在学生身上。他没有子女，学生就是他的孩子！黄叔荞老师一生平平淡淡，没有什么值得称颂的事迹，更没有什么丰功伟绩，但他不求回报，关爱每一个学生，关怀备至，细心呵护，就是学生的亲生父母也未必能够做到。因此，笔者认为，如果当年也有最美教师的评选活动，黄老师应是最佳人选。

湖北省立第九师范学校设在建始七里坪。级任生物老师②肖象明

---

① 任延平：《回忆抗日战争时期的"六高"》，"湖北联中"建始中学分校校友会编：《三里坝岁月》，1988年，第87—88页。

② 级任教师，是负责一个学级全部或主要课程教学和组织管理工作的教师。级任制于1932年实行，中华人民共和国成立不久后撤销，改为每班设班主任。——编者

常常观察学生，深入了解学生，注意思想动向。只要是他任级训导的班内学生，每接一封来信，或来一笔汇款，他都注意观察。有个同学的父亲在重庆娶了继母，这个同学因此对父亲产生反感，并仇视继母，郁郁不乐，影响了学习。肖老师觉察后，晓以大义，勉以“民胞物与”，博大为怀；男儿贵自立，少年贵自强，青春是宝贵的，勿以“母爱”而见地促狭，应以“老吾老，以及人之老，幼吾幼，以及人之幼”的精神正确对待家庭的变故。他还与该生家长、继母通信，与家长一起做学生的思想工作。

每逢春节之际，肖老师总与班内学生一道同乐，或邀至家中小聚，视学生如子弟，同学们尊称他为“肖妈妈”①。

学生将老师称为“家长”或“妈妈”，是对老师的师德最高级的认可与嘉奖。

老师如慈父，这是许多“联中”学生共同的认识。汤成武是建始高中的学生，他在《三里坝杂忆》一文中写道：

> 龙子明先生担任我们班的级任老师，对同学们关怀备至，同学中有人稍感不适，他就带些食物来探望，真是严师慈父一样。在初到三里坝时，学校领到一批棉衣，一般同学到了三里坝因为气候温和，有人未有棉衣，也觉得不大需要。龙先生跟同学们关系很密切，对情况也很了解，因此有人没有棉衣而又不去领棉衣的，他就找到他要他去领。我当时也是一个，在龙先生的劝说下，我只领了一件棉上衣，而且久久未穿，只是放在床上当枕头，可是后来我患了痢疾，才感到棉衣是有需要了。当时奎宁是较稀缺的药物，可龙先生还多次弄到奎宁给我吃，但当时剂量有限，时病时发，这棉衣就几乎经常穿在身上了。历史老师杨顾庵，虽然担任训育主任，可也不是老板着面孔的，当时三里坝的土产也不

① 吴国顺、万汉民：《忆抗日时期的湖北联中》，政协湖北省委员会文史资料委员会编：《湖北文史资料》，1999 年，第 195—196 页。

少，而且价廉物美。柿子、梨子、桃子等都是如此，年纪小的同学喜欢吃，可是生冷食物，未经适当处理，常易引起肠胃道病，杨老师就随时加以劝导。有次在全校集会上，他大声道："那些初中的小娃娃们，不要多吃桃子、梨子、柿子，要吃到广济馆去吃开笼包子。"这亲切而又带点随和的叮嘱，一般学校里的老师，是不大轻易说的，更不用说是训育主任了。①

汤成武总结道：

在大敌当前、国土沦丧的历史背景下，三里坝的师生关系不是一般的，他们同命运共呼吸，既教学也同生活在穷山沟里，师生员工真是亲如一家。②

卞友声在回忆文章中写道：

当时抗战时期，师生都是流浪者，所以多数老师对学生都能体谅，而且尽可能地给同学们最大的通融。我们的数学老师就是这样一位仁厚长者，他说过这样的话：我尽量不让学生不及格，抗战的日子这么艰难困苦，不及格让学生留级再读一年，不是让他们又多受一年罪吗？何况数学不是人生唯一的，世界上很多有作为、有贡献的人，并非数学家，甚至是数学很不好的学生。这位老师这样说，也是这样做的，他总是想着办法成全学生，有的同学考得不及格，他就把平时作业成绩作加数平均，同时把补考放宽，使实在无法一次及格的同学，能通过补考而及格。老师越是这样关心学生，学生就越用功学习。最后我们全班同学的数学成绩，个个都是硬邦邦地考及格的，没有一个是照顾及格的。③

---

① 汤成武：《三里坝杂忆》，"湖北联中"建始中学分校校友会编：《三里坝岁月》，1988年，第194页。

② 汤成武：《三里坝杂忆》，"湖北联中"建始中学分校校友会编：《三里坝岁月》，1988年，第193页。

③ 卞友声：《大长见识的一年》，"湖北联中"建始中学分校校友会编：《青史记联中》，2009年，第23页。

教师对学生的关怀爱护，还体现在政治方面。一个地下党的学生写一手好文章，得到语文老师的喜爱，但他文字较激烈，老师就个别加以指点，嘱其慎重。

2. 洁身自好。严立三先生在宣鹤分校代过课，但不曾拿过一分钱的课时费。他生活简朴，为人正派，一贯坚持“三不”，即不用私人、不谋私利、不做坏事。

图 20　严立三

严先生曾任湖北省代主席，随省府西迁到鄂西，一般说来，凡随省府西迁人员，都应该吃供应粮，严立三执意不要。宣恩田粮处长说：“严先生，您是代主席，应该吃规定的供应粮。”严婉言拒绝：“我现没‘代’了，有什么理由还要吃供应粮呢？我是中央国民参政会参议员，现在到了省和地方，怎能逾格享受呢？地方供应的我不要，我也不要什么照顾。”为了能使严立三有份口粮，宣鹤学校校长决定聘严先生当教员。他们送来聘书，严立三说：“请务必在聘书上填上（义务）二字，因为我已享受参政员的待遇了，就不能再拿教员的薪俸。如果不当参政员了，到学校来教书，我相信你一点也不会少给我的。”

严先生第一次来学校代课，校长吩咐家里人：简单地下碗面条弄点猪肝作汤，请严先生来过早。严立三却严肃地说：“你莫管我，你有你的事，我有我的事，我上课之后，没吃饭，会自己弄饭吃。以后我们朝夕相处，这些客套就免了。”

1943 年暑假后开学，学校照例造报职工眷属口粮供应名册，校长把严先生的名字也报了上去。后来，严立三问校长：

“教职工造报粮册，我是义务教员，怎么把我的名字也造上了呢？我不能领这份粮。”

“这是县政府拨的，发的是教育粮。”校长说。

“那不行，人家会骂我严立三不要脸，从中央吃到省，而且吃到教育上来了。”

校长反复劝解：“您不是一家，您有两家人（严立三的哥哥一家，也迁住宣恩），没有粮吃是个大问题。现在黑市粮价飞涨，不能挨饿啊！”

“我宁可断炊，也不做这号事。”

校长说：“那您也得想个办法，总不能挨饿吧？”

严立三思索片刻，说：“我在武昌大东门有一份房产，现将这份契约拿来放在学校作抵押，俟河山还我之日，东归武汉，我变卖这份产业，还清今日欠下的这笔粮债。”结果，按照严老的意见，由学校保管那份契约，先借粮给他吃。这样，总算解决了他老人家的口粮问题。

严立三先生在宣鹤联中教公民课。他经常结合孙中山的《建国方略》、《建国大纲》等文章进行爱国主义教育。在讲授中，他不是泛泛空谈，讲大道理，而是用日寇入侵、国破家亡的具体事例，激起同学们饥餐倭奴肉，渴饮鬼子血的仇恨。他要求同学们：在这年轻的黄金时代，在远离战火的大后方，一定要发奋读书，随时等待着祖国的召唤。

学校定期举行的“精神讲话”是一种专题讲座。每当邀请严先生讲话，他就讲“国难当头，匹夫有责”的道理。同时，悲叹自己年老多病，手脚不灵，说：“要是我还转去十年，非拿起枪杆与日本鬼子拼个你死我活！现在是心有余而力不足，只好寄希望于你们！”①

国家每月发给的生活费非常微薄，严先生必须精打细算，节衣缩食，才能勉强度日，而他却甘守清贫，心安理得。有一次，校长去看望严先生，无意中发现他家烧柴十分节省，顿生同情之心。于是号召两班的学生，利用星期六下午无课的时间，到学校的柴山里为先生义

① 黄可兴：《严立三先生在宣鹤联中义务任教的点滴回忆》，鄂西宣恩县政协文史资料研究委员会编：《宣恩文史资料》第1辑，1986年，第50页。

务搬柴。当柴送到严先生家里之后，先生坚决拒收。校长赶来对先生说："同学们感到先生的生活太苦了，才自告奋勇地为先生搬柴，这是同学们的一点心意，望先生一定要收下。"无论校长怎么说，严先生始终不收。并说："现在，我不能为国家出力，国家还按月给我生活费用，本已受之有愧，怎么还能收柴？谢谢学校和同学们的好意，我领受不起。"校长见严先生坚持拒收，也就只好吩咐学生把柴扛回学校，抵交各自每月应搬的任务。

大后方的国民党官员灯红酒绿、巧取豪夺、中饱私囊、腐败成风。时有谚语嘲讽当局："前方吃紧，后方紧吃。"在这种情况下，严立三先生严于律己，一身正气，洁身自好，出淤泥而不染，实在令人敬佩。"联中"校友杨学斌曾写一篇纪念文章，题目就是《联中人不可忘记严立三先生》。

黄可兴曾就读于宣恩中学，他在回忆录中写道：

> 有一次，严先生久病初愈，即来校上课，为了把耽误的课程补起来，他给三年级讲了一节，又连续给我们二年级讲两节。从他那高凸的颧骨、瘦削的面庞和那弱不禁风的身躯，同学们都很担心他是否能在课堂上连续坚持几个小时。然而，他却若无其事，尽量强振精神，滔滔不绝地给大家讲述课文。在他讲得口干舌燥的时候，我和同座的严善明在下面搞起小动作来了。我把嘴凑在他的耳边，轻轻地、连续不断学着严先生的习惯口语："这个这个这个……"严善明也不示弱，用他的膝膑头，向侧面对着我的膝胯，狠狠地撞击，不料被先生发现，可是他并没厉声批评，只是严肃地说："我的口已经讲出白泡子了，你两人不愿听，但不能影响愿听的同学。国家供给你们吃的、穿的，甚至连书籍等物都是发的，是为了什么？你们要怎样才对得起国家？又是谁使你们能在这里安心读书？你们对得起前线的抗日将士吗？要牢记一句俗话'少壮不努力，老大徒伤悲'哟！"当时我虽有惭愧之感，但并未触及心灵。第二天，听说先生的病又复发，我也只是一惊。不

两天，又听说先生送恩施沙壪医院，这时我才有点紧张起来了。又过了不久，噩耗传来，犹如晴天霹雷，把同学震动得泪眼模糊，有的甚至放声大哭："严先生啦！我错了！您怎么就离开我们而去了?!"①

学生后悔已晚，严立三先生驾鹤仙逝。

严立三先生逝世后，夫人杨氏与亲友遵照遗嘱，丧事从简。在龙洞一古庙中布置灵堂，举行追悼会。许多人送祭幛、挽联，其中以张难先和董必武的挽联最为感人。张难先联曰：

哭公只有泪，提笔竟无言。

董必武的挽联意深情重，写道：

贻我一本书，语重心长，自探立国千年奥。

奠君三爵酒，形疏礼薄，难写回肠九曲深。②

"贻我一本书"指《大学释义》，系严立三先生的哲学著作。

云天苍苍，江水泱泱。

师德师风，天高水长。

3. 大爱无垠。梁书楹 1941—1942 年在湖北省立教育学院国文专修科学习。因在恩施报纸上发表了一篇小说《一个女演员的故事》，触怒了训导长韩梅岑。韩认为梁写稿不送审，触犯校规，加上思想左倾，不满现实，诋毁陈诚的"计划教育"，便将梁书楹开除学籍，押送到恩施方家坝"青年训导大队"囚禁。"青训队"后改称"青年训导团恩施分团"（青训团），是囚禁鄂西、鄂北各大中学生中的共产党员、进步学生的一所监狱。当时正值第二次反共高潮，中共鄂西特委书记何功伟、妇女部长刘惠馨也关押在这里，并被特务秘密杀害。

梁书楹在"青训团"囚禁了整整一年，长夜漫漫，不知何时才能

---

① 黄可兴：《严立三先生在宣恩义务教学的点滴回忆》，政协湖北省委员会文史资料研究委员会编：《湖北文史资料》第 3 辑，1988 年，第 101 页。

② 王炎森：《缅怀严立三先生》，政协恩施市委员会文史资料委员会编：《恩施文史》第 21 辑，2009 年，第 146 页。

将牢底坐穿。正在他万念俱灰的时候，省教育学院突然派人将保他了出去，回学校上学，改读英语专修科。梁书楹深感诧异，回校一问才知道韩梅岑早已去职，新任的院长陈友松原是西南联大的教授，开明、民主，他认为韩梅岑对梁书楹的处分是错误的，便派人保他出狱。梁书楹很感激，回校后的第一件事就是表示感谢。陈友松接待了梁书楹，语重心长地说："之所以不让你读国文而改读英语专修科，原因很简单，就是你长于国文而短于英文，如果还读国文，你就有时间、有精力去写文章，去发表，自惹麻烦，何苦来哉呢？如果你读英语，你得倾全力赶功课才能跟上班上的成绩，再没有时间和精力去写什么文章了。"

陈友松是京山人，梁书楹是汉川人，汉川与京山相距不远。老乡见老乡，两眼泪汪汪。陈友松伤感地对梁说："国破家亡，流亡异地，无依无助，应该珍惜学习机会来之不易。我希望你能心无旁骛，平平安安地读完英语专修科，毕业后以自己的真才实学献身教育，而且终身以之！"

图 21　陈友松

陈友松是个正直的学者，他不但将非亲非故的学生救出牢狱，而且设身处地地为学生着想，为他规划人生。

大爱无垠，令人敬重。

梁书楹遵照老师的教诲，专心致志地读完了英语专修科。毕业时，省教院改为"国立湖北师范学院"，梁书楹随即升入"国师"英语系，又安心地读了两年。抗战胜利了，回到"光复"后的武汉，在几所中学里教书，一干就是一辈子，心无杂念，独钟教育。

梁书楹写过一篇怀念陈友松院长的文章，文中写道："陈友松教授是我一生最敬佩的老师，抗战期间他在恩施对我的救助和教诲更使我终生难忘。”①

九、校园文化

“联中”的师生大多来自武汉，其中许多人亲历过西迁之前武汉轰轰烈烈的抗日救亡运动，到了鄂西他们热情依旧，开展了形式多样的文体活动。

1. 弦歌不绝。“弦歌”，就是今天人们所说的文娱活动，用“弦歌不绝”来形容“联中”的文娱活动，一点都不夸张。

最广泛的文娱活动是唱歌。唱民间小调，月白风清，歌声悠扬；唱《松花江上》，痛哭失声，思亲思乡；唱《义勇军进行曲》，摩拳擦掌，热血满腔。

在“联中”各分校中，学生们唱得最多的就是“联中”的校歌，歌词是：

莽莽江汉，自古称雄，亡秦三户建伟功。
日月骤暝，烟雾朦胧，抗战建国诞“联中”。
巍巍黉宫，岭叠山重，莘莘学子弦歌一堂坐春风。
扫荡瑕秽，恢复光荣，奠定邦国复兴民族跻大同。

“联中”校歌歌词有点深奥，须要做些注释。

歌词第一句，“莽莽江汉”，暗指湖北。楚国是战国七雄之一，其都城在湖北的荆州近郊。故歌词云：“自古称雄。”

“亡秦三户”是由“楚虽三户，亡秦必楚”演变而来，出自西汉司马迁的《史记·项羽本纪》，意为即使楚国只剩下三个氏族，也能灭掉秦国。比喻即使弱小，只要团结一致也能成功，表达了一种必胜的信

① 梁书楹：《怀念陈友松院长》，方辉盛，何光荣主编：《陈友松教育文集》，社会科学文献出版社，2009年，第625页。

念。楚王族姓芈，本支为熊氏，另分为昭（昭阳）、屈（屈原）、景（景差）三氏，所谓三户系指三氏，并非字面所指的几户人家，几个人。

第二句，“日月骤瞑，烟雾朦胧”，是指日本发动侵略战争给中国带来深重的灾难。“抗战建国诞联中”点明创建“联中”的宗旨与目的。

第三句，黉宫，是古代官学的泛称。“巍巍黉宫，岭叠山重”，既点明“联中”的官学性质，又暗指“联中”分校分布在鄂西的崇山峻岭之中。

弦歌：古代传授《诗》学，均配以弦乐歌咏，故称“弦歌”，后指礼乐教化、学习诵读为“弦歌”。“莘莘学子弦歌一堂坐春风”，比喻承良师的教诲，如沐春风。

第四句，瑕秽，指日寇发动侵略战争的恶行。“扫荡瑕秽”即打败日本侵略者。

“联中”校歌四句歌词，四层含义，层层递进。

第一层是回顾历史，湖北自古就有抵抗外族入侵的光荣传统，“亡秦三户建伟功”。

第二层是说日寇入侵，“日月骤瞑，烟雾朦胧”，因此“抗战建国诞联中”。

第三层是写“联中”西迁的艰难历程，“巍巍黉宫，岭叠山重”；最终在鄂西立足，“莘莘学子弦歌一堂坐春风”。

第四层表达必胜的信心，一定能打败日本侵略者，“恢复光荣，奠定邦国复兴民族跻大同”。

“联中”校歌将国事、家事、天下事联系在一起，体现了强烈的家国情怀，叮咛“联中”人，要树立起“奠定邦国复兴民族跻大同”的豪情壮志，表达了必胜的信心。正如毛泽东所言：“我们中华民族有同自己的敌人血战到底的气概，有在自力更生的基础上光复旧物的决心，有自立于世界民族之林的能力。"①

校歌的词作者是国文教师耿长寅，曲作者是音乐教师马丝白，经陈诚审批定为"联中"校歌，曲调悲壮激越，催人奋进。如今"联中"的许多校友，九十多岁了，仍能一字不差地吟唱。校歌激励着万千"联中"学子在国难当头的艰苦岁月中，努力学习，发奋图强，以成为抗战胜利后建设国家的栋梁之材。建始中学校友吴荫民写道："每当我放声高唱我们的校歌的时候，便由衷地感到格外亲切，从而更加坚定了抗战必胜的信心，更加激励我们刻苦学习，敦品力行，全心报效祖国和人民。"②

"联中"有校歌，各个分校也有各自的校歌。建始中学分校后来更名为六高，其校歌为：

武陵山高，东龙水长，
巍巍我校，光耀夜郎。
是坝上文化的基地，培养出抗战的力量；
是坝上文化的摇篮，培养出建国的栋梁。
优秀的儿女在这里快乐地歌，自由地唱：
中华民族万寿无疆！

同"联中"校歌相比，六高的校歌更通俗易懂。

来凤初中分校是来凤县有史以来第一所中学，其校歌更有特色，歌词为：

莘莘学子，聚首一堂。
德智体群齐重视。
藏修息游各无妨。
有了充分准备，哪怕倭寇跳梁。

---

① 毛泽东：《论反对日本帝国主义的策略》，《毛泽东选集》第1卷，人民出版社，1991年，第156页。

② 吴荫民：《天鹅观之行》，"湖北联中"建始中学分校校友会编：《夕照万山红》，1998年，第181页。

国土沦丧，愿大家奋起，

完成抗战建国大任。

发扬联校荣光，

发扬联校荣光。

该校歌除了表达爱国主义思想外，还有两点特别之处：一是“德智体”的提法，与当今德智体全面发展的教育方针相吻合；二是提倡“藏修息游”的快乐学习的理念。

青少年喜欢唱歌，哪里有青少年，哪里就有歌声。在“联中”，《流亡三部曲》和《夜半歌声》最为流行。流亡学生家乡沦陷，亲人离散且音讯阻隔，思乡的愁绪笼罩在学生们的心头，常常是一人哭引得全班学生一起哭，所以，只要有人唱起“我的家在东北松花上”这首歌，一人唱，众人和。当唱到“什么时候才能回到我家乡”时，同学们无不声泪俱下。《夜半歌声》更是道出了学生心中的苦楚，歌中的“空庭飞着流萤，高台走着狸鼪，人儿伴着孤灯，梆儿敲着三更，风凄凄，雨淋淋，花乱落，叶飘零，在这漫漫的黑夜里。谁同我等待着天明?”同“联中”师生的思乡的心绪非常合拍，因此，同学们一遍又一遍地唱，倾诉浓郁的乡愁与离愁。

“联中”学生还喜欢唱抗日救亡的歌曲，其中最喜欢唱《在太行山上》与《古城颂》(即《延安颂》)。

桂涛声作词，冼星海作曲的《在太行山上》诞生于战时的首都武汉。

1938 年 7 月，武汉会战，百万中国军队与侵华日军激战正酣。为了鼓舞全国军民抗战的士气，周恩来和郭沫若决定举办纪念抗战一周年群众歌咏大会。

武汉歌咏大会成功召开，盛况空前。高亢的歌声在武汉江面上汇成了汹涌澎湃的狂潮。《在太行山上》就是在歌咏大会第一次演唱。冼星海在《创作札记》中写道：《在太行山上》“写成后在汉口抗战纪念宣传周歌咏大会上由张曙、林路、赵启海等唱出，听众大声喝彩，一致要求再唱，此后又传遍了全国。现在太行山的游击队以它为队歌，老百姓、小孩子都会唱，到处听到'敌人从哪里进攻，我们就要它在哪里灭亡'的句子！"

音乐创作人陈志昂在《抗日音乐史》中写道：冼星海在这首歌曲中将深沉而又昂扬的抒情性旋律，与坚定有力的进行曲风格有机结合起来，使歌曲既有战斗性、现实性，又具有革命浪漫主义的瑰丽色彩。如第二段在歌颂太行山根据地"千山万水，铁壁铜墙"的雄伟气象时，音乐也更加气势豪壮，但在描绘"母亲叫儿打东洋，妻子送郎上战场"的场景时却又充满温情。

随着"联中"的西迁，师生们也将《在太行山上》带到了鄂西。"联中"的学生在校园里唱，在大街上唱。鄂西的穷乡僻壤到处都能听到《在太行山上》激昂而又抒情的旋律。

关于《在太行山上》，还有这样一个故事。徐良咏是巴东女高的学生，年纪虽小，却是共产党员。

1941年3月20日傍晚，她突然被捕。十几名女学生的胳膊被一根长绳子拴着，串成一行，由党政工作总队的特务与若干士兵押往恩施。在路上，一个军官与徐良咏边走边聊：

"你这么小就是共产党了。"

"我不是共产党，只是爱唱歌。她们说我唱的是共产党的歌，就把我抓来了。"徐良咏说。

"什么歌啊？唱给我听听。"

徐良咏唱起了"红日照遍了东方，自由之神在纵情歌唱！看吧！千山万壑，铜壁铁墙，抗日的烽火燃烧在太行山上"。

"这歌很好听啊。"

"是啊，我怎么知道这是共产党的歌呢？我的同学们喜欢这首歌，让我教她们唱。谁知道教唱这些歌就成了赤色宣传。"[①]

---

① 王立：《历经磨难慰英灵》，《恩施日报》，2016年3月24日。

一首抗日歌曲拉近了两个人的距离。

徐良咏感觉这位军官比较和气且富有同情心，便写了一个纸条让他到了恩施城里后交给自己的父亲。后来，这人还真把纸条送给了徐良咏的父亲。

《延安颂》莫耶词，郑律成曲，1938 年夏作于延安。1940 年曾易名《古城颂》刊登在国民党统治区《新音乐》第二卷第 3 期。歌词朴实，曲调优美，热情地歌颂了抗日战争中的延安欣欣向荣的动人景象，具有抒情性，又富战斗气息，“联中”师生特别喜欢。

《延安颂》在“联中”广泛流传，主要由于延安是革命圣地，是当时全国抗日的中心，人们景仰它，向往它；同时，在艺术上它也有着较高的成就。当时不少“联中”的青年就是唱着这支歌，冲破险阻，奔向延安，投入革命洪流的。《延安颂》歌词为：

夕阳辉耀着山头的塔影，
月色映照着河边的流萤，
春风吹遍了坦平的原野，
群山结成了坚固的围屏。
啊！延安！
你这庄严雄伟的古城，
到处传遍了抗战的歌声，
啊！延安！
你这庄严雄伟的古城，
热血在你胸中奔腾……

需要指出的是，为了避免不必要的麻烦，在鄂西该歌易名为《古城颂》，而且凡是歌词中的延安也一律改为“古城”。

胡光明是宣恩冉大河四女中的学生，她在回忆录中，记录了与徐良咏的友谊以及《延安颂》、《在太行山上》这两首歌。她写道：

“啊！……古城……”“妻子送郎上战场，我们在太行山上……”这是 1940 年徐良咏在鄂西宣恩冉大河四女中读书时纵情高唱的歌声。这高亢激昂的抗日歌声，给我留下了最难忘的回忆；这高亢激昂的抗日歌声，也一直激励着我在朦胧中向往革命。她的歌声更使我第一次知道：“古城”就是延安，是共产党领导抗日的圣地。她的歌声使我第一次知道：太行山老百姓的抗日热情是如此的高涨。她的歌声也好像给“铁桶”般的四女中掀开了桶盖，炽热的抗日阳光开始射进四女中校园……

我把这永不消失的音波与徐良咏的名字紧紧地连在一起，它不时勾起我与她在四女中同宿舍相处数月的一桩桩人和事。记得那是在1940年9月间，徐良咏和我正好同住在一个房间。我住下铺，她就在我对面的上铺。她每天上床、下床都要哼《延安颂》、《在太行山上》等抗日歌曲，有时她就坐在铺上不断地高声唱起来，那嘹亮的歌声便经常在整个宿舍里回荡。同学们一再被她那清脆的歌声所吸引。记得当时我还未完全从她那里学会这些抗日歌曲，那可恨的国民党特务就把她抓走了。这突发的事件，给我纯洁的心灵以很大的创伤！我总默默地自问：怎么会发生这样的事呢？世上实在是太不公平了！一种单纯的正义感，促使我在以后的岁月里去不断关心和打听她的命运和下落。①

除了以上两首歌曲，在“联中”广为传唱的歌曲还有：《义勇军进行曲》、《毕业歌》、《救亡进行曲》、《大刀进行曲》、《游击队歌》、《保卫黄河》等。这些歌曲都是以抗日救国为主旋律，鼓舞士气，好听好学。

这些歌曲似琴弦，拨动着学生的心灵；

似纽带，把学生们的心紧连在一起；

似号角，激励着大家在黑暗中砥砺前行！

同学们集会时唱，休息时唱；校园里唱，大街上唱；高兴时唱，

---

① 胡光明：《冉大河边的友谊——徐良咏和我》，宣恩县政协文史资料委员会编：《宣恩文史资料》第15辑，第127页。

忧郁时也唱，此起彼伏，歌声一浪高过一浪，真是“夫子弦歌鼓舞，未尝绝音”。从这嘹亮的歌声中，可以看到同学们爱国的热情与必胜的信念。

图 22　“联中”女学生照片

1943 年寒假，巴东女高举行春节联欢会，全校同学一起唱了一首由高三级主任、国文教员李傲寒作词、音乐教员施静之谱曲的歌曲《庆祝胜利年》：

庆新年，贺新年，梅蕊皎洁独占百花先。

朔风何足谓，瑞争芳妍，历经了艰难辛苦，回寅斗柄历蓝天。

南自琼海，北接蒙边，要和那秦齐荆楚与辽燕，克齐前进，奋勇当先。

热血其洒，生命其捐，光复旧山川，齐欢唱，庆祝胜利年。①

这首歌，毕业班的女学生唱得最整齐、最响亮。最令他们自豪的是：这是我们班的国文教员作的词！

2. 编写壁报。三里坝是个丁字形的街道，丁字的直街长，横街短。直街的街尾是学校的办公室和教室。横街上经常挂满了壁报，吸引了不少过往的教师、同学和其他读者。

建始中学正式上课后，部分师生由于长期受到国民党宣传的影响，对中国共产党的性质和路线、方针、政策很不理解，经常可以听到一些反共的言论，有的甚至大肆散布悲观的情绪，认为中国必亡。在这种情况下，用什么方式把同学的大多数团结在自己的周围，让党的路线、方

---

① 王立：《梅蕊皎洁岁寒时》，恩施新闻网，2015 年 6 月 11 日。

针、政策为广大同学所理解，把群众的情绪引向健康的发展道路，肃清投降主义的流毒，一时间成为建始分校党支部成员所探讨的问题。当时，有几位同学已能从重庆辗转弄来一些《新华日报》、《群众周刊》和《读书月报》等进步报刊，党支部成员将其视为至宝。受其影响，有学生党员提议办一份刊物或报纸，以宣传共产党的政策和主张。

然而，当时的三里坝，不要说铅印、石印不可能，连一台旧式的油印机也没有。于是有党支部成员倡议办一个壁报，得到一些进步同学的热烈赞同。在讨论壁报名称时，大家提了一些建议，但有的名字太俗，有的火药味太浓。后来有一位姓袁的同学提议："我们就是一群'调生'（武汉话调皮学生的意思），壁报之名就叫《调生》，如果上峰问起来，那我们就说是调剂生活嘛！"这样，壁报的名称就在同学们的谈笑声中定了下来。

刘继梁任主编，李馨（李曼农）为副主编，闻立志负责策划。

不几天，第一期壁报挂在了三里坝街丁字形街的墙壁上。其中有李馨执笔的《试论三里坝文化工作的开展——代发刊词》，闻立志的《出路在哪里?》，刘继梁的《驳"中国必亡论"》等。《出路在哪里?》一文，针对部分同学悲观厌世的思想，举例加以分析，并指明只有积极参加抗战才是出路。壁报除了政论性的内容，还有文艺板块。其中有一首诗歌叫《寄祖母》，是怀念沦陷区亲人的文字，写得较生动；《绿的故事》抒发了对理想的追求。此外壁报的美术编辑还临摹了《新华日报》的漫画。

《调生》壁报立刻引起了全校师生的关注。强烈的抗战意识，打破了校内沉闷的氛围。一传十，十传百，壁报栏下，挤满了观看的人群。绝大多数的同学和老师交口称赞。有的同学还将壁报中的精彩段落抄在笔记本上。

《调生》壁报每周一期，每期两大块。开始是暗地分头约稿，后来来稿多了，质量也越来越高。如第二期借鉴了苏联建国初期的宣传画《你参加了红军吗?》的创意，画的是一名抗战军人，伸着一只手指着观众，题为《你为抗战做了什么?》，此宣传画有很大的鼓动性。特别是那只手是剪贴上去的，可以活动。还有一篇题为《蝌蚪》的散文，写了儿时的一些情趣，抒发对故乡的怀念和对敌人憎恨，生动感人。一位教初一的国文老师竟叫班上的同学抄下来作为范文。

这份清新别致、政治倾向十分鲜明的壁报，也引起了一些人的不满，在第二期出刊后，就有人在晚上将其取下企图捣毁。于是闻立志发动几个富有正义感、豪爽正直又会点武功的同学深夜巡逻，保护壁报。

出到第三期时，正在建始检查党的工作的中共恩施工委宣传部部长徐远专程赶到三里坝。他肯定了壁报的成绩，同时也指出一些问题：名称《调生》可能会给人一种错觉，认为是与当局对着干；壁报直接转载《新华日报》的文章，政治倾向十分鲜明，锋芒毕露，容易引起国民党当局的注意；文字也较艰深。他要求最好能适应当时环境，力求通俗易懂。于是经过李世荪、闻立志等人的研究，决定将《调生》壁报从第四期起更名为《谷音》，即山谷里发出的声音之意；并尽量发动群众参加这一工作，邀请热情支持壁报工作的党的积极分子刘华楞任社长，姜久源任主编，书记李世荪任副社长，闻立志具体主持壁报的出报工作，李馨负责文字编辑，王建纲负责美术编辑。改版后的《谷音》锋芒有所收敛，但内容更加充实，与实际结合得也更加紧密。

壁报所刊载的文章都是用钢笔蘸满墨汁直行书写在白纸上。在出版前先在 3 大块木板贴上衬纸，然后将誊写文章的纸编排粘定，中间插入漫画，在每篇文章前写上中等字体的彩色标题，再绘上些题花即成。由于版面灵活多样，图文并茂，文字内容又披露了不少《新华日报》上所刊载的消息，加之挂在三里坝街上的醒目位置，因而影响很大，起到了宣传党的主张和鼓动同学们抗战热情的作用。《谷音》每期都有中心内容，严肃活泼，联系实际，有针对性，写作水平堪称全校第一，深受同学欢迎。每期出版不仅同学围观，连教师也挤进去看。

从 1939 年春季创刊至 1940 年元月李世荪、闻立志等高中毕业为止，《谷音》办了近一年时间。

在《谷音》壁报的带动下，一批由各年级进步学生创办的《墙壁文学》、《大家看》、《蹦蹦跳》等壁报相继出刊。《蹦蹦跳》壁报，主编彭尚志（又名法一），以嬉笑怒骂的态度，杂文形式，嘲讽时事。语多犀利，不加隐晦。它也不定期，有稿则出，无稿便罢，颇有蹦蹦跳跳的味道。同学们认为它别具一格，特别喜欢，然而学校却深恶痛绝，并以他参加学潮为由将之开除。在学校开除他的布告中说：“彭尚志化名法一，有共产党嫌疑。”

所有出过的壁报，取下来存放在吴国仪家中。在 1941 年大逮捕时，吴国仪又把它连同理论书籍藏存他伯父吴玉庭家地板下面。解放以后，地方政府取了出来，还以《重见天日》为题，在《恩施日报》上登载过。

李世荪是《谷音》的副社长，他《回忆在三里坝的战斗岁月》一文中谈到当时的壁报情况，写道：

> 当时的壁报是贴在板子上的，真是百花齐放，有名的壁报有三个，一个是《谷音》，是我党办的；一个是《墙壁文学》，是进步师生办的；一个是《血潮》，是三青团区队部办的；《墙壁文学》是进步同学陈以文（后入党牺牲）、仓孝和、严文慈等人办的，有共产党员冯传庚参加，刊名是教师雷伯豪取的，在同学中有一定的影响。《血潮》挂在学校办公室门口，拿不出稿件，不是骂人，就是下流，也不能按期出刊，是有名的心血来潮。《谷音》虽然是我党办的，但是社长刘华楞、主编姜久源都是党外的同学，我是副社长，副主编李馨，编辑由闻立志、王建纲两人负责，我们按期出刊，严肃活泼，促人猛醒，促人奋起，针对同学当中存在的问题，根据统一战线的原则，模仿《新华日报》某些内容，组织稿件，我们对三民主义的解释就作过多次连载，也搞过一些知识内容，联系实际，弹无虚发，深受同学欢迎。这个壁报，由高我一届的李馨同学在校时创刊，直到我和闻立志、王建纲离校，整

整办了一年，作风正派，联系群众，很有威信。①

建始高中的壁报传播着抗日救亡、民主团结、改善民生的新思想，揭露和批判社会上学校里的阴暗面，把三里坝变成了一条文化街。

吴国仪在《在抗日战争中培养英才的湖北建始高中》一文中写道：

当时在三里坝，墙报办得生动活泼，贴满了横街，有各种各样的观点、派别，对比之下，大大启发推动了青年学生的思想成长。至今很多校友一提到它，都感到特别喜欢，认为它对青年学生很有教益。②

建始中学毕业生王定庆写道：

三里坝的横街，两边屋檐下，曾出现过一板又一板占满一条街的壁报。规模之大，气势的磅礴，教人咋舌。该花费多少的人力物力与财力。丰富充实的内容，字字珠玉的小品诗歌，无论编排、缮写、刊头画，都挖空心思，争奇斗艳，美不胜收。这条街美其名为文化街，也不为过。③

墙报体现了民主精神。任延平在文章中写道：

墙报都集中在三里坝横街上，横街约二百米长全部贴满了，真是声势浩大、琳琅满目。墙报的内容有散文、有诗歌、有论坛、有漫画、有名人照片、有校园杂谈、有学习讨论，有时还转载艾思奇的《大众哲学》和邹韬奋的《萍踪寄语》摘录。只要你有时间、有兴趣，包你看一两个钟头都不想走。这里是同学们的新闻橱窗、学习橱窗，思家思乡的文章诗篇也有，但到底还是少数，多的是谈时局，谈前途，讲学习。它体现了莘莘学子朝气蓬勃的

---

① 李世荪：《回忆在三里坝的战斗岁月》，中共建始县委党史研究室：《建始革命史稿》，2001年，第146页。

② 吴国仪：《在抗日战争中培养英才的湖北建始高中》，“湖北联中”建始中学分校校友会编：《三里坝岁月》，1988年，第27页。

③ 王定庆：《难忘的黄金岁月》，“湖北联中”建始中学分校校友会编：《三里坝岁月》，1988年，第66页。

上进心，也体现了民主空气带来的春天。①

后来，建始高中的校友们怀念那段峥嵘岁月，不少年近花甲的校友都提到了当年三里坝的文化壁报现象。他们认为，在三里坝横街上，人们就是通过《谷音》等壁报，了解了山外边的世界。有人在回忆文章中这样写道："这里虽是偏僻的山乡，但我们通过壁报中字里行间的文字，看到了抗战胜利的曙光，看到了祖国的希望。"

在办墙报的过程中，同学们受到了锻炼，思想上收获很大。王建纲回忆：

> 往事历历，比较起来，在三里坝活动的那一段时期在工作学习上最紧张热烈、在组织上团结友爱；在纪律上最严明自觉，同学们的斗志最高昂、战斗最有力量、最富有成效。虽在数十年后的今天，每忆及此，仍然令我心潮荡漾，激情满怀，无限神往。实践雄辩地证明：只有闪耀着共产主义理想光芒的战斗生活才是最美好、最有价值、最有意义的生活，只有用严格纪律组织起来的紧张工作，才能获得辉煌的战果。②

为了与《谷音》等壁报相抗衡，学校三青团组织也创办了所谓的《血潮》壁报。该报专以骂人为能事，以达到反共的目的；内容空泛，观众寥寥，因其想出就出，被同学们戏谑为心"血"来"潮"。《血潮》编者的本意是与《谷音》唱对台戏，但最后也不得不承认，他们拿内容生动活泼、写作水平堪称一流的《谷音》无可奈何。

胡紫岩是湖北高级商业学校的学生，酷爱写作，在读书期间，他的写作特长得到充分施展。他也是从编写壁报起家，逐渐成为作家的。他写道：

> 该校有几个爱好文艺的同学办了一栏大型壁报。我如鱼得水，

---

① 任延平：《回忆抗日战争时期的"六高"》，"湖北联中"建始中学分校校友会编：《三里坝岁月》，1988年，第90—91页。

② 王建纲：《回忆我在建始中学办墙报的活动》，"湖北联中"建始中学分校校友会编：《三里坝岁月》，1988年，第160页。

很自然成了这栏壁报的作者，继而又成为编者之一。不久，我们这些兴趣相投的同学组成了一个文学社团，名为“友声文艺社”，出壁报为“友声周刊”。“友声”是当时我党在重庆办的著名《新华日报》一个专栏的名称，我们用此是很有意义的。文艺社不仅本校内有10多个成员，连恩施地区的七高、九师、高农等校也有爱好文学的同学参加，在恩施地区有一定影响。社团内大多数人都在恩施两家大报《武汉日报》、《新湖北日报》上发表过作品，其中有的还获得一定成就。我原名胡代润，用胡寒松、胡荻等笔名在抗战期间的恩施、重庆、万县等地报刊发表了大量习作。抗战胜利后我到武汉继续读书。武汉报刊多，我发表习作的地方也多了，同时也向外地投稿。①

3. 体育锻炼。六高的体育活动，开始仅有一只篮球，补了又补，像过去大户人家小姐择婿抛的绣球。除此，还具有各地特色的民间体育活动，如踢毽子、转转息、武行、文行等等，一套套功夫叫人称绝。后来，有了正规的田径、球类、单双杠、木马等。在一次毕业会考后的运动会上，六高得了多项冠军，且得总分第一，当时令湖北教育界刮目相看。六高不仅在考场上名列前茅，运动场上也是当仁不让。

暑假漫长，盛行游泳。距三里坝不远处有一大一小两个水潭，大潭水深且寒。高中部叶章泉同学初识水性，从岩石上纵身跳下，就再没起来，同学们赶到，已回天乏术了。这潭清水后来被命名为“叶章泉”。尽管如此，但学生们仍争赴游泳。

据校友王采群回忆：

坝子中间有一条小河从上游峡谷中蜿蜒而出，冲激成一个个的小潭。每当夏季傍晚，那小潭便是我们的浴池，不仅使我们涤除了身上的尘垢，还使我学会了游泳的技术。有时下了大雨，山

① 胡紫岩：《炮火中负笈西征——抗战时期恩施求学散记》，宣恩县政协文史资料委员会编：《宣恩文史资料》第15辑，2011年，第123页。

图 23 恩施龙洞

洪暴发，河水猛涨，我们三三两两便脱了衣服，跳进那波浪翻滚，惊涛拍岸，涌起千堆雪的河水里，劈波斩浪，向对岸游去。虽然明知那是危险的，但我们是明知山有虎，偏向虎山行。等自己游到了对岸，一种战胜艰险的喜悦心情，油然而生，情不自禁地会引吭高歌马老师教的《大刀进行曲》、《在太行山上》、《划时代的一二·九》等抗日救亡歌曲。歌声和着涛声奏起了自然间的交响乐曲，也更激励了我拼搏向上的斗争意志。①

去高店子的路边有几个大溶洞，其中一个叫风洞，洞口很小，向下倾斜，只容一人缓缓进入，进入后稍向前行，豁然开朗，别有洞天，而且洞中有洞。洞内无光，须燃烛入内。洞顶下垂的钟乳石与地上“生起”的石笋不计其数，有的连成一气，形成石柱。继续深入，出现平坦的“大厅”，其大小足可以建一个篮球场。再往前行，则闻水声潺潺，原来是一条地下河！水从何处来？流向何处去？无人知晓。于是探洞成了热门。1941 年春节期间，几乎全校师生都往风洞一游，烛影歌声，充溢洞府。马丝白先生还在洞内高唱了一曲《满江红》，悲壮激昂的旋律在洞府中回荡，抒发了打败日本侵略者的豪情壮志与必胜信心。

学生们还给三里坝命名了八大景点：狮林积翠、龙洞通幽、呼鹅

① 王采群：《回忆在三里坝的日子》，“湖北联中”建始中学分校校友会编：《三里坝岁月》，1988 年，第 76 页。

听月、走马寻源、破桥夜雨、落剑峡潮、古枫夕照、小溪暮砧。第五届毕业生朱忱还写了八首题为《坝上八景》的五言律诗，赞扬坝上的风光，表达抗战的豪情，咏叹身世的飘摇，抒发似箭的归心。

暑假期间，学生们无家可归，有的学生就结伴长途旅游，走巫山，游白帝，览三峡，领略祖国山河之壮美。

恩施之美，美在自然；

恩施之美，源于天赐。

山川大气，大得气势磅礴；

景观神奇，奇得世间绝版。

三里坝的天鹅观，是群山蜿蜒的斜山坡上的一座古寺观。它坐北朝南，建筑朴质，既无院落耳房，也无参天古木，更无琉璃瓦殿顶和飞檐斗拱。它的绝妙之处，就是它的浑朴自然，和四周景物融为一体，构成它的独特意境，引人入胜。那时，天鹅观成了同学们的必游之地。学生们差不多每学期都要去一两次天鹅观，纵览山光景色，赋诗题词，畅叙幽情，以乐其志。有的学生留言："游山不误读书工"，道出了游天鹅观的雅兴。凡是到天鹅观游玩的人，大多有留言的习惯。观前观后，岩头树干，都有学生们的"留言"：有用粉笔或板炭画的，有用毛笔写的，也有用刀刻的，遍是"雪泥鸿爪"，琳琅满目。"留言"的内容，有诗、有词、有文、有对联，也有随笔，体裁多样，言情写景，述志咏物，内容丰富，妙趣横生。其中，有这样的"留言"："猴子走的路，老虎爬的岩"，是谁写的已经无法考证，但大家都知道这是郑万选校长的话。在集会时，郑校长经常引用这两句，勉励同学们克服困难，奋发图强，夺取抗日战争的最后胜利。

秦德利同学也有一副楹联，写出了天鹅观的概貌：

古寺无僧，任信士进出供奉。

山门不锁，随游云吞吐藏封。

天鹅观不仅有寺观供人游览，也因有客死三里坝的六高几位教师和十几位学生的孤坟，学生们常来临风凭吊，真是"夕阳残照西风冷，垒垒青冢向黄昏"。

就要离开三里坝了，秦德利独自一人最后一次到天鹅观漫步，并在同学坟前为他们祷念："同学们，安息吧！"

4. 琴棋书画。"联中"各分校的文体活动有很大的差异。有的学校很重视，又有传统，开展得轰轰烈烈，有的学校却比较消沉。恩施高中的王瑞明在回忆文章中写道："学校没有什么文娱活动，我读高中三年，从未看过电影，学校也从未放映电影。足球无场地，乒乓球无球台，唯一能调剂一下生活的是班级之间的篮球比赛。我们忙中偷闲，要干的一件事是洗衣、洗澡，此外，就没有什么耽误学习时间。"①

但大部分分校还比较重视文体活动。巴东女高分校的初中生是童子军，每天清晨，童子军老师就身着童子军制服，带领学生训练，升旗，唱童子军歌，做童子军操，之后，老师教女生唱《保卫黄河》："风在吼，马在叫，黄河在咆哮……"一遍又一遍，大家放开喉咙，越唱越兴奋。

除了上课之外，学校还开展各种文体活动：跑啊、跳啊、打球啊、唱歌啊、跳舞啊、演话剧啊，还有打莲湘。遇到"九一八""一二·九"等纪念日，都要组织文艺演出，表演的都是抗战的节目。

在办墙报、演话剧之余，"联中"学生还搞演讲比赛，还有读书会、同乡会，切磋学业，联络感情。高中的一位年轻男教员利用晚自习组织高三班级开展主题为"抗战到底能不能够取得最后胜利"的几场辩论，吸引了其他年级的一些同学前去旁听。

在"联中"各分校中，建始中学的文体活动最有声有色。

1938 年岁尾，在辞旧岁迎新年的晚会上，师生欢聚一堂，兴高采烈。不少教师有精彩的表演和保留节目，如杨固安教师的京剧黑头《铡美案》，严栋开先生的汉剧《三生记》等，韵味无穷。

---

① 王瑞明：《抗日战争时期的湖北联中》，政协武汉市洪山区委员会文史资料委员会编：《洪山文史》第 5 辑，1993 年，第 147 页。

为了庆祝元旦，童伯权老师写了一副对联：

岁序更新，顿觉眼前生意满。

师生同乐，切记心头旧恨多。

庆祝元旦，告诫人们不要忘记日寇的侵略，令人感慨不已。

元旦过后，春节到来。学校为了感谢地方，在小河边饭馆宴请镇上士绅，在餐厅入口处，又是童伯权老师写的一副对联：

教书匠都是些可怜虫，赖有世外桃源，稍苏喘息。

穷措大哪能作东道主，趁此春来坝上，聊表寸心。

对联表达了对地方的感激之情，也反映了当时教师的心态。

高级工业学校的文娱活动也有声有色。春节时，高工的学生玩采莲船、蚌壳灯等。一次得知校长家腌有腊鱼，学生就去拜年。到了校长家，同学们欢快地玩起了采莲船，艄公甲乙对唱，众同学合唱：

鞭炮声，震天响，校长一定有奖赏。

说有赏，就有赏，这炮一定要打响。

不久，校长就拿出一块腊肉，但演出并未停止，艄公接唱：

谢谢校长赏腊肉，学生们喜欢在心头。

划起船来唱一曲，恭喜校长年年有余。

说有余，就有鱼，校长还要赏腊鱼。

校长又拿出一条鱼，同学们没有达到要求，还继续演唱：

不用忙，不用慌，天下好事要成双。

学生们，人数多，一条腊鱼怎下锅?

一条鱼，去头尾，一人一块也吃不到嘴。

合唱声愈来愈高，情绪也愈来愈热烈，最后校长又拿出一条腊鱼，大家高兴告辞而去①。

当时虽然生活十分艰苦，但正值风华正茂、精力充沛的学生时期，

① 胡挠：《联中学生生活片断回忆》，政协湖北省恩施自治州委员会文史资料委员会编：《鄂西文史资料》第2辑，1995年，第211页。

其精神生活还是丰富多彩、充满情趣的。高工同学有一首诗，正反映出这种乐观情绪：

苞谷合渣席地坐，布衣遮体能御寒。

赤脚草鞋不觉苦，操琴对弈且尽欢。①

为了庆祝元旦，高工学生张保全题词自勉，表达必胜的信心。

唱歌犯忌，师生改唱戏，师生组成班子，互教互学。没有胡琴自己制：上山采紫竹做琴柄，采金竹做琴筒，采笔竹做琴弓，锯枇杷树做旋钮，没有琴弦到马屁股后面去揪，要蛇皮上山去打乌梢蛇。还有人用一个难得的沙丁鱼罐头盒做成类似三弦的乐器，听之清脆悦耳。

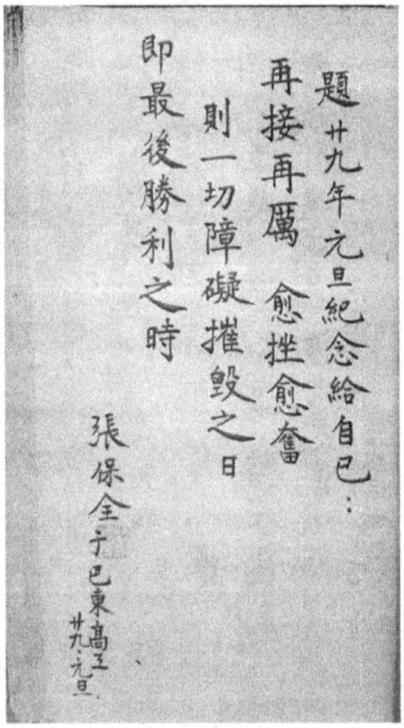
題廿九年元旦紀念給自己：
再接再厲 愈挫愈奮
則一切障礙摧毀之日
即最後勝利之時
張保全于巴東高工
廿九元旦

图 24 张保全日记（3）

有了乐器，又有了戏班子，这个戏慢慢地也就唱开了。

六高的演剧活动曾盛极一时，开始是小戏，后来汉阳同学会的《古城的怒吼》一炮打响，各同学会竞相推出大戏。例如：黄陂同学会的《雷雨》、汉川同学会的《前夜》、武昌同学会的《黑地狱》。汉阳同学会后来还演出《塞上风云》、《泰山鸿毛》。

当时抗战大后方的物质条件差，基本上不存在正规的文体活动，六高师生们的文化生活，却是丰富多彩，琴棋书画，样样俱全。

琴，尽管没有钢琴、提琴，但自造的二胡、京胡却有的是。

棋则除象棋而外，也盛行围棋。没棋子，到河里捡卵石，涂上墨，敷以桐油，也就黑白分明。马伯清教师酷爱此道，同学有魏上纵，所

① 胡挠：《联中学生生活片断回忆》，政协湖北省恩施自治州委员会文史资料委员会编：《鄂西文史资料》第 2 辑，1995 年，第 214 页。

向无敌，旁观者耳濡目染，也不免闲来切磋。

书道在六高最为普及，郑万选校长亲笔写的布告，常可看作颜体珍品。童伯权先生撰写春联，不但联语精工，书法也是魏碑上乘。

六高的画当然要奉赵合俦先生为泰斗，那时赵先生却摒弃花鸟虫鱼，热心为满街的壁报作画，也激发了同学们学画的热情。

三里坝离宜昌前线近在咫尺，也是距战场最近的学校。三里坝有如此丰富多彩的文艺活动，战火中弦歌不绝，曾使过往的抗日将士为之动容。

十、服务社会

1938年，武汉出现前所未有的抗日救亡文化宣传活动的高潮，在这次宣传活动中，武汉的大中学生受到洗礼，得到锻炼。半年后，这些师生来到鄂西，将武汉街头的抗日救亡宣传，从内容到形式都带到了沉寂的山乡，歌咏队的歌声、同乡会的话剧、读书会的辩论，重现了半年前武汉街头抗日救亡高潮时的情景。

1. 演出戏剧。建始中学的演剧活动曾盛极一时。开始演小戏，后来汉阳同学会的《古城的怒吼》一炮打响后，各同学会相继推出大戏，如黄陂同学会的《雷雨》，汉川同学会的《前夜》，武昌同学会的《黑地狱》等。校政厅门前贴满了《雷雨》、《古城的怒吼》、《黑地狱》等大幅的公演海报，引起了不小的轰动，据说建始县城有人赶60多里山路前来观看。演出博得观众一致好评。有的人甚至在观看《放下你的鞭子》时，居然向“鞭打”小姑娘的老头扔石头。通过这些反应，学生们看到了抗日宣传的效果，也看到了胜利的曙光。

建始中学的学生还自编自演了话剧《坝上风光》，反映当地少数民族的生活习俗，用方言表达，颇有生活气息，轰动了全校师生和当地居民。

每到新春佳节，学生们上街与当地居民同乐，采莲船、蚌壳精、踩高跷、耍龙灯、舞狮子等，把三里坝这个偏僻小镇闹得热火朝天。

坐落在巴东罗溪坝的巴东女高分校成立了罗溪剧团，她们到县城演出募捐，上演《菱姑》、《雷雨》等剧目，轰动了宣恩、来凤、咸丰等县城。罗溪剧团将卖票所得全部捐献出来慰问前方抗日将士。《新湖北日报》经常报道四女高开展的各种活动。

为了宣传抗日，“联中”学生每年要组织排练大型话剧，向社会公演，如1942年10月10日为纪念辛亥革命和1943年3月29日为纪念黄花岗七十二烈士，分别演出了《野玫瑰》和《天字第一号》等大型抗日话剧。这在宣恩城算是盛举。演出都以汽灯照明。剧台虽没有电灯、幻灯等布景设备，但反响热烈，观众有时达千人之多。

2. 街头演讲。在武汉抗战时期，街头演讲是最普遍的宣传方式。到了鄂西，同学们也纷纷走上街头，利用乡镇“赶场”的机会做抗日宣传，热情非常高。在街头演讲中，学生经历了一段学习提高的过程：从腼腆生硬的学讲，到滔滔不绝的演说，受到极大的锻炼。如果说课堂学习奠定了知识基础，那么抗日宣传则扩大了知识的范畴；尤其是性格的陶冶和爱国思想的形成，效果显著。

3. 出壁报。通过深入到群众中开展抗日救亡宣传活动，同学们认识到，宣传必须要有群众喜闻乐见的形式，诸如“国家兴亡，匹夫有责”、“皮之不存，毛将焉附”、“覆巢之下，焉有完卵”等慷慨激昂的口号，连篇累牍，引不起老百姓的同感和共鸣，但在墙报上画一幅血淋淋的日寇行凶暴行，却能引起许多老百姓围观；一曲《流亡三部曲》，唱到伤心悲愤的时候，往往引起老婆婆们哽咽抽泣。

4. 慰问军属。王瑞明是恩施高中的学生，曾参加慰问军属的活动，王瑞明在回忆文章中写道：

寒暑假中，湖北省政府组织我们去四乡慰问出征军人家属。有一次在执行这一任务中，走访了一户，家里唯一的劳力被拉去当兵，丢下妻小，小娃还不会走路，光着屁股在屋内爬来爬去，此情此景，令人心酸。在国民党统治区，老百姓的生活比我们这些流亡学生的生活还艰苦，距离恩施城关不远的龙马乡就闹过饥荒。我到该乡作过访问调查，并写出《从龙马乡归来》一文，分期在恩施《大同日报》连续登出，引起恩施县政府的注意，拨了一点粮食去救济。①

通过社会实践，学生更深刻地感受到尖锐的阶级对立，并发现问题，写出调查报告，引起政府的注意。

5. 扫盲识字。鄂西教育落后，文盲占人口的绝大多数。针对这个问题，“联中”分校采取了两种办法：

其一，让孩子教家长。学校要求学生把在学校认识的简单的字，教给自己家里的人，没有纸笔就用树枝在地上画；并且要把这些字的解释同老师讲的抗日救亡的道理联系起来，例如“九一八”事变、“七七”事变，地主、地租等。学校还让教家长认字效果比较好的学生在班上作典型发言，介绍经验。

其二，学生当“小先生”，教农民认字。王言生是利川师范的学生，他参加扫盲活动，据他回忆：

最有意义的活动是搞“巡回教学”。那是二年级下学期的事，同学们分组定点到农家去，扫盲与抗日宣传一起进行。主要对象是没有上学的乡村儿童和老年人，时间是在星期三、星期六下午3至5点。三人一组，背块小黑板，带几支粉笔，风雨无阻。当学生有时旷课，可当先生迟到几分钟就会脸红。几星期以后，老乡们见小娃儿居然写得出姓名，认得钞票上的字，懂得算账找钱时，竟乐得合不拢嘴。老汉客客气气地装上一袋旱烟，礼貌地把烟嘴子用手一抹，送到你前面，那真挚纯朴的感情，不由得你不接住就吸。老婆婆会从火坑掏出几个烤红苕或烤洋芋，拍拍灰双手捧过来，情态更见亲密。每逢赶场，不管大人细娃，老远就望

① 王瑞明：《抗日战争时期的“湖北联中”》，政协武汉市洪山区委员会文史资料委员会编：《洪山文史》第5辑，1993年，第147页。

着你喊：“先生！”小家伙跑近身来，塞给你几颗核桃、板栗，依依不舍的样子，真的是情真意切。童心的安慰是最感人的，也增进了学习的兴致。①

6. 组织娃娃歌唱队。这是“联中”学生的一个创新。有的学生在三里坝街镇上组织了娃娃歌唱队，每晚教唱抗日歌曲。这个方法，简单易行，成效显著。小孩学会歌曲，一天到晚都要唱，大人听多了，也跟着唱起来。

7. 新湖北合唱团。在鄂西的偏僻山城恩施，还有个高水平的合唱团，它就是由湖北省立教育学院音乐专修科教授夏之秋先生领导的新湖北合唱团，其成员有的是音乐专修科的师生，也有“湖北联中”的高中生。新湖北合唱团举办了各种形式的音乐会，用音乐陶冶民众，用歌声激励军民抗争到底。

在恩施东郊的湖北省政府小礼堂，新湖北合唱团为省政府官员和工作人员举办一场音乐晚会，时任第六战区司令长官兼湖北省政府主席的陈诚也出席了。喻宜萱教授的独唱把音乐晚会推向了高潮。喻教授是蜚声国际乐坛的女高音歌唱家，时任湖北省立教育学院音乐专修科主任。一支别具风格的抗战歌曲《安全土》从她金子般的歌喉里迸发出来，紧扣人们的心弦。歌声刚一落地，全场便爆发出雷鸣般的掌声。

在为恩施市民举办的那场音乐会，压轴大合唱是夏之秋教授亲自指挥的《歌八百壮士》。这首由他谱曲的《歌八百壮士》歌颂了坚守上海四行仓库的谢晋元团长和他率领的八百孤军奋勇抗敌拒不投降的英雄气概。这气吞山河的歌声，鼓舞了在场所有观众的士气，整个会场跟着唱了起来，歌声随之蔓延开去。

在为美国援华空军举办的联欢音乐会上，合唱团演唱了一曲原文

---

① 王言生：《抗日时期湖北联中生活纪实》，《湖北文史资料》总第32辑，1990年，第99页。

的《哈利路亚》。这是一首宗教歌曲，表现出对圣母的崇敬和对自由和平的呼唤，演唱需要高雅的艺术品位。据说《哈利路亚》在英国第一次演唱时，英国女王受到强烈的艺术震撼和情感冲击，不由自主地站立起来，于是全场观众跟着站立起来。从此每当演唱这支歌曲时，全场观众都要肃立。新湖北合唱团的演出自然而高雅，美军官兵看了新湖北合唱团的演出后感慨道，想不到在这么艰难的战争环境中，在这么偏僻的鄂西山城中，竟然听到了他们熟悉的经典歌曲，看到了艺术水平如此精湛的演出①。

8. 当义务音乐教师。“联中”建始分校主动安排学生到附近其他学校去当义务音乐教师，如派张志超到三里小学、刘荣传到河坪小学教抗日救亡歌曲，如《流亡三部曲》、《大路歌》、《义勇军进行曲》等十余首歌曲，激发青少年的爱国热情。

9. 下乡宣传。1939 年假期，学校党组织利用学生回乡探亲和到农村夜校当教员的机会，派党员到农村去开展宣传工作。学校组织党员深入到七里坪农民家中去访问，了解“二五”减租的执行情况，启发、鼓动佃户起来向地主豪绅开展斗争。六高党总支部派出党员到三里坝、二龙湾、红岩寺、高店子等村、镇去帮助农民建立发展党组织，向农民宣传共产党的抗日民族统一战线政策。

10. 春节演出。春节是农村最重要的节日，“联中”的学生就抓住这个机会下乡演出，如高工同学在春节期间以玩采莲船的形式，演唱抗日歌曲。其中的一首唱词是：“日本鬼子似虎狼，到处烧杀搞‘三光’；打东洋，打东洋，赶去东洋保家乡；中华民族不可辱，誓死不当亡国奴。努力生产，支援前线，要为国家作贡献；前方流血，后方流汗，军民努力齐抗战。”演出吸引了机关、学校、农村的家家户户，男男女女齐来观看。各村庄亦来争相邀请演出，起到了抗日宣传的良好

---

① 王立：《弦歌声声撼山城》，《恩施日报》，2015 年 12 月 3 日。

作用。

11. 破除迷信。鄂西建始很偏僻，还保留着很多封建习俗。当地的女主人特别忌讳女学生在大年初一到初三这几天去拜年，因为按当地的风俗，被女人拍开了大门的人家，一年都倒霉。她们还说："你们一女师的校长是个女的，她是个火神，如果拍开了我家大门，明年我们这里就天旱无收成了。"听了这些话，段奇璋校长愤愤不平："我们一女师来到建始一年多，不仅不害人反而促进了乡镇的繁荣，有什么对她们不利的呢？况且说这种话的人，自己也是女人，为什么不觉得自己被轻视，把自己也当成不吉祥的人？"

段校长召集学生说："我们组织宣传队，到当地老百姓家去，帮助他们破除迷信，打破重男轻女的坏风气。"于是，一女师的师生从正月初一开始，下县城拜年。去之前，事先跟家住县城的一女教师商量好，拜年时不拍女主人家的大门，先拍教师家的后门，由教师开门，迎进堂屋，大家有说有笑，教师还留师生吃早饭。女主人进出，师生当即起立向她拜年，彼此都说了许多吉利的话，然后告辞，高高兴兴地从大门出来，又去拍另一教师家的后门，也是皆大欢喜。房屋的女主人看到这种情景自然不好说反对的话，也跟大家互说恭喜发财等等，似乎忘却了自己的担心。从此以后，再也没人说女人是"火神降灾"，再也没人说女人在过年时敲门是不吉利的了。

十一、学生管理

对于学生的管理，"联中"各分校普遍十分严格。利川初中有个学生偷东西被发现，被捆在桂花树上鞭打，然后开除学籍。如今这棵桂花树仍在利川一中的校园内，就像一位饱经沧桑的长者向后人诉说当年的故事。

建始女子师范分校后来改名"湖北省立第一女子师范学校"（简称省一女师）。由于省一女师是师范，又是女校，在管理方面有与众不同之处。胡贵先曾就读于省一女师，她在回忆录中写道：

图 25　利川一中的桂花树（树旁为作者）

提起学校，自然要念及老师。我记忆最深的要数校长段奇璋老师了。她毕业于北京女师大。当时她已四十出头，还是孑身一人。听有关老师解释，她的名字跟她的生活一样。"璋"字在古时是生男孩的意思；"奇璋"就是奇怪的男孩。她身个不高，戴近视眼镜，短发。我在校的那些日月，没见她穿过一件有颜色的衣服，春夏秋冬着一色蓝的旗袍和青鞋白袜。尽管雨天也不穿皮鞋，只是在外面再套一双双耳草鞋。她语言适度，举止端庄，很难听到她的笑声，具有十足的严师风度。

她对学生的语言、穿戴、举动都要求严格。跟她一样，只准留齐耳的短发，发夹只用两颗，把前额的头发夹在头顶，两鬓自然垂曳。穿的是学校统一制发的灰色粗布连衣裙，短裤要齐膝盖，青鞋白袜。爱美是姑娘家的天性。有时姐妹们穿了有颜色的鞋袜、短裤，或另梳发型，她发现了，就悄声对你说："在作准备啦！"这句话都能领悟出来，姐妹们会羞羞答答地去改装。学生平时可盘腿席地而坐，但不能叉开两腿坐在石级上。她若看见了，就立即把你叫起来，让一位年龄小的同学坐在那里，叫你看看："雅观吗？"再次发现，她就叫你两脚朝上，反身坐在石级上，叫人哭笑不得，使你羞得无地自容。她规定一个学期不准离校，家里有特殊事故，一定要人来接，电报、信函均不起作用；她怕电报、信函冒名借故。学生一般不准外出，星期天也只能在校内活动。需要日用品，学校派有专人采买。课余，没有嘻嘻哈哈的打闹，只有书声、歌声和手工劳作（刺绣、编织）与体育活动。

五月，校内的桃子熟了，白里透红，逗人馋涎，都没有人摘下一个。只有学校举行的晚会上，师生才能一起共赏它的甜蜜。

图 26　段奇璋

凡此种种，胡贵先如此评价：这些要求，是不是有些过分？回想起来，也不尽是。自古以来人们尊重教师，为人师表是社会的要求。师范是培养教师的学校，没有一个好品德，堪称人之师表么？有些方面，她也不苛求前人[①]。胡贵先还记载了一些段校长的逸闻轶事：

她没有课的时候，就到各个教室去听课。有位教生理卫生课的胡老师，在课堂上有句话语欠妥，惹起学生羞笑。胡老师下课到办公室后，她严肃指出："别忘了，她们都是女生！"

当时的社会风气是重男轻女。一个女子只要求找一个有地位有金钱的丈夫，享乐一生。她常常对我们讲，要做新女性。所谓新女性，当时的含义是能独立生活，不依赖丈夫当寄生虫。她说："男子汉顶天立地，女子也能顶天立地。"有一次，学校排了个小戏，准备节日演出。一个已婚女子躺在沙发上，长伸两腿，丈夫站在一旁，这个女子有句台词："有个凳子搁搁脚多舒服"，示意丈夫给她搬个凳子。她看到后忙说："不像话！不像话！"马上要

① 胡贵先：《就读省一女师的点滴回忆》，鄂西宣恩县政协文史资料研究委员会编：《宣恩文史资料》第 1 辑，1986 年，第 120 页。

担任导演的老师把这个情节改过来。

她对我们管束很严，近乎封建。但在婚姻问题上提倡自主，反对包办，并以自身的经历告诫我们：她大学毕业，家里包办婚姻，当时父命难违，结婚这天，她静坐一夜，第二天就出走了。婚姻的悲剧，我们看不出她有什么伤感。真是一个奇怪的“男孩”！①

总之，胡贵先对段奇璋校长的评价还比较正面，诚如她所言“不苛求前人”。

“联中”二十多所分校，其学生的管理各有特色，概括为一句话就是：军事化管理。

1. 军事化管理。“湖北联中”各分校过着集体生活，实行军事化管理。起床、做操、吃饭、上课、自习、熄灯等均按号声作息。

清晨，嗒嘀嗒嗒……嘀嘀嘀嗒……嗒嗒嗒嘀……嘀嗒嗒嗒……的号声催促着巴东女高分校女学生们起床，先醒来的同学和着号声的节奏叫醒室友。“大天白亮，催猪起床，我来看猪，猪在床上”，戏谑中女学生们迅速从床上爬起来，穿衣叠被，拿起脸盆跑到罗溪边洗漱，寂静山村新的一天被她们从沉睡中唤醒。

然后出操，由值日生集合队伍、报告人数、升旗、领操。集合要迅速，迟到要罚跑步。出操时，学生像士兵一样，须服装整齐，腰缠皮带，打上绑腿，扣好风纪扣，看起来也是雄赳赳气昂昂。学生觉得麻烦，特别是打绑腿，学校仍然坚持。不过，衣服很快就破烂了，学校也无法要求整齐划一，只好听之任之了。

吃饭时，数百人在操场上，一个菜钵子放在地上，八个人围一圈。值星官发号施令：立正、报告、开动。一声“开动”，大家端起饭碗就往嘴里扒。如果谁在喊口令前先吃了，就令其在长凳上罚站示众。吃

---

① 胡贵先：《就读省一女师的点滴回忆》，鄂西宣恩县政协文史资料研究委员会编：《宣恩文史资料》第1辑，1986年，第119—121页。

饭也要听口令，"联中"校友余振亚有诗云：

年年苞谷饭，淡淡合渣汤。

哨鸣方动口，俄而一扫光。①

每日数次集合，早上有升旗，晚上须降旗，吃饭要排队，还有什么"紧急集合"(晚上，不经常)、野外演习等。

每星期一例行内务检查，各寝室比赛，既比清洁，又比整齐。强调墙壁地板清洁，衣被鞋袜清洁，床上床下清洁；床上被子叠放一条线，床下鞋子摆成一条线，绳上毛巾下端一条线。被子一律翻过来，把包被叠在外面，并要求叠成有棱有角、方方正正的豆腐块。这样虽然整齐划一了，但依旧是脏，检查内务的教官看见一块块又黑又臭的"臭豆腐"，只得掩鼻而去。

1943 年春，陈诚到湖北省立第二女子师范学校视察，校方异常重视，像迎接圣驾一样。事前停课数日，专门打扫卫生，整理内务。清洁卫生要求很高，即使破旧的木板壁、床架、桌凳都用水洗，经检查人戴白手套摸后不见痕迹才算通过。内务要求也很严格，被子要叠得有棱有角，有病的学生因有碍观瞻，便把他们集中到偏僻角落住起。

学校像管犯人一样管学生。晚上，教官查寝室，谁若小声讲话，教官就会说，深更半夜窃窃私语，肯定是图谋不轨。有事外出，先要在军训处请假，返校后要销假，逾限要追查原因，动不动就开除。

周绍馥在恩施女子高级中学分校就读。和许多家在沦陷区的同学一样，周绍馥假期都不回家。1940 年暑假快要结束的时候，应同学王源婉之邀，周绍馥请了一个星期的假到她家去玩了几天。因为尚在假期中，周绍馥在恩施城里多玩了一天。不承想 1940 年 9 月 1 日开学当天，学校张榜开除周绍馥，理由是她请假逾期一天②。无奈之下，周

① 余振亚：《湖北联中学生生活回忆点滴》，"湖北联中"建始中学分校校友会编：《青史记联中》，2009 年，第 296 页。

② 王立：《群芳园里风雨声》，恩施新闻网，2016 年 12 月 8 日。

绍馥只能到四川长寿报考国立十二中。经插班考试，周绍馥进入国立十二中女子部。

雷振环是建始中学的学生。1941 年下学期寒假，他回家过年，返校那天一天一夜走了 140 里，终于在开学第一天赶到了三里坝。天亮了，学校起床钟响了，他急忙跑到校正厅门前，公告已经贴出，一共 28 人，自己的名字赫然在上，被勒令退学。

学校应该有纪律，但仅仅因没有按时返校就开除，似乎有些不近情理，过于苛刻。

七女高是女校，有诸多特殊的规定，如学生不准出校门，不准会客，不准在校外同别人说话；学生必须参加早升旗、晚降旗活动，睡觉前须点名，还有半夜查铺，打更巡逻，实行门禁等等，严格控制与外界的联系。有一次，几个男生前来探望，门卫不准进，发生了冲突，男生不吃这一套，夺门而入。总务主任李禹畴出面干涉，令工友持板凳追打男生，轰动全校。大家愤愤不平，喊的喊，骂的骂。李站在板凳上，声嘶力竭地威胁：“我李某人什么场面没有见过，县长我当过，警察局局长也当过。谁要造反，马上送乡公所法办!”随后，硬是将几个男生押到屯堡乡公所。

图 27 “联中”女生

“联中”把军训列为主课，军训不及格，不准升级和毕业。每校设置军训团，校长兼团长，军训教官有主任教官、教官多人，均由省军管区派遣，在学校形成独立系统。学科的“典范令”、“步兵操典条例”，要求学生死记硬背。

每届高中、师范毕业生，还须到省会所在地进行“军事集训”，这是陈诚仿照蒋介石在庐山集训的模式，借以考核学生是否达到“服膺三民主义，拥护蒋委员长”之目的。集训学科以总理遗教、总裁言行为正宗，再就是所谓的“精神讲话”，由省主席、省党部主任委员担任主讲。万汉民参加了湖北省第三届学生集训，男女生共822人（其中女生199人）。该届集训由陈诚亲自主持，由省军管区派员训练。集训总队长彭善（军长，中将衔），下设两个大队：第一大队长曹毅（少将衔），第二大队长张凌书（少将），每个大队下辖三个中队，中队以下辖三个分队，担任分队长的，都是少校衔。学生入伍后，全部身着士兵服（女生穿连衣裙）。另有“三宝”，即图板（上课搁在膝上作记笔记用）、小凳、警报袋子（装材料、文具）必须随身带。集训的内容，与平日学校的军训内容基本相同，只是比学校的军训更严格，更紧张。军事术科从入伍的班教练、排教练、连教练，直到阅兵式训练。训练时间大约为一个半月，结业时还要实弹射击，几乎是将当年“中央军校”的一套全搬到学生集训中来了。学生们最怕的是夜晚的“紧急集合”、“野外急行军”。事前不通知，值星官哨子一吹，赶快穿衣裤，打绑腿，收拾警报袋，三分钟内须到集合场集合，衣裤鞋袜不整齐不许入队。深更半夜，睡眼朦胧，弄得人心惶惶，实在紧张万分。

有一次全体集训学员在体育场集合，接受陈诚的校阅。陈诚带领他的校阅人员站在检阅台上，全体学生以中队为单位，行注目礼正步通过主席台。分列式排成“一”字形，前后左右要对齐，作为集训成绩的总检阅。检阅完毕后，陈诚照例要讲话。本来接受检阅，学生已经疲惫不堪，又在烈日下站着，每个人站的地上都有汗水滴的痕迹。有的学生站不住，晕倒了，队伍后面有担架，医护人员就一个个抬走。可队伍不许骚动，思想不能分散，注意力还必须集中。据说这就是军纪的锻炼。

为了表示对受训学生的“关怀”，陈诚向全体军事教官下达命令：如果在集训期有一个学生死亡，在谁的队里发生，就杀谁的头。1942

年举行第三届学生集训，女生中队由姓仇的中队长带领。一天学生在恩施城南门外狮子岩河边洗澡、洗衣，有三个女同学，不幸滑入水中淹死，仇中队长当即跟着跳河，因为他知道死了人，无法向上方交代。

在抗战时期，师生生活本来就艰难，但国民党当局还以“生活军事化”来限制学生的自由，令学生非常反感，把军事教官视同警察。建始六高的主任教官殷荣槐，一派军阀作风，每次集合必训话，不是服从纪律，就是磨炼意志，把吃不饱、睡不好，统统说成是“艰苦卓绝”所必需的生活模式。谁若反感，他就以对抗军训相威吓。但他本人生活糜烂，在三里坝与一妇女乱搞，每晚查寝室后，就出去鬼混，学生看在眼里，恨在心头。殷荣槐的宿舍与学生寝室挨着，其一举一动都在学生的监视之中。一天晚上他又出外乱搞，同学们在厕所里捞起大粪，糊到他房门的锁上，待他深夜归家，用钥匙启锁，屎尿粘了他一手，气急败坏，破口大骂“王八蛋、共产党儿子”。第二天早上集合升旗时，他煞有介事地说：“昨晚学校里出现了‘奸党’，捣乱到主任教官室，简直是无法无天，要查清！”同学们窃窃私语，心头暗喜。从此，“殷夜壶”这个绰号在六高广为流传。

殷荣槐的脸长得像夜壶，有人就到处用笔画夜壶，还插把野花。一次上军训课，有同学事先在黑板上画了一把大夜壶，上面题以“殷朝古物”四个大字。殷某见了勃然大怒，暴跳如雷，一再追问何人所为，一定要予以惩处。同学们哄堂大笑，无人对答，弄得他狼狈不堪，威风扫地。由于作风腐败，丑闻不断，殷荣槐在六高站不住脚了，军管区把他调到第四师范去任主任教官，作风依然如故，同样受到学生的反对。学生暗中议论，并以顺口溜讽刺他：“殷夜壶由平坝上山，屎臭驴臊气难忘。切望你改邪归正，小心把夜壶砸烂。”结果他在第四师范没待多久，又被学生赶走了。这说明当年的学校军训，和学生对立到何种程度。

2. 法西斯统治。1939 年 1 月，国民党五届五中全会召开，蒋介石确定了国民党的政策重点，从对外转向对内，制定了“溶共、防共、限共、反共"的方针，通过了《限制异党活动办法》、《共党问题处置办法》、《沦陷区防共党活动办法》等反动文件。陈诚积极执行蒋介石的反共政策。1940 年 9 月他回任湖北省主席不久，就成立了"第六战区谍报流动组"，并以"军令部驻第六战区高级参谋室"为公开掩护机关，作为镇压湘鄂川黔地下共产党的最主要的特务机构，其他特务均以"联络参谋"的名义公开活动。1940 年冬，陈诚为了破坏中共地下党组织，将设在恩施的所有特务机关集中起来，统一领导，成立了"恩施高级干事会"，由陈兼任高级干事主任。这个"高干会"是第六战区反共力量决策、指挥的首脑机关。1941 年 6 月 1 日，陈诚为了强化特务机关，又下令成立了"第六战区党政工作总队"，统一指挥湘鄂川黔等地的反共活动，并在恩施主办了一期"党政工作人员训练班"，向学员灌输法西斯意识和特务专业知识。此外，陈诚在主持鄂政期间，对青年学生实行严格的党化教育，强化"一个政党，一个主义，一个领袖"的法西斯独裁的教育思想。在各学校普遍设立国民党和三青团组织，用以控制师生的思想活动，学生外出受到监视，来往信件受到检查，学生的人身自由受到极大的限制。

三青团公开干预校政，年级训导给学生打操行分，他们也要干预，并在名册上暗中画记号，分出可靠、不可靠、最不可靠的黑名单。凡他们认为可疑的人，就实行盯梢，甚至写恐吓信。

当时国民党的军政人物想把"联中"办成一所类似"战时干部训练团"的学校。开办之初，就规定必须实施"七大训练"：精神训练、军事训练、道德训练、知识训练、体育训练、生产劳动训练和后方服务训练。他们轻视知识的学习，而注重精神的训练，即对学生进行反动的政治思想教育。在每周一上午的总理纪念周上，由校长登台，对全校师生作名为讲解三民主义实为反共的精神讲话。皖南事变之前，表面上还是国共合作，校长一般只能旁敲侧击、东扯西拉地进行反共宣传。

民主是时代的潮流，顺之者昌，逆之者亡。宣传独裁、专制的法西斯主义是逆潮流而动，在理论上很难自圆其说，因此只能借题发挥，胡说八道。高树回忆：

有一次我就听过校长讲了这么一堂政治课：他先讲《大学》，提出“知止而后有定”，然后用曾国藩日记中的话来解释这个“定”字，就是心欲其定，身欲其定，神欲其定，气欲其定。怎么才能“定”呢？他又抬出孟子的话来作回答：“天下恶乎定？”曰“定于一”。讲到这里，他便一下子从战国时期跳到抗战时期，生拉活扯地作结论道：“这个‘一’字，就是指的一个领袖，蒋委员长；一个政府，国民政府；一个党，国民党；一个主义，三民主义，其他的都是旁门左道，异端邪说，我辈青年当所不取。”他在“左”“异”二字上故意加重语音，暗示学生联想“左倾”与“异党”。①

这种以反共为主要内容的精神训练，让这些远离故乡和亲人的流亡学生倍感压抑，感到“山雨欲来风满楼”，便各自寻找自己的活动空间：

有些老师自恃清高，不问政治，带领学生游山玩水，吟花咏月；

有的老师消极抵抗国民党的“政治”，闲来无事打麻将，一打就是通宵，老师垂范，学生效法，打麻将的嗜好在一些学校盛行；

有的老师韬光养晦，提倡“三书主义”（读书、教书、写书），关在家里读书、写书，也教育学生不要参加政治活动，走中间路线。在老师的影响之下，一些学生也不问政治，孜孜不倦，苦读不已。

当然，也有进步的年轻老师敢于抵制反共的精神训练，像磁石一样把众多读鲁迅作品、向往延安的进步学生吸引到自己身边。比如：利川师范教“农业及实习”的张翼老师，在课堂上，他教“稻粱菽，麦黍稷”，教室之外却另有天地。在实习课上，在田间地头，他讲红军

---

① 高树：《抗战烽火中诞生的湖北联中》，宣恩县政协文史资料委员会编：《宣恩文史资料》第15辑，2011年，第108—109页。

长征、八路军抗日、国际时事、国内战况、进步之路、人生选择等等。他鼓励学生读进步书刊，于是一本本用假封面包着的"禁书"就秘密传递到学生手中；他鼓励学生开展抗日宣传，于是一支能演能唱的抗日宣传队便走入了百姓之中；他鼓励学生反饥饿、反贪污，于是同学们掀起了清算伙食和棉衣账的风潮。不久，张翼老师就被捕了，校长却说他是因为在课堂上写错字、别字被学生轰走的。

"联中"各分校的领导特别害怕共产党的势力蔓延，他们疑神疑鬼，甚至到了杯弓蛇影、草木皆兵的地步。在他们看来，以下行为都是大逆不道的"异党"活动。

第一，顶撞、冒犯领导。前文提到的梁书楹因在报纸上发表了一篇小说，触怒了训导长韩梅岑。韩认为梁写稿不送审，触犯校规，加上思想左倾，不满现实，便将梁书楹开除学籍，押送到恩施方家坝"青年训导大队"囚禁。杨河清是宣恩初中的学生，一次患病，请同学徐春华找训育主任柳育才要点灯的桐油，柳不给，反而骂人。徐气极了将桌上的一盏灯油，扣在了柳的头上。第二天，学校挂牌，给徐春华记大过两次，后来被捕入狱。其实，梁书楹、徐春华与共产党没有一点关系，学校当局完全是公报私仇，给两人戴"红帽子"，治以重罪。

第二，读苏联小说、读鲁迅作品。高文华看《钢铁是怎样炼成的》等小说，被训导主任知道了，训导主任责问："你很喜欢红色的东西啊?"高文华摸不着头脑，回答："我只穿过一条红毛线裤啊!"

恩施盛传这么一件事：一个学生挟着一本红色封面的《马氏文通》(汉语语法书)，被特务发现，竟不容分说，就以"异党"嫌疑犯抓走了。那个特务认为，《马氏文通》就是赤党头头马克思写的书，封面也是红的，更说明是"异党"分子。

第三，组织学潮。各分校领导最害怕学潮。李治德学习成绩好，同学们佩服他，不久被大家推选为区队长（班长）。1940 年，李治德到恩施参加了省教育厅召开的学生代表会议。开会期间，李治德了解到省里每月拨给学生的伙食费与学校发给学生的伙食费不相符，回校后联合其他班的学生代表与校长交涉伙食费问题，学校视他带头闹事。不久，李治德被捕。主审人刘培初少将见到李治德，第一句就问："你就是高三上的'小苏联'啊！今天要老实交代你的活动。"

鲍德林的被捕也与学潮有关。在《我被关押恩施青训队的经历》一文中，鲍写道：

> 由于（建始师范的）校长夏隆基贪污了上千元学生公费，而他对抱病致死的李大同同学却不闻不问，因此激发了学生们的义愤，掀起了罢课两周的学潮。谁知省主席陈诚得悉建师学潮后大怒，下令严厉查办"抬尸勒索"的闹事学生，于是便在开除熊泾阳、马楚恒（均系中共地下党人）及有关学生20余人学籍后，又接连三次派特务来校逮捕学生，送青训队受训。其实，我们当时都出于正义感，对校长贪污学生公费和对生病学生死活不顾的行为不满，参加了倒夏的学潮，根本不知什么党派之争。只是因为这样的缘故，国民党就把我们当作"奸匪"、"共党嫌疑分子"加以逮捕，使我们既感震惊，又感愤慨。①

第四，不满现实，发牢骚。训导主任经常夜里到宿舍偷听。有一次，一位姓孙的同学发牢骚，说三青团员多半是混一张团票，好到恩施住招待所不花钱。第二天，校长在大会上就训开了，先狗屁胡说只有三民主义才能救中国，接着说绝不允许攻击三青团。最后他点名道姓地训道："这位姓孙的同学好大胆，同学们叫你孙大炮，你放炮也不看个地方！竟敢侮辱三青团？你的脑壳还在颈上晃荡呀！我若不是看在你伯伯（据说孙的伯父早年担任过湖北省民政厅厅长）的面子，早就把你开除了。"

第五，参加同学会的演出。据建始分校学生冯锡慈回忆，他仅由

---

① 鲍德林：《我被关押恩施青训队的经历》，恩施自治州政协文史资料委员会编：《鄂西文史资料》第1—2辑，1998年，第318页。

于看了一下当时的禁书和在剧团里搞了些带头的活动，被学校里某些人看不顺眼，在第三批将要逮捕的“黑名单”同学中他竟“榜上有名”①。更有甚者，有个剧团，团长叫陈慕潮，因为演出活动，该剧团所有的人都被关在恩施方家坝集中营。

第六，得罪三青团。三青团在各个分校都有很大的势力，为非作歹，搞特务活动，虽说没有生杀予夺的权力，但给人扣个“红帽子”却是轻而易举的事情。

张世英是建始高中的学生，他很钦佩那些思想左倾的同学，虽然他们一般晚上都在学校外面活动，很晚回来睡觉，但学习成绩都很好。张世英打心眼里瞧不起那些成绩不好的三青团团员。

1941年1月，张世英与同学一起到建始县城参加全省高中毕业会考。会考结束后，进步学生徐期瑞告诉张世英，有十几个人进了黑名单，其中也有张世英。张世英很纳闷：徐期瑞他们是靠近共产党的进步人士，我是中间人士，怎么也进了黑名单，思前想后，张世英觉得可能是得罪过那个学习不好的三青团学生干部。一次数学考试，那个和张世英同桌的三青团学生干部找张世英要一道几何题的答案。碍于情面，张世英小声说：“你先画一个等腰三角形。”哪知这位三青团干部竟问：“等腰三角形是什么?”考完试走出教室，张世英鄙夷地说了他一句：“笨蛋，连等腰三角形都不知道!”这样，张世英就上了黑名单。

凡此种种，摊上一样就要倒霉，轻则上黑名单，重则还有牢狱之灾。

“联中”的一批校长，几乎都为国民党的党化教育卖力，恫吓、责骂学生，无所不用其极。比如：利川师范的校长就大骂学生：“你们这些从延安来的狗崽子！老子是有背景的！老子不怕你们捣乱！有狠的

① 冯锡慈：《值得回味的两年》，“湖北联中”建始中学分校校友会编：《三里坝岁月》，1988年，第58页。

给老子站出来！”郑万选校长也威胁学生说：“枪打出头鸟，茶壶落地，首先跌破的是嘴巴！”

为了反对学校当局的迫害，学生常与校长展开针锋相对的斗争，因而当时的校长，几乎都有一个绰号。如七女高校长刘礼琼，家长作风严重，限制学生恋爱自由，私阅、扣压学生信件，对学生训话动辄狂吼、辱骂，学生们称他为“轰炸机”；一女师校长段奇璋，以独身自持，在学生中以封建卫道士自居，学生叫她为“段尼姑”，六高校长郑万选，个头大，官气足，动辄压制学生，同学们都喊他为“郑屠户”、“郑军阀”。

在特务和学校当局紧密“合作”下，大批“联中”的“冒尖”学生遭到逮捕，被戴上“红帽子”，关进了恩施方家坝集中营。“联中”各分校有两次大逮捕，穷凶极恶，杀气腾腾。第一次是在 1941 年 1 月春寒料峭的时候，第一天就抓了四百余人，在建始中学捉了九人。恩施高中的教师肖蒧、学生冷裕保也被抓走，嗣后，有的学生被抓，有的失踪，有的逃走，一时人心惶惶。

肖蒧（1900—1995），四川郫县人，早年就读于北京医科大学，抗日战争中，来到恩施高中任教。在讲坛上，他给学生讲鲁迅、高尔基等，介绍学生读《新华日报》和《大众哲学》；他在报刊上发表了不少进步小说。他以公开的战斗姿态出现，引起了国民党顽固派的注意，终于被绑架到特务机关。但因无真凭实据，在放他时，特务们拿出三张入国民党的表叫他填，要他当一个“忠实同志”。他把三张表塞进衣包里，回家后第一件事就是上厕所，把三张表当了手纸，刚好够用。1944 年元旦肖蒧离开了恩施。1949 年后，肖蒧供职于重庆市文联。反胡风运动开始后，厄运来临，肖蒧受尽屈辱，三年后被遣送回老家郫县劳动改造。1979 年落实政策后，肖蒧被安排到四川省文联工作直至去世。

第二次大逮捕是在 1941 年 3 月 16 日。据王采群回忆：

那天，校长郑万选正在给我们全体同学讲话，远远看见从建始城那边跑来几个骑马的国民党军，一直朝我们的队伍走来，径直跑到郑校长面前，打断了郑校长的讲话，递上一个纸条，郑校长接过纸条一看，脸上倏然变色。大家看到这一情景，心中惴惴不安。郑校长随手把纸条塞进口袋，继续沉着讲话，但那几个人一直守着不走。郑校长一直把话讲完了，才慢慢从口袋中摸出纸条，喊着一个一个同学的名字，凡是被喊到名字的人站到讲台前面去，排成一长排。名字喊完后，其余的同学就解散回教室和宿舍，但被点名的同学都被那几个人前呼后拥地带走了。开始大家还不知道是怎么回事，事后才知道是来抓人的。被抓走的同学都是优秀的进步青年，却都以爱国有罪的罪名抓走了，真是令人愤怒难忍。至于那些人，后来我们也知道了是国民党反动派派来的特务分子，专门是来逮捕进步学生的。①

第二次大逮捕，仅在建始中学分校就捉了130余人，占全校学生总数的百分之二十多。这次大逮捕，愚蠢的敌人基本上根据捕风捉影的材料，仅仅抓到少数几个共产党员，其余的都是平时表现积极，努力学习，关心政治的学生。经过审问，将有“重大嫌疑”者十一人押送到恩施，统统关进了方家坝集中营。他们是郭其耀、严监威、赵昔云、王明学、晏冲、李治德、张玉松、谢南宗、王振国、戴月、刘荣传等。以后又陆续逮捕了一千多人。小小的恩施城，竟设置了十几处临时监狱，关满了“犯人”。

方家坝是恩施城西二十里的一个平坝。在一大片农田的中间有座小镇，是当年从恩施去利川必经之路的歇脚站。离小镇三里许，半山坡有个小村落，集中营就设在这村子西端两座上下相邻的地主庄园——方家大屋里。高高的石墙掩映着密密层层的厚朴林和修竹，潺潺清涧穿过石头院墙流了进去又流了出来，院墙的外面有一棵百年桂花

---

① 王采群：《回忆在三里坝的日子》，“湖北联中”建始中学分校校友会编：《三里坝岁月》，1988年，第76页。

树。自从国民党的党政工作总队霸占了这块地方，建立罪恶的集中营以后，这幽静的山林，就成了人间地狱。上面的一座庄园，他们挂牌曰：“第六战区战时青年训导大队”，由三个院落组成，共有二十多个房间，可容纳一百多人，关押的是他们要“感化”、“训导”的政治犯。下面的是一栋二进三开间带厢房的大宅子，共有九个房间，一个场坝，叫管理所，关的是“要犯”和安不上罪名也不能释放的政治犯。监狱的石头门框上刻着一副对联：“顿觉眼前皆赤子，本来头上有青天。”分明是残害，还要装扮慈悲！反共头子陈诚、朱怀冰都在这里“训”过话，他们自诩要用全国最“文明”的办法把政治犯变为“新人”，实则是对政治犯从精神上、肉体上、生活上进行着各种摧残和迫害。除了无穷无尽的劳役、没有期限的禁闭和轮番刑讯外，他们用假枪毙、陪斩、坐黑牢、饿饭、当众鞭挞，从清江河挑卵石上高山，背石头跑万米，三伏天罚烤太阳等办法，折磨那些不甘屈服的人。从1941年到1943年，恩施集中营关押有两千多青年，无一不受到迫害。

鲍德林因是“共党嫌疑分子”，1941年3月至1942年春曾被关押在方家坝集中营，他在《我被关押恩施“青训队”的经历》一文中写道：

> 我们在这里被关押、审讯一周后，那些刽子手们又将我们用绳索捆绑起来，并在武装押解下步行送到恩施省保安处，随后又被押送到恩施监狱。这座监狱，是一座典型的旧式监狱，不仅戒备森严，而且显得阴森可怕，一进去便感到心惊肉跳。当时正值日机空袭恩施，我们白天为躲日机轰炸，都被提心吊胆地押到防空洞里，夜间又心有余悸地被带去“个别提审”。我算幸运，提审只是遭受了拳打脚踢，惨的是有些同学还遭受了酷刑的折磨，既有坐老虎凳的，也有被反吊双臂“燕儿扑水”的。在这里，我们好不容易又熬过七八天，接着便把我们转到了方家坝。
>
> 我们被关押在这里，不准外出，不准会见来探望的亲友，不准向外面的亲友写信。如有亲友前来送衣物或零用钱，也得交给

管理人员检查后，再转交给"犯人"。这里没有任何书报可看，我们成天坐等天黑，在监房里尽讲些与政治无关的故事或出谜猜谜，以此消磨时光。

我们被关押在这里的头一个多月，除"重点"被提审较多外，一般"犯人"则很少过问。提审仍是在夜晚，也不知被押到什么地方提审的，只感到提审的气氛很恐怖。审案桌后坐着3个神情凶狠的人，室内摆设着各种阴森而不知名的刑具，间或夹杂着阵阵入耳的尖叫和哭喊声（制造恐怖气氛的假象）。倘若他们真的对谁用了刑，也不准你对别人说出。我被提审过一次，他们没有对我用刑，只是对我大声吼骂，动以拳脚。

1941年初冬的一天，我们在枪兵的看守下，正在"青训队"的门外整理环境，突然传来大队部的命令，要我们即刻回队。谁知回来不一会儿，屏息端坐的我们就听到了何功伟和刘惠馨二人惨遭杀害的噩耗，大家都为之震惊。当晚，"青训队"以此为警，又强逼我们这些学生"犯人"表态，我们无不义愤。事后听说，这两位烈士就义的地方，就在距队部右侧300米处的山岗上。对于何、刘二烈士的死，我们曾一度暗自思索：难道这就是"训导"，这就是"感化"吗!?

就在枪杀何功伟、刘惠馨后不久，国民党和三青团组织又采取了一项新的"感化"措施，即在"青训队"被关押人员中，集体发展"三青团员"，对凡是参加了"入团宣誓"的人员，可提前获得释放。这的确蒙骗了不少青年人。当时，一下子参加了三青团入团宣誓的人，共约20人。我也是其中的一个。这些人中，多数是在押的学生，只有少数在押的社会青年。我们集体加入三青团，并不是真心想参加这个组织，只是想早日获得释放。尽管集体宣了誓，当局也并未因此给我们发过"团证"。

此后不久，到了1942年年初，"青训队"开始释放在押人员了。第一批，释放了捕自建始师范、建始女师、建始高中和宣恩初中的学生。对被释放的人，“青训队”都发给一份“自新证书”。其上写着：“思想恶化分子×××，经训导有悔改表现。倘故态复萌，必定查究。”对共产党员中的叛变自首者，也发有“自新证”，其上是怎样写的，我不得知晓。①

当时，国民党原想通过“青训队”来“训导”感化这些“红帽子”学生。事实证明，国民党不仅没有“转化”他们，相反却为共产党锻炼了很多党员干部，培养了很多“后备”共产党员。万凌云就是通过“青训队”的“训导”而演变成共产党员的。他在文章中写道：

在恩施监狱中的20个月，就其对我的平凡人生说来，却是一段最重要的经历。其特征不仅仅在于我结识了一位宁可流血牺牲，也不做敌政权的官，那种文天祥式的、载入史册而无愧的英雄人物，而且更在于在他的影响与感召之下，使我的思想、感情完成了一次根本的转变——从对共产党的敬而远之、“退避三舍”，而到置军统特务的酷刑、惨死与长期监禁而不顾，向关押在我住的牢房楼下、每天必唱《延安颂》的原鄂西特委书记何功伟同志申请入党，并与之商讨过营救他出狱的问题。尽管以后的经历证实，他所指引的道路是坎坷不平的，且同行者众，也远非都像他那样能留给人的终生难忘的怀念，但我仍然抱有虽九死而无悔的信念与决心，去走完自己选择的人生旅途。②

陆明达也是被“青训队”的“训导”推向共产党的。他于1941年1月9日与孙家聪一起被捕。他在文章中写道：

说来好笑，我不过是一个高中一年级的学生，对现实有些不满，就被送进监狱。这些人万万没有想到，他们这一着棋，把许许多多有正义感、优秀的爱国青年推到共产党的怀抱，我也是其

① 鲍德林：《我被关押恩施“青训队”的经历》，恩施自治州政协文史资料委员会编：《鄂西文史资料》第1—2辑，1998年，第320—322页。

② 万凌云：《第一次大逮捕的回思》，“湖北联中”建始中学分校校友会编：《三里坝岁月》，1988年，第134页。

中之一。

他还写道：

八个月的铁窗生活，使我切身认识到国民党政治上的反动。我还从难友王耀明那里听到中共鄂西特委书记何功伟的英雄事迹，我所崇拜的不再是《毁灭》中的主人公杜大心，而是比他形象更高大的共产党员何功伟，并立志为壮丽的共产主义事业而献身。①

秦敢曾就读湖北省立高级农业学校。在何功伟、刘惠馨二同志牺牲后，他十分悲痛，写了《野花》和《坟》两首短诗，以示悼念，后来觉得意犹未尽，又写了《星·发光的……》一诗：

让生命发光吧，
让星发光，
让能发光的都发光！
当我们死了，
就让我们的人民，
以悲痛与怀念的心情，
看四方，
火花一样纷纷飞落的殒星。

解放后，秦敢曾担任武汉市影剧公司党委书记。秦敢说，他也是被"国民党自己用政治上的高压手段给逼上这条道路的"：

当时的恩施各校，已经涌现了不少有志于革命文学事业的青年。笔者所在的高农，便是其中之一。说来有趣，高农的几位青年作者，最初却是国民党自己用政治上的高压手段给逼上这条道路的。那是1941年秋天，我和许渡（文振庭）、万林（万咸懋）、卫真（周慰曾）、万铭先、歌今（张行立）等几个爱好文艺的同学，在学校里办了一个名叫《崖啸》的壁报，初意无非是藉以练

① 陆明达：《课外作业》，"湖北联中"建始中学分校校友会编：《三里坝岁月》，1988年，第51页。

习写作，不料却被学校当局视为异端，只出了四期便被迫夭折，而且此后一直受到怀疑和歧视。其中尤以我和许渡最甚。因为许渡的兄嫂文振鑫夫妇和我的小学同学廖咏桐当时都被关在方家坝集中营里，我们两人又曾拒绝参加三青团，因而受到学校里的军事教官和三青团骨干分子们敌视。这种待遇激怒了我们，我们便索性大写起来，而且将所写的东西寄给两报副刊。出乎意料，我们的作品被发表了出来，而且很快收到了编辑（杨培新）的来信，不久他又和夏穆原亲自到学校来看望我们，这使我们受到极大的鼓舞，越加勤奋地写起来。到了次年秋天，我因领头闹了一次学潮，被学校将我除名；于是，杨培新和夏穆原又向夏晨中推荐我，让我到新湖北日报社工作。从此，我便开始了职业报人的生涯，逐步走上革命的道路，而且在此后的漫长岁月里，主要是以一个业余作者的身份，从事着革命文学的事业。①

① 秦敢：《战时恩施文化生活见闻》，政协湖北省委员会文史资料研究委员会编：《湖北文史资料》第2辑，1986年，第166—167页。

第四章　地下斗争

从全面抗战爆发之日起，国共两党就有着两条截然不同的抗战路线，一条是国民党的片面抗战路线，即坚持国民党一党专政，只是实行单纯政府和军队的抗战，只让人民出钱出力，却不给工农大众好处，既让马儿跑，又不给马儿草。这种片面抗战虽然“也是为着保卫祖国而战”，虽然也带有革命性，但是这种战争不能战胜日本帝国主义。正如洛川会议所指出的：“由于国民党还不愿意发动全国人民参加抗战。相反的，他们把抗战看成只是政府的事，处处惧怕和限制人民的参战运动，阻碍政府、军队同民众结合起来，不给人民以抗日救国的民主权利，不去彻底改革政治机构，使政府成为全民族的国防政府。这种抗战可能取得局部的胜利，然而绝不能取得最后的胜利。相反的，这种抗战存在着严重失败的可能。”

中国共产党提出的全面抗战路线，又称人民战争路线。抗日战争是半封建半殖民地的中国同日本帝国主义的殊死决战。日本的工业水平、军事装备都远居中国之上，日本侵略军又带有封建军事帝国主义的很大野蛮性。中日双方敌强我弱的基本点就决定了战争的长期性与残酷性。因此，要想打败日本帝国主义就必须动员全民族进行全面抗战，打一场人民战争。洛川会议指出：“争取抗战胜利的中心关键，在使已经发动的抗战发展为全面的全民族的抗战，只有这种全面的全民族的抗战，才能使抗战得到最后的胜利。”① 洛川会议号召：“共产党员及其所领导的民众和武装力量，应该最积极地站在斗争的最前线，应该使自己成为全国抗战的核心，应该用极大力量发展抗日的群众运

① 《毛泽东选集》第2卷，人民出版社，1991年，第397页。

动。不放松一刻工夫一个机会去宣传群众，组织群众，武装群众。”①

毛泽东在《论持久战》一文中，对人民战争思想做了更深刻的阐述，他指出：“战争的伟力之最深厚的根源，存在于民众之中”，“动员了全国的老百姓，就造成了陷敌于灭顶之灾的汪洋大海，造成了弥补武器等等缺陷的补救条件，造成了克服一切战争困难的前提”，“军队须和民众打成一片，使军队在民众眼睛中看成是自己的军队，这个军队便无敌于天下，个把日本帝国主义是不够打的”②。

把反对日本侵略者的民族斗争与国内的阶级斗争结合起来，一致起来，放手发动群众，壮大人民力量，打一场人民战争，正是全面抗战路线的精髓与本质。因此，中国共产党的全面抗战路线不仅代表着无产阶级与劳苦大众的阶级利益，而且更集中、更深刻地代表着全民族的利益。这就是中国共产党及其领导的革命力量，在抗日战争中由小到大，取得抗日战争胜利并最终主宰中国命运的根本原因。

“湖北联中”也有国共两党的组织，也存在两条不同抗战路线的激烈斗争。

一、建立组织

严重的社会不公与尖锐的阶级对立也为共产党组织的生根发芽，开花结果准备了沃土。陆明达是建始中学分校的学生，他在《课外作业》一文中写道：

> 三里坝是一个较大的集镇，逢期赶集，每到旭日升到丈把高的时候，附近的老乡都带着自己的土特产接踵而至，人声鼎沸，热闹非凡。老乡们大多衣衫褴褛，面黄肌瘦，不时可见患大脖子病的，还有鼻子溃烂掉的男人和女人，听说是缺盐和梅毒传染所

① 《毛泽东选集》第2卷，人民出版社，1991年，第398页。

② 《毛泽东选集》第2卷，人民出版社，1991年，第511—512页。

致。在街头或街尾，可以看到缠着头巾的出售柴禾的男子，他们的背篓上架满高人一头的柴禾，打着杵，等候买主的光顾，尽管是寒冬腊月，却有不少人衣不蔽体。只偶尔可见衣着整齐的，其中有个40来岁的白白胖胖的男子，穿着讲究。后来才知道，他是三里坝的财主，肉当顿，酒代茶，挥霍无度。我的家乡历来被人称作“十年九不收”的地方，但比起这里的老百姓境况不知好多少。贫富悬殊这么大，真是触目惊心，社会太不平等了，官逼民反，从来如此，难怪老师要我们进城得提防路上碰到棒老二（即土匪）打劫。①

“联中”的学生绝大多数是寒门子弟，陆明达的家乡也是“十年九不收”的穷地方，但鄂西的贫富悬殊与尖锐的阶级对立仍令他们感到吃惊，纷纷感叹“社会太不平等”。

一位伟人说过：“马克思主义的道理千头万绪，归根结底就是一句话：造反有理。”

哪里有剥削压迫，哪里有不公平，哪里就有共产党！

同湖北各地相比，鄂西地区建党较晚。1937年全面抗战爆发时，恩施还没有党组织。湖北省委坚决执行中共中央的正确路线，根据形势发展，充分估计到时机的紧迫，在国民党还未来得及拟订新的反共计划，配置各地基层反共骨干力量之前，建立组织，打下基础，抢占先机。

1. 抢占先机。1938年3月至4月成立鄂西特委，不久，建立了鄂西党的领导机关七区工委（恩施地区是省的第七行政区），由彭维西任工委书记，并从汤池训练班调来几十名合作指导员，其中有部分是党员；又调来百余名学生党员进入从武汉迁来的“联中”各分校。

“联中”各分校重建党组织是在中共鄂西特委领导下进行的。面对一下子涌进20所学校的新形势，鄂西特委采取新的方式，大刀阔斧、

① 陆明达：《课外作业》，中共建始县委党史研究室编：《建始革命史稿》，2001年，第222页。

争分夺秒地重建党组织。主要有三种方式。

第一，在原有党员的基础上建立党组织。1938 年夏秋之际，“联中”武当山分校（后改名为建始中学分校）开始了漫漫的西迁。在西迁队伍中，有 4 位学生党员，即李世荪、张志超、卢明哲、阮愉。为了与这些党员取得联系，中共湖北省委派恩施工委代理书记老魏（魏泽同），化装成贩卖纸张笔墨的小贩，混在学生队伍中，一路西行。

图 28　李世荪

魏泽同如影随形地来到了巴东野三关，恰巧武当山分校的学生也滞留在野三关，而且一住就是一个多月，直到勘察的先遣人员选定了新校址。魏泽同一边叫卖，一边寻人，希望找到地下党党员。不过，他没有找到想要找的人，却被别人发现了破绽。据李世荪回忆：

在野三关时，我们中队有一个叫孙家聪的分队长向我报告，说是有一个人混在学生当中，学生行军他行军，学生住下他也和学生一道住下，这个人带有《新华日报》，他有怀疑。我仔细一问，他说这人爱唱歌，但唱得不好听，认为这个人很像魏泽同。魏当青救武昌区团委的领导人时，我是青救省一中的支委，我们很熟。他的工作泼辣，后来我们称他为“大胆干部”。我叫孙家聪不要对别人讲，我听说这个人住在一个民房的楼上。晚上，我偷偷跑去一看，楼上住满了同学，孙家聪也在其中。我刚一上楼，魏泽同同志就发现了，他从楼板上跳了起来，高兴地和我打招呼，我一看糟了，趁握手时狠狠地把老魏揪了一把，虽然他没有说一句有关机密的话，还是被孙家聪识破了（后来我们对孙家聪做了很多工作，成为我党的一个同情者，在鄂西大逮捕中，被国民党逮捕）。魏泽同同志告诉我，他是钱大姐（瑛）派来的，并带来了一个党员名单，名单上除我和卢明哲外，还有张志超、闻立志和阮愉等 3 人。①

次日傍晚，闻立志如约来到魏泽同租住的阁楼。闻立志出生在浠水下巴河一个世代书香之家。1934 年，考入湖北省立武昌实验中学，他立志像他的一叔闻一多那样做一名爱国的学者教授，像他的四哥闻立恕那样考上清华大学，学习现代科学技术，让积贫积弱的祖国强大起来。1937 年年初，闻立志以优异的成绩考入湖北省立武昌高级中学。1938 年，武汉抗日救亡运动汹涌澎湃。他参加了武昌青年救国团，以极大的热情投入到抗日救亡的宣传活动中去。1938 年 8 月底，闻立志和三姐闻立玲来到宜昌，由魏泽同、张清华介绍参加了由中共直接领导的中华民族解放先锋队。这段时间，闻立志在一家书店当店员，经常参加中共湖北省委举行的关于时局和青年运动方针的小型报告会，同时有计划地阅读《论持久战》、《政治经济学》、《大众哲学》以及鲁迅和苏联的文学作品，开始树立起革命理想和共产主义信念。在即将随“联中”分校离开宜昌之前，他向魏泽同提出了加入中国共产党的申请。

图 29　闻立志（黎智）

在微微摇曳的烛光下，魏泽同神情庄严地对闻立志说：“根据你本人的申请和你在抗日救亡中的表现，经党组织正式批准，同意由我介绍你加入中国共产党。你的入党时间从 11 月 7 日，即俄国十月革命爆发 20 周年纪念日算起，无候补期。”随后，魏泽同为闻立志举行了入党宣誓仪式。魏泽同指着贴在墙上用红笔画的镰刀斧头旗说：这是中

① 李世荪：《回忆在三里坝的战斗岁月》，中共建始县委党史研究室编：《建始革命史稿》，2001 年，第 146 页。

国共产党的党旗，并指着列宁的画像告诉闻，这是布尔什维克的领袖。16岁半的闻立志随着魏泽同举起右拳在党旗下庄严宣誓。宣誓完毕后，魏泽同给他讲述了党的性质、任务、当前形势、工作等。

在2001年中国共产党成立80周年的前夕，已年近八旬、身罹重病的闻立志（黎智）万般感慨地对身边的亲人说："宣了誓，加入了组织，我感觉人的境界就大不一样了，精神有了寄托，行动有了方向，增添了救国救民的无穷力量。从那一刻起，我就把自己和共产主义事业紧密联系在一起了，不管任何艰难险阻，决不背叛入党誓言，哪怕是牺牲自己的生命。"

第二天，魏泽同把5名学生党员集中在一位居民的厨房里，秘密主持召开党支部成立大会。魏用手帕蒙住手电筒照着文件给大家传达上面的指示，会上选举李世荪为书记，卢明哲、张志超为委员，闻立志协助李世荪负责宣传方面的工作。该党支部隶属中共恩施工委（亦称鄂西七区工委，除管辖以恩施为中心的所属7县外，还管辖巴东县以南地区）的领导。关于这次支部成立会议，李世荪在回忆录中写道：

> 第二天，我们5个人在一个群众的房里开了一个支部大会，在老魏的领导下，选举了支委，成立了支部，会上选举我为书记，卢明哲为组织委员，张志超为宣传委员，并决定我再不搞出头露面的群众工作。支部成立的时间在武汉沦陷后的10天左右，是鄂西成立最早的支部之一。①

1938年年底，滞留在野三关的师生，顶着鹅毛大雪，经高店子到达建始三里坝。一向沉寂的乡镇由于学生们的到来，顿时热闹起来。随着武当山分校学生的到来，中共地下党也在三里坝展开了活动。

为了加强"联中"的地下党，中共湖北省委还成立省府机关特支，选派17名年龄大、党龄长、有斗争经验的老同志到恩施，其中龙子明

---

① 李世荪：《回忆在三里坝的战斗岁月》，中共建始县委党史研究室编：《建始革命史稿》，2001年，第146页。

被派到三里坝建始中学任教。龙子明是大革命时期的老共产党员，是隐藏很深的秘密党员，在学校国民党的区分部有职务，因而中共对国民党的核心动态了如指掌。

第二，指派党员入校学习。遵循鄂西特委的指示，建始女师也建立地下党支部。当时，建始女师没有党员，也没有党组织。于是，上级党组织指定在宜都县[①]工作的许宝珍（许云）去建始女师念书。许宝珍入校后，很快发展了4个新党员：闻立玲、杨德珍、崔家兰、胡宗歧。经上级党委批准，于1939年3月成立了建始女师地下党学生支部，许宝珍任支部书记，闻立玲是组织委员，杨德珍是宣传委员。4、5月间，成立建始县委，女师支部直接由建始县委领导，支部书记许宝珍兼任县委委员。从此以后，不论县委领导人和支委成员有多少变动，也不论领导方法、方式随形势的发展有何改变，女师党支部的工作始终都是在鄂西特委和建始县委领导下进行的。

恩施高中分校也是以这种方式建立党组织的。1938年11月，当时中共鄂西七区工委兼青年部长魏威先后派地下党员李琪、田琪、黄宗俊、李祖霞、李国治、秦国雄等，考进恩施分校高中一部读书，组建了第一个地下党小组，李琪任党小组长，1939年扩编为高中一部党支部，由黄宗俊任支部书记。1939年3月，学生黄生智由魏威监誓加入共产党，接着先后发展了叶华盖、许绍锡、黄德明、关锡义、吴子中入党，并建立起高中一部第二个党支部，黄生智任党支部书记。1939年9月，利川初中毕业的地下党员黄明才、夏木三、夏志夫、刘学武、李恺风、阎承锐、谢锐和宣恩初中毕业的地下共产党员孙友南等，升学到恩施分校高中二部读书，由魏威指定建立了二部党支部，黄明才担任支部书记。这样，恩施分校先后建立了三个党支部，两个直属党小组，有党员36人。

第三，将“民先”队员转为地下党员。据鲍继荣回忆：

---

① 宜都县于1987年撤销，1998年改称宜都市。

(1938 年) 10 月上旬，我们到达宜昌，我和吕秀英经徐忻同志介绍加入“抗日民族解放先锋队”。1938 年 10 月下旬，同学们陆续到达恩施屯堡女高。1938 年 12 月，组织决定将“民先”队员转为地下党员。在一个冬夜人静的时刻、在盥洗室里，由严启明同志主持了庄严的宣誓仪式，我和吕秀英成为女高第一批地下党员。开始由严启明同志主持地下党工作。不久，帅启刚、赵宗玉同志相继调来屯堡，于是在 1939 年初七女中建立了地下党支部。帅启刚任支部书记，赵宗玉为宣传干事，严启明任组织干事。后因帅生病离校，故女高支部在 1939 年夏天，由赵宗玉担任支部书记，黄丽英任宣传干事，严启明仍做组织干事工作。当时与女高地下党联系的上级领导主要是刘惠馨同志，其次是卢福。七女高自 1939 年初建立支部后，抓紧了组织发展工作：我与吕秀英由“民先”转为党员；闻立武入党后转到女高；以后陆续吸收的党员计有吴咏梅、胡宗瑜、周佩珍、黄林英、黄丽珍、黄丽英、周绍馥、向荣芳、吴咏琴、胡淑惠、聂碧莲、聂经纬、彭进修、王炳云等。支部按年级划分为党小组，我和吕秀英、帅启刚编在一个党小组，组长帅启刚（任党支部书记)。①

随着在“联中”各个分校相继成立了共产党的支部，鄂西党的工作也掀开了新的篇章。

2. 地火蔓延。从武汉失守到 1940 年上半年，是鄂西中共地下党发展的全盛时期。这段时期，日寇的军事进攻对正面战场压力很大，国民党五届五中全会虽然制定了“溶共、防共、限共、反共”的方针，通过了《限制异党活动办法》等反动文件，加紧反共已迫在眉睫，但由于日寇的军事压力甚大，全面反共的条件尚不成熟，故国民党不敢马上翻脸，国共关系得以维持。再有国民党腐败透顶，逃出武汉乱作一团，拿不出反共的统一方针，而各个特务系统依然互相倾轧，矛盾

① 鲍继荣：《湖北省联中七女高地下党活动的回忆》，政协恩施市文史资料委员会编：《恩施文史资料》第 3 辑，1990 年，第 25 页。

重重，与本地的反动势力还在争夺饭碗，一时难以集中力量反共。

在这种背景下，“联中”各分校地下党与学生运动得以发展迅速。1939年4月以前，建始县只有零散的党小组和近40名党员。到8、9月时，全县党员陡增至180余人，超过原有人数三倍以上，新发展的主要是学生党员。

建始中学分校地下党组织发展很快。到1939年5月，建始分校地下党党员发展近30人，周围农村许多农民党员也建立了支部。根据当时党员人数增多的情况，党组织决定高中、初中各成立一个支部，同时建立了党总支，李世荪任总支书记。7月，三里坝成立共产党区委，李世荪任建始县委委员兼三里坝区委书记。三里坝区委除了领导学校党组织外，还领导附近农村的马坡、大湾、二龙湾、刘家坪4个支部及红岩党小组，党的工作开展得比较活跃，学校和附近农村两年时间先后共发展了170多名党员，因此上级领导对这里党的工作非常重视。

1939年李世荪高中毕业，湘鄂西区党委调李世荪为当阳、兴山、巴东、宜昌四县的工委书记。四县纵横三百里，下辖七个区委，五个直属支部和一个直属小组，党员三百余人，分布在中、小学校，农户及政府机关。李以小学教师或农民身份作掩护，住在农民党员家中，四处奔波指导工作，多次变更住处及姓名以防特务跟踪。

建始中学分校原总支成员张志超、李馨毕业离校，总支成员作了调整。总支书记由闻立志（黎智）担任。建始分校还成立了本地学生支部，由吴国仪担任支部书记。这样，总支下辖三个支部。三个支部的成员在公开场合彼此不相往来，只是每周或半月开一次秘密会议，讨论学习情况，部署下步工作或交流思想。支委各自领导一个党小组，每个党小组不拘形式地团结着一部分同学。支部还搜集了两箱子进步书籍，有艾思奇的《新哲学大纲》，胡绳的《唯物辩证法》，刘少奇的《论党》，毛泽东的《论持久战》、《论新阶段》等，还有重庆《新华日报》和一些进步文艺刊物等，在党员和同学中间秘密地传看。

1940年秋，建始中学的初中迁往宣恩高罗。为了适应环境需要，加强初中部党的领导，党组织在迁校前成立了初中部党总支，总支书记为刘必谦。

关于这段时期党的组织工作，李世荪回忆道：

> 建始中学党支部，在 1939 年 6 月以前，一直由恩施派人来领导。先后从恩施派来领导过的同志有徐远、魏泽同，他们每次到三里坝都和吴国仪一起住在吴玉庭的家里，由吴国仪通知我去相见。支委只对小组长进行领导，不与其他党员发生关系，有组织关系的同志，除了是同班、同乡已有社会关系的外，平时都互装不相识。学校的教师龙子明、王言纶和吴国仪的伯父吴玉庭是党员，只有我个别联系，支部的其他同志都不知道。组织是相当秘密的，每星期过一次组织生活，过组织生活的时间、地点由小组长决定，一般都在野外。
>
> 开支委会在吴玉庭家里，吴玉庭家里是我们的机关，小组会程序一般分汇报、批评、检讨、总结、布置。检讨和批评很少分开，发言扼要，态度鲜明，纪律是严明的，组织生活是健全的，战斗力很强，这里我介绍三次比较特殊的生活会。
>
> 一是总结党内混进了托派的教训，外地转来了一个叫叶臻的党员，我们将他编入组织以后，上级又来了通知，说他是托派。我们和他谈话以后立即切断了他的组织联系，即开除他的党籍，并通知各小组进行分析讨论，除总结教训以外，还讨论处理的方法和分析了叶臻的破坏性。这样一来，既消除了党员的恐惧心理，又提高了警惕性。
>
> 二是批判发展党员不成熟的错误。新发展了一个叫李鑫的党员，过了些时他受不了组织的约束，要求退党，我们找他谈话，指出他退党是可以的，但是如果发现了破坏党的行为，由他负责。他表示他只是受不了党的铁的纪律的约束，决不做危害共产党的事，并表示永远做党的同情者。我们开除了他的党籍，并通知各小组开会，检查吸收党员不成熟的教训，还对李鑫退党的历史原

因和社会原因进行了分析，结合实际对党员进行了一次纪律教育。

三是在高中部病死了一个叫张柏青的党员，我们也通知各小组为他开了一个追悼会，虽无任何形式，但在党内起了一个团结友爱的教育作用。①

总之，建始中学的地下党纪律严明，组织健全，战斗力很强。

这段时间，建始中学的地下党员有的毕业离校了，有的走上了地方领导岗位，与此同时，也吸收了新鲜血液。其中最有名的有 4 人：杜子才、仓孝和、魏世祯、陈以文。他们是志同道合的同窗好友。

图 30　1942 年陈以文、仓孝和在复旦大学

杜子才在回忆录中写道：“以文、孝和、世祯和我四人，实际上是一个亲密无间的生活和课外学习小组。生活上，解衣推食；思想上，推心置腹。有什么问题，四人共研究；有什么困难，四人共解决；有什么心得和收获，四人共享有。我常想，正是短短的几个月三里坝刘家湾我们四人共同的生活和学习，奠定了我们迈向共产主义组织的基石。”② 杜子才还写道：

① 李世苏：《回忆在三里坝的战斗岁月》，中共建始县委党史研究室编：《建始革命史稿》，2001 年，第 150 页。

② 杜子才：《三里坝，我的共产党员生命从这开始》，“湖北联中”建始中学分校校友会编：《青史记联中》，2009 年，第 101 页。

在我的1939年4月至年底这个启蒙时期，思想上的收获大体是：1. 人活着，就要过有意义的生活。2. 生活的意义，在于为理想而奋斗。3. 人类最高理想是建立在历史唯物主义之上的科学的社会主义和共产主义，当时的迫切任务是抗日救亡。4. 国民党专制腐败，消极抗日，动摇不定，不能依靠它救亡；共产党和它领导的新四军、八路军坚决抗战，深入敌后，发动群众，改善民生，建立和扩大解放区，是胜利的希望和保证。5. 跟着共产党走是最有意义的生活；为共产主义事业奋斗终生，是生命的最高境界；参加共产党是人生的最佳选择和归宿。①

四个人中，魏世祯最先入党。1940年9月，经魏世祯介绍，陈以文加入了中国共产党。

早在1940年初，杜子才就向秦滉提出了入党的要求，秦说，他不是共产党，但也想参加。同年5月，秦滉回到三里坝，对杜说，他是党员；由于在三里坝太暴露，组织上叫他转移到别处去。秦叫杜写了入党申请书，并说："组织上以后会派人来找你的。"这时，他们都是面临毕业，秦没有参加毕业考就转移了。临行前，秦对杜说，"你没有暴露，可以留下来"，并帮杜在三里坝小学谋了个教员的职位。

同年10月，有个自称"老孙"的人约杜谈话。见面后，老孙说明参加共产党之后的艰苦、危险和要随时准备牺牲，随后，为杜子才举行了入党宣誓仪式。杜子才写道：从此，我成了中国共产党组织的一名成员，开始了我实践为共产主义事业奋斗终生誓言的曲折坎坷而又颇多姿彩的历程②。当时，杜子才并不知道"老孙"的姓名与身份，直到解放初，他们都在中共武汉市委机关工作，杜才知道"老孙"叫孙士祥，当时是中共建始县委书记。

---

① 杜子才：《三里坝，我的共产党员生命从这开始》，"湖北联中"建始中学分校校友会编：《青史记联中》，2009年，第105页。

② 杜子才：《三里坝，我的共产党员生命从这开始》，"湖北联中"建始中学分校校友会编：《青史记联中》，2009年，第106页。

中共鄂西特委还委派特委负责人到建始举办了几期党员培训班。1939年春，特委宣传部部长徐远主办了第一期培训班，当时有29名六高学生党员参加了学习。以后，孙士祥又办了两期培训班。建始县内各中等学校及恩施向家村初级中学都派来党员参加了培训。培训学习的内容一样，即学习党章、社会发展简史、马列主义基本知识和时事等。吴国仪在回忆录中写道：

> 孙士祥同志在建始是做过很多工作的，特别在举办党员干部训练班上，影响是很深远的。1940年寒假的春节前，他曾在三里坝的游家湾主办过一次党员干部训练班。一家姓游的农民家里，曾办过私塾的房子，是我伯父认识他后找的地方。理由是说我们一些学生在假期一起补习功课。当时集中有建始高中、男师的干部，有巴东县的学生干部，有恩高、农专及恩施向家村等中学的学生干部共十几人。由孙世祥同志主讲社会发展简史、马列主义党史以及党的基本知识等等。边讲边讨论，还参考一些书籍。并教会人们唱《国际歌》。学习十几天，直到春节头一天。结业时还摆着书本上的伟人像举行仪式。人们精神振奋、劲头十足。我记得我就是回学校过春节的，过春节都没有赶回家。学员都用假姓名，组成一个党支部。我曾被选为支委。第二年暑假，又在河水坪盘龙的大坡上一户农民家里举办过一次党员干部训练班，也有十来个学员。除仍由孙世祥同志主讲一部分课题外，还有马识途同志及郑××参加主办。这户农民的父亲和闺女每天都到地里干活，兼作放哨，做保卫工作。他家里很穷，穿的衣服很破烂，简直可以说衣不蔽体。吃饭的时候我们都在一起，吃苞谷面饭。这个地方，好像就是试验组织过农业生产合作社的那个地方，很安全、合适。北边不远是凉风垭通向县城的大路，东边离河水坪镇只有十来里路，又在山坡上，可以眺望很远，坡下偏西就是盘龙。

这两期训练班，人数虽不多，但使参加学习的一部分干部提高了认识，奠定了一定的思想基础，在宣传马列主义、毛泽东思想和扩大政治影响上，都曾起到了很好的作用，对人们的印象一直是很深刻的。①

从1938年底到1940年上半年，“联中”各分校地下党组织得到飞速的发展，但也暴露了一些问题：

其一，有些共产党员在群众运动中抛头露面，暴露了身份，引起国民党的关注。这是一个不好处理的问题。一方面要隐蔽骨干，另一方面又不能给群众运动浇冷水，既不能搞先锋主义，又不能搞尾巴主义，这个度不好把握。

其二，泄密事件屡屡发生。一些地下党党员保密意识不强，屡屡泄密，最为严重的事件是：1939年3月19日，恩施农业专科分校支部书记肖忆文向女党员传达特委会议精神，因病披上三青团员余华琼的棉大衣，误将讨论记录及有关支部党员名单装在大衣的荷包里，被余拿去告发。校方遂以“思想反动”为由，开除了肖忆文的学籍。由于这次泄密，暴露身份的党员不得不撤退，留下的党员提心吊胆，群众也不敢接近他们，校内及全区工作陷于停顿。为此，肖忆文受到撤销党内职务、留党察看的处分。

其三，有人当叛徒。由于党组织发展太快，阶级路线不够明确，所以有个别党员质量差。1940年7月，地下党员、农专学生朱某某看到局势紧张，思想动摇，投靠国民党充当特务，出卖同志。

革命队伍中出现叛徒是件难以避免的事情。鲁迅在1930年发表的一篇杂文《非革命的急进革命论者》中写道：“倘说，凡大队的革命军，必须一切战士的意识，都十分正确、分明，这才是真正的革命军，否则不值一哂。这言论，初看固然是很正当、彻底似的，然而这是不可能的难题，是空洞的高谈。因为终极目的的不同，在行进时，也时时有人退伍，有人落荒，有人颓唐，有人叛变，然而只要无碍于进行，

① 吴国仪：《我在建始家乡参加地下党活动的概述》，邹海清：《建始文史资料》第4辑，1992年，第24页。

则愈到后来，这队伍也就愈成为纯粹、精锐的队伍了。"

谁都希望大路通天，革命的道路笔直又笔直，革命队伍应该纯洁又纯洁；然而，历史的道路总是弯弯曲曲，队伍也不可能没有一点问题。大浪淘沙，在革命的洪流中，鱼目混珠、泥沙俱下总是在所难免。

二、一面旗帜

建始中学地下党党总支是鄂西基层党组织的一面旗帜。该党总支在群众中的威望很高，战斗力强，十分活跃。中共鄂西特委也十分重视，特委书记何功伟曾两次深入到建始中学部署工作，与学校党总支研究整顿组织、抽调干部等问题。除了上级领导抓得较紧外，建始中学党的工作有如下特点：

1. 领导坚强。领导班子是一个地方和单位的中枢神经，是地下工作的指挥部。只有领导班子建设抓得好，上下齐心形成一个"拳头"，革命事业才能蒸蒸日上。

"船载千斤，掌舵一人"，班子强不强，关键看班长。总支书记李世荪同志，青年老成，品学兼优，严肃而活泼，机警而认真负责，在教师、同学中威信很高。闻立志、王建纲是支部的主要成员，两人特别活跃，是《谷音》壁报的大功臣。支部宣委张志超，聪明睿智，会写文章、会唱歌，又会指挥，在师生中很有威信。每次升降旗、上早操、开会总是他指挥全校唱歌，经常唱《大刀进行曲》，威武雄壮。张在班上是显得红了一些，可仍然发展了几个党员。他曾编辑了一份手心小报（只有手大小），用最小的字写最短的文章，在党员之间传阅，进行自我教育；传到谁的手中，谁就添写一个小材料，再把它传下去。学生党员吴国仪一直保存着这份手心小报。

党总支模范地坚持民主集中制。李世荪在回忆录中写道：我们的小组会是非常生动的，每一次时间都不长，每次开会都有一两个主要问题，经过讨论，小组长一总结，全体就得服从，小组会的威信也很高，从未发现议而不决，决而不行的现象①。

还有一点特别重要，党总支要求所有的党员一定要努力学习，做到品学兼优。因此，建始中学的学生党员，特别是支部成员，个个是成绩一流的好学生，在同学中很有威望，在每个党员身边，都团结了一批进步青年。

打铁还须自身硬。建始中学地下党总支政治上靠得住，工作上敢担当，作风上过得硬，群众威信好，民主作风好，能够驾驭全局，因此党的各项工作都非常出色，成为一面高高飘扬的旗帜。

2. 团结多数。统一战线是中国共产党凝聚人心、汇聚力量的政治优势和战略方针，是夺取革命胜利的重要法宝。建始中学党总支特别重视统一战线，善于团结党外人士一道工作。

《谷音》壁报是党支部直接组织的，以党员为骨干，但也吸收进步学生参加。社长刘华楞，主编姜久源，是党外同学；副社长李世荪，副主编李馨、闻立志、王建纲都是共产党员。主要编辑工作由李馨、闻立志、王建纲三人负责。《谷音》让中国共产党坚持团结抗战之音在三里坝这片狭长的山谷中回响，一批向往共产主义的学子逐渐聚集在《谷音》周围。

李世荪特别重视统战工作，搞得有声有色。训育主任陈文山是他的同乡，他与班级教师冯皋九的关系也很好。李世荪在回忆录中写道：

> 国民党员是不看《新华日报》的。我们的《新华日报》确实办得好，不光是报道政治军事消息，还登载一些学术性的资料，我的级任老师冯皋九先生是教历史的，他是学校国民党区分部的宣传委员，但却是一个忠厚长者。那时，我读高三上，已担任三里坝区委书记，又要搞工作，学习成绩也不能太差，否则在同学中无威信，数理化和外语几乎一节课不上都不行，只有在文史课

---

① 李世荪：《回忆在三里坝的战斗岁月》，中共建始县委党史研究室：《建始革命史稿》，2001 年，第 151—152 页。

上偷一点时间搞工作。开始，我并没有想到冯先生对我党能起多大作用，只希望他少找我的麻烦，于是我有时到他家里去"玩玩"，我每次到冯先生家里去，都是带着问题去向他请教，不是从图书馆找一个问题，就是从《新华日报》找一个问题，都是历史问题。一天，谈到一个问题时他很感兴趣，他问我是从哪本书上看到的，我说是从《新华日报》上看到的，他一听，马上对我关心地说："那是共产党办的，不要看。"这时，我和冯先生已接触过三四次，已有一定的感情，再加上每次讨论问题，都搞得他瞠目结舌，他也佩服我，我说："搞学问不能有门户之见，博学多闻无害处。"他听了也不反对。第二次我把这张《新华日报》带去，他也看了。从此凡是发现《新华日报》有关历史方面的文章，我就送给他看，有时他一个人看，有时和我共同看。理论的作用是很大的，由于他打破了故步自封，逐步也有了正义感，以后，凡是上课，只要说我是上图书馆去了，他也不管我。过了一些时，我给他代订一份《新华日报》送给他，他也不拒绝了。

有一天，正当我和冯先生在看《新华日报》，郑万选从背后走来了，我们两人未发现，郑万选得到这个重要发现，也没有惊动我们，偷偷地跑了，当天晚上开校务会，本来应通知冯皋九参加的，也不通知他，郑万选在校务会上宣布："冯皋九是共产党，他领着学生看《新华日报》，我亲眼看到的。"从此，冯皋九就被排斥在区分部之外了，可是这位老先生自己却不知道。①

李世荪的结论是：事实证明我党的统战政策，当时有不少的正直国民党员也是接受的，真正的顽固派只是一小撮。

发展吴玉庭入党，是党总支统战工作的一个成功案例。吴玉庭是国民党要员吴国桢的叔父，当过伪区长，住在三里坝街上。他为人正

① 李世荪：《回忆在三里坝的战斗岁月》，中共建始县委党史研究室：《建始革命史稿》，2001年，第148—149页。

直，同情共产党，党总支通过他的侄子、共产党员吴国仪做其思想工作，1939 年由李世荪介绍入党。

吴玉庭为革命作出了很大贡献，他的家成了中共三里区委的机关，鄂西特委的重要领导干部，如何功伟、王致中、钱瑛、魏泽同、马识途、魏西、孙德枢、何功楷、孙士祥等都在吴玉庭家里开过会；建始中学总支、支部负责同志李世荪、黎智等也经常在这里开展活动。1941 年元月以后，敌人大肆逮捕地下党员，也是在这间小屋里，经吴玉庭的精心设计把应转走的党员护送出境。后来，遵循党的指示，吴玉庭打入敌人内部，做秘密工作。不幸的是，这位忠心耿耿，久经考验的老党员，镇反运动时被错误处理。直到 1986 年才登报公开平反，被追认为烈士。

3. 有勇有谋。敢于斗争是勇气，善于斗争是能力。建始中学党支部既有勇气，也有能力。

三里坝的学生中有共产党员，这是一个公开的秘密。1939 年冬至 1940 年春，国民党顽固派发动第一次反共高潮。校方和三青团区队推波助澜，提出要肃清学校的共产党。1939 年 12 月的一天深夜，三青团区队对初二学生王䴉等人的宿舍进行突击搜查，搜出了一些进步书刊。在对王䴉的“审讯”中，王䴉承认了自己是共产党员，并暴露了和自己在同一党小组的王振纲和肖重庆。

情况万分危急，如果事态进一步扩大，后果不堪设想。就在事发当天，李世荪一面派人向中共三里坝区委和建始县委做了汇报，一面布置清理、销毁报刊、文件、书籍等等。

获悉此事，具有老资格政治背景的龙子明（地下党员）老师就去说情：“现在是国共合作时期，抓人不好，应该放长线钓大鱼。”当时逮捕学生，在鄂西尚无先例，而三青团内部也有意见分歧，有人不同意抓人，就把王䴉等放了。事不宜迟。没等敌人再动手，党组织立即就把这三人藏了起来，并派一位工友党员将他们转移出去。

找到王䴉这个突破口，三青团区队的反动头目们欣喜若狂，他们企图一举破坏学校的中共地下组织。省里迅即派一专员前往学校了解情况。这个专员来到学校，一面找各班代表谈话，一面抽查学生的作文。为了显示自己的教学成绩，这些作文都是各班国文教师精心挑选出来的，李世荪的作文也在其中。不久李又被推为学生代表。自从到三里坝之后，李世荪刻意隐藏锋芒，尽量不出头露面，不当干部；但这次推脱不了，于是他提议再推荐一个同学。大家又推选了党外的邱超群同学。两个人同去见专员，那个专员问了名字，又看过李世荪的作文，自然很放心。当把毕业班的事说完，李世荪抓紧问道："请专员讲讲国共合作的前途。"邱超群连忙拉李的手，想制止他。那专员却不介意，认为都是自己人，不假思索地说："你们不要急，将来我们要消灭共产党的，我们现在是利用共产党抗日，你们要沉住气，要相信委员长。"这时，国民党宣传他们是抗日的，攻击共产党破坏抗战。而这番话，不打自招，让李世荪抓住了把柄。回到班上，李将这家伙的话向同学们反复宣传，把国民党的消极抗日、积极反共、合作是假、反共是真的面目彻底揭穿了。不过，实事求是地讲，这个专员还算好，没有支持学校利用王翿事件扩大事态。

CC分子区分部书记明哲、张少春等人却不想善罢甘休，张少春的绰号叫张阎王，他指示CC分子童伯权请李世荪吃饭。童是李的国文老师。席间童直接问李是不是共产党。

李世荪早有准备，抓住明哲、童伯权、张少春吸食鸦片的问题，威胁对方，于是说："学生是来读书的。国家兴亡，匹夫有责。但是在你们看来，凡是拥护抗日的同学都是共产党；你说别人是共产党没有证据，别人要是说你吸鸦片却容易得很。如果你们把同学逼得无路可走的话，就别怪同学不给你们脸面。"当时国民党明令禁烟，明哲、张少春、童伯权都是大烟鬼，十分害怕学生们揪住小辫子不放。这一招果然奏效。明哲等人为了保住自己的"乌纱帽"，对抓捕的"共党分子"不敢往下深究，仅以读"禁书"为由将王翿等3名学生作除名处理。

郑万选、明哲等人不甘心，打算拿《谷音》开刀，三青团提出开除李世荪和刘华楞，但是他们究竟是不是共产党，却没有真凭实据。郑万选、明哲拿不定主意，决定召开校务会讨论。教师党员龙子明马上将消息报告给李世荪。李世荪灵机一动，鼓动同学在晚饭后到天鹅观去看一块古碑，说："建始县在以前属四川管，你们不信可以看天鹅观的石碑，上面刻着'四川省夔州府建始县'。"同学们很好奇，一下子去了上百人，校务会议开始时，同学们正在陆续返校，李世荪又叫党员小杨向校长报告，说学生在天鹅观开会。郑万选慌了手脚，急忙中止开会，派人到路口逐个登记从天鹅观回校学生的名字，边记边盘问，搞来一个长长的名单，其中还有三青团员。问干什么去了？同学们都说去看古碑。这样，开会研究开除李世荪和刘华楞一事，就不了了之了。

建始中学党总支敢于斗争，也善于斗争。李世荪总结道：

经过几次交锋，学校就挂牌把肖重庆、王振纲、王緦开除了，学校挂牌后，由我以肖重庆等3人的名义写了一个《告全校同学书》，结合那个专员的自白，对学校迫害爱国青年进行了控诉，《告全校同学书》由肖重庆用墨誊写了4份，一份贴在厕所，一份贴在校政厅门口，一份贴在街上，一份交给小杨贴在校长办公室里。由于我们是夜晚偷偷贴的，特别是校长办公室是用两道锁锁着，小杨当校工又是明哲介绍的，郑万选怀疑不到他头上，更把郑万选吓着了。在王緦事件的斗争中，龙子明和小杨起了很大作用。由于我党在三里坝和国民党的反复交锋，对国民党斗争得有理，国民党的消极抗日，积极反共的路线被充分揭露，再加上他们的头头既无学又无术，立场反动，作风又十分糟糕，个个都名誉扫地。由于学校党组织正确地执行抗日民族统一战线，再加上我们的党员，多数是品学兼优的学生，全校同学的抗日积极性受到支持，也得到发挥，党内党外的同学打成一片。在鄂西大逮捕中，有的党外同学还帮助党员转移。这个12个班的学校，被捕的同学就多达100多人，占学生总数的20%以上，但是其中真正的共产党员却只有几个，这个学校的斗争，也反映了当时青年学生的精神面貌。①

支部书记吴国仪这样评价：这个突然事件，反映了上级党指示要提高警惕，准备突然事件发生的正确性，也反映了地下党支部的灵敏度，锻炼了同志们的警惕性。特别是支部书记李世荪同志指挥若定，顺利地战胜了敌人的阴谋诡计②。

建始中学地下党的工作非常出色，高树给予极高的评价。他写道：

> 建始三里坝高中地下党的工作成绩显著，成了联中学生运动中的一面光荣的红旗，它领导学生开展了轰轰烈烈的学生运动，通过斗争培养了很多学生加入共产党，并且把一批批经过锻炼的党员干部输送到鄂西、鄂北各县开拓农村工作。鄂西是国统区的反共堡垒，国民党为了拔掉这面红旗，为了摧毁联中各校的地下党组织和外围组织，在两次反共高潮期间对建始高中和其他各校进行大搜捕。③

三、领导学潮

在抗日战争时期，"联中"各分校学生学潮不断。为了争民主，反迫害，求生存，反饥饿，地下党领导学生与校方及国民党当局进行激烈的斗争，学潮此起彼伏，一浪接一浪，令校长们忙于应付，伤透脑筋。

1. 恩施女高的学潮。1939 年仲春，"联中"恩施女高分校组建三青团分队。为了防止"异党"活动，三青团开始在校内实行严格控制，学生外出受到监视，来往信件受到检查。学生的人身自由受到极大的

---

① 李世荪：《回忆在三里坝的战斗岁月》，中共建始县委党史研究室：《建始革命史稿》，2001 年，第 155 页。

② 吴国仪：《我在建始家乡参加地下党活动的概述》，邹海清：《建始文史资料》第 4 辑，1992 年，第 24 页。

③ 高树：《抗战烽火中诞生的湖北联中》，宣恩县政协文史资料委员会编：《宣恩文史资料》第 15 辑，2011 年，第 110 页。

限制，让这些远离故乡和亲人的流亡学生倍感压抑。

1940年春节前夕，初二（1）班的学生在晚自习时说笑、打闹，有的唱着歌，有的在吃瓜子。校长刘礼琼到教室门口叱斥学生也未能制止，便大喊大叫地把学生从教室赶出来训话；接着又令人紧急敲锣发假警报。刘的专横、狰狞激起了学生的怒火，愤怒的学生把锣夺过来摔在地下；一些人冲进校长办公室砸东西；刘礼琼吓坏了，惊慌地逃回家中。此后各班学生汇成人流，朝刘家涌去。学生们的呼喊和怒骂声汇成一股强大冲击波。“抓住刘大炮呀，不能让他跑了！”“不能让他白吃我们的东西，再喝我们的血！”的吼声不绝于耳。待学生涌进刘家时，刘礼琼早带其妻、母躲了出去。学生把怒火发泄到他家的器物上，把酱油、墨水洒在床单、被子上；大挂钟、洗脸盆、锅碗瓢勺、坛坛罐罐等一应家什，用石头砸了个稀巴烂；瓜子、花生抛得满地皆是。

地下党组织因势利导。支部书记赵宗玉召集秘密会议，党员和各班代表几十人参加。会上决定由党员周佩珍以群众身份出面组织领导；号召同学们要团结一致争取胜利，斗争矛头直指刘礼琼，不能伤及教师，要争取教师的同情和支持；最后，会议讨论并通过了《全校同学给刘礼琼的公开信》。第二天清早，公开信张贴在壁报栏内，提出了十项条件，其中包括：

A. 给予同学以通信、探亲、会客的自由；

B. 迅速正式上课，购齐各科书本和练习册；

C. 聘齐各科教师；

D. 成立学生膳食委员会，由学生管理伙食；

E. 对患病同学给予照顾，为他们开小灶；

F. 迅速组织医务室，配齐医务人员，购买药品。为有病的同学看病。

……①

---

① 鲍继荣：《湖北省联中七女高地下党活动的回忆》，政协恩施市文史资料委员会：《恩施文史资料》第3辑，1990年，第32页。

公开信要求限期答复并解决。但校方置之不理。各班便推选代表由闻立武带队，拿着公开信到省教育厅请愿，各分校也赶来支援。

学生的请愿引起社会的关注。恩施的《新湖北日报》为此发表了一条消息，标题是《修道院沸腾了!》。省教育厅的头头接见了请愿代表，答应派督学来调查处理。一星期后代表们回校。

罢课期间的一个晚上，鄂西特委妇女部长刘惠馨来到恩施女高，召集学潮的积极分子，说："你们这次罢课请愿已经引起社会各界和省教育厅的重视。督学来了以后，只要作了处理，就适可而止。如果长期罢课，会脱离群众，遭到迫害。"

迫于各方的压力，刘礼琼被迫接受了大部分要求。如派了校医傅××（四川人），添置了药品；聘请了几名教师；课本也陆续发齐；成立了膳食委员会，由学生推选委员，由委员们安排每天的饭菜食谱，给生病的同学送病号饭以及公布伙食账目等等。每人还发了一套制服。

目的达到，"适可而止"，学校复课了。

这次由七女高地下党组织领导的学潮取得了胜利。但也暴露了若干不足：地下党对已经恶化的形势缺乏认识，对敌人正在酝酿的报复行动没有思想准备；不大讲究斗争策略，党员出头露面多，注意隐蔽少，这就使得女高地下党不得不撤退转移。1940 年夏天，闻立武、黄林英、黄丽珍、鲍继荣和吕秀英等先后撤离女高，去了四川。

2. 建始师范的学潮。1940 年暑假前夕，建始师范分校（九师）二年级学生李家同患伤寒，未得到医治就去世了。李家同的死成了学潮爆发的导火线。由学校地下党暗中发动，全校学生组成罢课委员会，实行全校罢课，向夏伯初校长提出如下要求："用白绸子作殓，以楠木作棺材，夏伯初给死者披麻戴孝，以示忏悔；清算学校伙食公积金与医药费用付出账目，要求学校当局对今后患病学生必须作出医治的保证。"

夏伯初认为条件苛刻，拒绝执行，借开会之名，逃往恩施，激起了同学的更大愤怒，决定移尸于夏伯初的宿舍，提出"夏校长不出面，不准埋人”。夏校长逃走后，总务主任张绍良、训育主任李咏裳、教务主任丁德善出面与“罢课委员会”周旋，为防止事态扩大，暑天尸首久搁更难收拾，决定按照学生要求实行厚葬，衣衾棺椁悉照学生要求办理。全校师生戴白花，表示悼念。关于清账、医药保证等事项，上报教育厅，申请派员来校解决。其后，湖北省教育厅派王督学住校月余，调查此案。王督学完全站在学校立场，认为学生系“异党”从中捣乱！至于人为什么死，病了为什么没人管，账目不清等问题，他一概不管。

最后，学校开除学生四人，记大过十多人，强迫留级 2 人；而对民愤极大的夏伯初，则以查清后再议为由，不了了之。王督学完全是违背民意，一味高压却是压而不服，更大的学潮仍在继续。

1940 年冬，复兴社分子给党员学生万佐藩发出恐吓信，说他“有奸党活动”，“限三日离校，否则后果自负”。党支部抓住这个时机，利用特务内部派系矛盾来进行反迫害斗争。万佐藩在班上公布恐吓信，富有正义感的同学立即大哗，积极响应，追究写这封匿名信的复兴社头子陈士彦的责任，要求校方严惩。接着，全校停课，并把躲藏在农民家里的陈士彦等四个复兴社头头抓出来痛打一顿，押回学校，党支部通过各班学生代表提出四项要求：

A. 保障学生生命安全；

B. 开除陈士彦等四人学籍；

C. 收回被迫离校的学生；

D. 保证不再发生类似事件。

夏伯初被迫接受了全部要求。其中被开除的四个学生都是复兴社分子，斗争取得了胜利！

3. 建始女师的学潮。建始女师的校长段奇璋，用她的妹妹作事务员，管理学生伙食，常是八人吃一钵豆腐，或是用辣椒粉拌饭吃，伙食费被大量贪污了。学生体质虚弱，病号很多，普遍表示不满。伙食成了学生利益攸关的大事。1939 年秋，支部决定发动群众要求校方公布伙食账，清查仓库，学生参加伙食管理，立即改善生活。经过串联发动，集合全校同学，面对面地向段氏姊妹提意见。学生慷慨激昂，直指他们的贪污丑行，斗争进行了三天。段氏姊妹惊惶失措，指使少数人在学生中进行挑拨离间，亦已无济于事，最后被迫全部接受同学的意见，保证办好伙食，各班代表组成了伙食委员会。斗争的胜利，不但使伙食有所改善，还引导同学提高了政治觉悟，认识到国民党贪污腐败。有的学生说：“谁是强盗土匪？国民党当官的都是贪官污吏，他们就是强盗土匪。”

4. 建始中学的学潮。与上述分校的学潮相比，建始中学分校的学潮更为激烈。

刚到三里坝时，每个学生每月伙食费 5 元，物价平稳，尚能吃饱；但到 1939 年春，学校却以 3 元一月包给三里坝街上一个商人姚恒泰，因此校方有贪污之嫌。据李世荪回忆：

> 到 1938 年底伙食越搞越差，同学们很有意见，这时，鄂西北学生联合会的成员有来三里坝的，他们几次要打出鄂西北学生联合会的牌子向学校交涉，由于我要埋伏做组织工作，不好接受。但是，眼看同学的合理要求，不支持又脱离群众，同学们的火气很大，提出要郑万选立即解决，否则就打他的人，我们当然不主张打人，我和好几个代表秘密开会时，提出了要算清伙食账，改善生活，搞好医药卫生，准许学生开展抗日宣传等项要求。①

这次会议提出“争民主，反迫害，争生存，反饥饿”的口号，并以全校同学的名义向校方提交书面报告，提出清算伙食账目、改善生活、搞好医疗卫生及准许学生开展抗日宣传等要求，统一了师生的思想与行动。

书面报告找人缮写后，送请主任军事教官郑瑛转交郑校长。郑瑛

---

① 李世荪：《回忆在三里坝的战斗岁月》，中共建始县委党史研究室：《建始革命史稿》，2001 年，第 147 页。

本是复兴社分子，但与学校里的CC分子有矛盾；同时，他认为学生的要求合情合理，也就同意了。第二天一早，郑瑛就把学生的书面要求送给了郑校长，请他斟酌答复。郑万选接过一看，满脸堆笑，连声说："研究研究，下星期做总理纪念周时给予答复。"郑教官听了满心欢喜。谁知郑教官一走，阴险的郑万选马上给恩施挂了电话，说郑瑛煽动学生闹事，要求省政府立即解决。

星期一是总理纪念周，全校学生都集中在大操场，他们惊讶地发现，操场周围布置了荷枪实弹的士兵。郑万选杀气腾腾，大声吼叫："谁有意见站出来提"，却只字不提学生的要求。就在这一天，新主任教官到了，带来了调走郑瑛的命令。郑教官接到调令，只好回恩施。新的主任教官就是臭名昭著的殷荣槐。

虽然郑万选刻意回避，但学生提出的书面条件，还是在学生中传开了，激起了同学们强烈的不满和愤怒。

在李世荪等人的策划下，在郑教官被调走的当天，同学们搞了一个欢送仪式，鸣放鞭炮，夹道欢送，高呼"团结，团结，再团结"的口号，表示对学校当局做法的抗议。

此后不久，高三班的一位姓张的同学因患病得不到及时医治而病故，校方处理十分草率，加上克扣学生的伙食费，同学们更加愤慨，找到学校一负责人理论。谁想，这位大人物先是恫吓，然后拂袖而去。这下把学生激怒了，以高三毕业班为主的一批同学涌向郑校长的住处，进屋一看，人不见踪影，炉子上正煨着鸡汤，桌上摆着酒菜，显然，主人闻风而逃。同学们见状更火了。

有的说："我们吃不饱饭，没菜咽，他却大吃大喝，这都是克扣我们的钱！"

有的说："跑得了和尚，跑不了庙，你能躲过今天，躲不过明天"，把鸡汤和菜肴全摔在地上。

这次斗争的结局，校方以"共党嫌疑犯"的罪名开除了袁次璋、彭尚志、曾宪政等"打头阵"的5名同学。这更加激怒了全校师生，舆论大哗，党支部除了利用壁报来唤起全校反对高压之外，还由全校十二个区队长中的八人（都是共产党员）发出号召，开展反对贪污改善生活的斗争。通电各县“联中”，呼吁派代表到省政府请愿，当即有二十多所学校响应，迫使省政府接受了学生的要求，各校都成立了学生的膳食委员会管理伙食。斗争取得胜利。

在领导上述学潮中，几所分校地下党特别注意斗争策略，有如下特点：

1. 因势利导。学潮频发的原因主要有三个：第一，伙食太差，学生吃不饱，饥肠辘辘，而伙食差又与校方的贪腐有关。第二，经常有同学因患病得不到及时医治而死亡，校方却麻木不仁，极其冷漠。建始中学分校初到三里坝，学生接二连三地病死，其中病死的丁纯泉同学，刚满十六岁，患病未曾就医，呻吟床褥，无人照护，最终死去。在追悼会上的挽词中，有的同学写道：“草菅人命”，“民命何堪！”“死者不瞑目，生者要奋斗”，表达了广大同学强烈的不满与愤慨。第三，学校的法西斯统治，令学生非常压抑。总之，“联中”各分校爆发学潮主要是学生为求生存、争民主而自发搞起来的。地下党组织深切地感受到这种不满，因势利导，提出清算伙食账目、改善生活、搞好医疗卫生及准许学生开展抗日宣传等要求。师出有名，因此，得到了广大学生的支持与拥护，得到社会舆论的广泛支持，将学潮推向更高的阶段。

2. 争取多数。各分校党支部十分注意利用敌人营垒内部的矛盾，缩小打击面，争取大多数，争取社会与舆论的支持。他们利用郑教官与学校里 CC 分子的矛盾，为郑教官举行欢送活动，鸣放鞭炮示威，给郑万选一个下马威，让他知道“学生是不好惹的”。在各校的学潮中，地下党非常注意将斗争矛头直指省府教育厅、校领导，而竭力避免伤及教师。

3. 形成合力。在开始的时候，各个学校学潮是各自为战，但在斗争中逐渐形成合力。恩施女高分校（七女高）发生了学潮，与七女高一水相连的恩施初中就前往支援，恩施高中亦积极响应。于是由三校发起，派代表一起向省府教育厅请愿。省教育厅迫于压力，下令学校账目公开，合理搭配杂粮，满足了同学们的部分要求。三校斗争胜利的消息很快传遍了鄂西各个中学，同学们备受鼓舞。在建始女师，段奇璋校长迫于学生的压力，同意让学生民主办伙食；利川初中王道隆校长拒绝学生清账，以致挨打被赶出学校；女高屯堡分校由于校长刘礼琼以高压对待学生，学生则在屯堡的老街、新街遍贴《刘礼琼十大罪状》，迫使刘下了台。

4．统一领导。在各学校反对学校当局贪污，要求改善学生伙食的基础上，恩施高中党支部派遣李东波以群众身份参加这一运动的领导，帮助学生积极分子王友钧，使其成为群众的领袖。他们联系进步同学，秘密发动并通过《活力》和《老实报》两个墙报，宣传鼓动，把反饥饿运动推向高潮。恩施高中在省府门前请愿，斗争的矛头直指省政府，很快影响到鄂西各校。各校派代表组成“请愿团”和发出《快邮代电》，向社会进行呼吁。省教育厅开始不理，但“请愿运动”从 3 月延续到 5 月，在学生和社会舆论的压力下，不得不同意同学们的要求，并决定主食由国家划拨（按标准），副食费随物价上涨增加补贴。这是“联中”学运由分散走向统一的起点。

四、积蓄力量

“联中”各分校党的工作，以 1940 年上半年为界，大体可以分为两个阶段：第一阶段是大发展时期；第二阶段主要是隐蔽精干、保存实力。1941 年 1 月与 3 月，鄂西发生两次大逮捕，地下党有组织地撤退已经暴露身份的共产党员，“联中”各校的地下斗争进入低潮，党的工作趋于沉寂。

1．山雨欲来。各分校的党组织自建立之初就十分清楚，蒋介石的反共本性没有变，也不会变，他联共抗日只是权宜之计，随时都可能翻脸，发动突然事件。因此，沦陷区党的地下组织必须彻底转变工作方式，深入群众，以隐蔽的方式开展抗日宣传教育和统一战线工作，领导人民进行多种形式的抗日斗争，牵制敌人的兵力，打击日伪统治，支持和配合敌后游击战争和抗日根据地的建立与巩固。

1939 年 8 月，区党委宣传部部长何功伟来到建始传达党中央"长期埋伏、积蓄力量、以待时机"的新方针（后来改在前面加了"隐蔽精干"，故又简称为十六字方针），在吴国仪家里开县委会。李世荪等支部成员出席了会议。

何功伟指出：国民党要推行反共投降政策，炮制了"防制异党办法"，今后的局势将越来越严峻。何批评了建始中学不注意秘密工作的一些现象。会议决定，停止发展党员，但可吸收个别可靠的，又特别需要的人入党；要做好某些党员的查清工作，要将公开工作与秘密工作坚决分开；支部负责人不参与群众活动，更不能出面担任群众活动的领导人；党员要有所分工，不能都搞群众运动；要努力推动群众积极分子进行工作，不要搞过左的事情；坚决不准发生横的关系；严密组织生活，但不必每周开会，两周开一次就行了；一切活动都不许做记录，不许记姓名，不许保留党的文件。

图 31　中共鄂西特委书记何功伟烈士

在会上，魏泽同提出了三项任务，即党员必须有好的学习成绩，要广泛交朋友，要帮助同学解决学习与生活的困难。

这是一次非常重要的会议，传达了中央的新精神，为地下党工作重心的转移做了组织上、思想上的准备。

一个月后，何功伟又来建始，检查贯彻执行中央方针的情况。他着重强调：中心问题是要保证领导机关绝对安全，否则，一切都是空话。

1940年的春日，何功伟和孙士祥等几位同志再次来到建始三里坝。当时，国民党胡宗南部侵占了陕甘宁边区的淳化、正宁、宁县等五个县城和边境的十六个区，发动第一次反共高潮，形势非常紧张。吴国仪在一篇文章中写道：

何功伟到建始是来处理地方党组织的撤退隐蔽问题的。他到建始后采取了两条措施：一是将一些“露红”的同志撤离；二是停止一些地方党组织的关系。

对于停止朱家湾、石桥湾等地党组织关系的问题，何功伟同志还特意征求了我的意见。因为在何功伟未来建始之前，就有同志提出要把那些组织停止，我认为那太可惜了，思想上通不过。所以何功伟亲自来问我，我说，我只是从感情上不愿放弃那些组织，并当即表示同意停止那些地方组织的活动。

功伟在征求我的意见之后，指令我担任建始县委的农民干事，仍留在当地工作，既联系地方组织，又负责学校的秘密机关工作。

在我的印象里，他的个子很高，身穿大衣，风度好极了。他说话很有魄力，把问题交代得清清楚楚。本来，当时的环境很恶劣。他一来，我们大家就觉得什么事情都有办法了。他那高昂的革命斗志，给了我们很大的鼓舞和力量。直到现在，只要一想起他，就令人激动不已。①

2. 隐蔽精干。中共湘鄂西区党委非常重视情报工作，派地下党员黎少岑打入国民党湖北省保安团队特别党部做“卧底”。1939年6月，黎少岑趁日机空袭躲警报之机，冒着危险，盗出特别党部密件三本，

① 吴国仪：《他给了我们很大的鼓舞和力量》，中共咸宁市委党史办公室咸宁市地方志办公室：《何功伟烈士纪念文集》，中国医药科技出版社，1990年，第311页。

其中有“特密字第1号侦察异党情况报告”，该密件有农专、农校、恩高、女高等校中共地下党的党员名单。黎少岑立即向特委魏泽同做了汇报，魏随即召开恩施县委会议。会议决定采取果断措施，把已暴露的党员干部转移出去；暂时停止群众组织的公开活动；布置各学校党组织，抓紧做好党员的教育工作。

1940年5月，中共中央为国统区的地下党工作制定了“隐蔽精干、长期埋伏、积蓄力量、以待时机”的十六字方针。认真地贯彻执行中央的方针政策，“联中”地下党的党员不仅绝大多数隐蔽下来，而且党组织深深扎根于人民群众之中，更加坚强。

1940年夏，建始女师的杨德珍、闻立玲即将毕业，建始县委书记孙士祥根据鄂西特委的部署，传达党中央十六字方针以及特委相应的决定，并作了具体安排，校内原有的党员（包括在校、肄业的党员在内）全部撤退。另外，指示从松滋幼师转来建始女师念书的党员赵蓉蓉潜伏下来，准备作为将来重建党支部的种子（后因形势变化，这一计划没有实现）。按照以上安排，建始女师地下党支部有领导、有计划地撤退。闻立玲、潘琰、张式萃等在短时间内先后离开学校，经恩施转去重庆。杨德珍也到秭归窑湾溪小学教书去了。

1940年6月，日寇西侵，宜昌沦陷，作为省府所在地的恩施，实际上成为当时湖北的政治军事中心，国民党政府加紧对恩施的全面控制，加紧对鄂西地下党组织进行疯狂的破坏与镇压。

1941年初，皖南事变，新四军军部9000余人被国民党军围歼。

风云突变。皖南事变的影响很快波及鄂西，第六战区成立了党政工作总队，开始在鄂西大肆逮捕共产党员及爱国学生。1941年1月，领导鄂西地下党的湘鄂西区党委机关被破获，1月20日鄂西区党委书记何功伟及委员刘惠馨相继被捕。

同年1月，陈以文和同学一起，到离校六十里的建始县城参加高中毕业会考，住在城外的七里坪。会考结束，1月11日从建始城来了一个电话，通知参加会考的周家贵当晚赶到县城，说省教育厅有位督学找他谈话。陈以文听到这个消息，感到很蹊跷：周家贵与省教育厅素无瓜葛，怎么突然被约谈？于是在周家贵出发时，他就悄悄地跟在后面。进了城，天也黑了，他突然听见周家贵大声叫喊："我是好人呀！"在黯淡的灯光中，他看到周被绑架了。陈以文立即意识到这是国民党早已策划大逮捕的信号。此时的陈以文，入党才几个月，却表现出与年龄不相符的机警、沉着与冷静。他连夜赶回七里坪和魏世祯、仓孝和一起商量。他们认为大逮捕随时可能发生，必须把周被逮捕的消息尽快通知三里坝的党组织，做好必要的准备。谁去送信？三人进行了讨论，魏世桢已比较暴露，不宜回去；陈以文也暂不回去为好，而仓孝和不显山不露水，于是决定由仓孝和回去报告。仓原打算会考以后就由建始城关直接乘车去巴东再去河南的。由于事关重大，他改变计划，次日清晨出发返回三里坝。此时，仓孝和还没有入党，可是在紧急关头，他毫不犹豫地接受党员同志的委托，担负起了十分艰险的任务。到了三里坝，天色已黑，仓孝和立即与杜子才见面，告知周家贵已被捕，并转告党组织马上转移。这一夜，三里坝的地下党异常紧张，彻夜未眠，逐个通知党员立即行动，迅速转移。

图 32　陈以文

什么是惊心动魄？什么是千钧一发？

地下党终于抢占了先机。就在那天夜里，国民党反动派开始了大逮捕，在三里坝抓了近二十个学生，由于党组织有了准备，没有抓到一个共产党员。国民党特务还到杜、仓等人的住处进行了搜查，一无所获。

第一次大逮捕后，白色恐怖笼罩鄂西，"联中"各校的地下党员贯彻执行中共党的"隐蔽精干、积蓄力量"的方针，迅速地、有计划地将地下党员转移出去，保留火种。

陈以文疏散到三里坝南边的大山里，住在农民党员家中，暂时隐蔽起来。不久，陈以文转移到湖南安乡县，在县政府当雇员，然后，又从安乡县转移到湖北松滋、枝江一带，改名陈济之。经友人介绍，在枝江县[①]荆南中学（后改名枝江中学）当英语教员。这时，他与党组织失去了联系。他一面积极找党，一面自觉地为党工作。他广泛地团结师生，进行宣传教育，努力扩大党的影响。

也就在仓孝和与杜子才见面的那个夜晚，党组织决定，杜子才立即撤退，13日傍晚杜子才离开三里坝。关于以后的惊险，杜在《忆孝和》一文中有详细的描述：

> 孝和与我商定，由他掩护我立即撤退：我只身轻装夜晚离开三里坝，经乾沟、绿松坡、茶店子步行到巴东，而他则带我的行李隔日白天出发，沿着我步行的路径直到巴东同我会合。
>
> 元月15号我到巴东，住在山坡最高层的一个小栈房里等孝和。过了两天，孝和带着我的行李到了巴东，他是雇请我们曾住过的三里坝刘家湾东家的邻居的侄子帮助背到巴东的。他说，我夜晚走出三里坝后，他一直很担心，等他路过茶店子，在一个唯一的小栈房听主人谈起，有个沔阳口音的学生曾在他店里住过时，他才放下心。那时，我离开了组织，离开了亲密同学和可爱的学生，留在我后面的，则是追寻和追捕我的国民党反动派和特务，在我周围的则是陌生的不知底细的人。当在巴东见到安全抵达的孝和时，我立即感到了依靠，增添了力量，充满了喜悦。孝和到巴东后，帮我买了张去重庆的轮船上的"黄鱼票"并把我送上船后我们才分手。这时，孝和不满18岁，在那个血雨腥风的反共高潮中，为了革命事业，为了朋友，为了掩护我，置自己安危于度外的高贵品质和深情厚谊，永远永远地铭刻在我的内心深处。[②]

---

① 枝江于1996年撤县设市。

② 杜子才：《忆孝和》，"湖北联中"建始中学分校校友会编：《三里坝岁月》，1988年，第284页。

1941 年 3 月，国民党反动派又发动第二次大逮捕，仅在建始中学分校就捉了 130 余人，但其中只有少数几个是共产党员。

敌人精心策划了两次大逮捕。被捕学生的名单，都是事先经过学校的三青团区队、军事教官、国民党分部和学校行政商定的，然后按名单捉人。不过，由于地下党有所准备，事先将人转移出去。许多上了“黑名单”的人安然无恙，其中有部分同学去了延安或解放区。闻立志到达重庆后，与南方局取得了联系，在南方局青年组工作。从这时起，闻立志改名黎智。1941 年 9 月，经中共南方局批准，黎智与三哥闻立训、何功伟夫人许云、魏泽同、张清华等 80 多人奔赴延安。

这是胜利的大逃亡，胜利的大撤退！

关于这次撤退，吴国仪评价道：“在地下党的领导下，三里坝的这场斗争，可以说是相当胜利的。党内可能暴露的人基本上都撤走了。敌人想在三里坝就把党内外革命力量一网打尽的罪恶企图，是没有得逞的。所有撤退的共产党人，有的上大学作储备人才，有的作职业革命者，有的到部队搞武装，有的还搞了一支游击队，有的利用其他各种公共职业隐蔽起来，革命工作照样在胜利前进。在校就团结在党的周围的思想进步青年，有的当时没有来得及参加共产党，也一个一个地在其他地方光荣地加入了共产党。”①

在这次斗争中，建始中学分校地下党能够取得胜利，化险为夷，原因是多方面的。首先是鄂西特委的坚强领导，坚决贯彻执行中央的“隐蔽精干、长期埋伏、积蓄力量、以待时机”的十六字方针，及时实现地下党工作重心的转移；其次是建始中学分校年轻的共产党员十分机警，根据蛛丝马迹判断敌人即将动手，立刻采取强有力的措施，迅速将人员转移出去。

当然，如果当时下决心转移更多的人，情况可能更好一些。留得

① 吴国仪：《在抗日战争中培育英才的湖北建始高中》，“湖北联中”建始中学分校校友会编：《青史记联中》，2009 年，第 29 页。

青山在，不怕没柴烧。吴国仪这样总结：“还有一些很有正气的人，应该走的没有及时走，结果在第二次大逮捕中遭到残害。”①

像这样大规模地捕人在“联中”各校前所未有。从此，蓬勃活跃的建始中学沉寂下来了，风声鹤唳，人人自危，不少师生被迫逃离。1941 年元月，在第一次大逮捕中，有 11 人在仓孝和的组织下，暗自相约逃离三里坝，奔赴重庆。不久，左德星也逃了出来。据左回忆：

> 1941 年 2 月的一天，和我同班的曾庆鸿同学在极其紧张和惶恐的气氛中，秘密地向我透露：“我看到了抓人的名单上有你和肖永钧的名字，这一次，看来恐难逃脱了！”对他的这番话，我深信不疑。是束手就擒，坐以待毙，还是脱离虎口？这时在我的思想上引起激烈斗争，感情也是极为复杂的。两年多时间中，耳濡目染，那些富有崇高理想，对新社会执着追求的同学，还有那些学识渊博、诲人不倦的老师们，以及两年艰苦生活的磨练。这一切都在思想深处滋长了深厚的感情，转眼间就要离别，确实依依难舍。根据当时事态发展判断，已经到了非走不可的时候了。但是究竟往哪里去？特别是手头分文没有，怎么成行？为了解决这个不易克服的困难问题，2 月 17 日晚上，我们同班的王明学、谢南宗、肖永钧和我，凑在一起，开了个秘密会议。②

会议研究了出走路线与经费问题。谢南宗拿出了心爱的金戒指，王明学也拿出了仅有的一点钱。第二天，三人（一位山东籍的同学孙际洲，也感到处境危险，执意结伴同行）装着出游，没带行李，离开了三里坝。历时 40 多天，他们经过长途跋涉，到了重庆。在此之前，曾收到班上同学来信，才知道就在他们走后的一个月，学校就遭到一次更大的逮捕。王明学、谢南宗均被抓了，罪名是资助并放走了几个

---

① 吴国仪：《在抗日战争中培育英才的湖北建始高中》，“湖北联中”建始中学分校校友会编：《青史记联中》，2009 年，第 34 页。

② 左德星：《从三里坝出走前夕》，“湖北联中”建始中学分校校友会编：《三里坝岁月》，1988 年，第 151—152 页。

危险“分子”。王明学还在三里坝河坝里遭受毒打和逼供，要他交代三个人的去向。此后王明学、谢南宗等同学被押往恩施，在方家坝坐了一年之久的牢。每念及此，左德星仍感到愧疚。

1942年暑假，高中毕业班因抗拒参加集训，又有张良皋等30余人舍弃毕业文凭，逃往重庆，其中绝大部分人以同等学力考取名牌大学。

恩施高中分校的党组织则没有那么幸运。1941年2月，时任中共恩施县委宣传部部长的冯夷叛变自首，夏木三、黄明才、刘学武、李恺风、阎承锐、夏志夫、涂建欧、田虎荫、赵宗一等先后在恩施被捕；黄宗俊、李琪也先后在秭归、宜昌被捕。此次被捕的中共党员有16人，未被捕的有23名。“联中”恩施分校地下党组织遭到了严重的破坏。

但是，敌人的阴谋并未完全得逞，他们的凶残更没有使共产党人屈服。“联中”恩施分校仍有进步师生冒着风险给地下党员通风报信，给没有路费的党员捐助钱物，使之安全撤离。初中分校教师黎少岭，把无处藏身的地下党员韩玉振接到家里掩护下来，还以表妹身份报上了户口。

被捕的党员在特委书记何功伟和妇女部长刘惠馨的领导下，继续坚持狱中斗争。获释后，他们有的积极找党，接上关系，继续战斗；有的积极为党工作，接受考验，重新入党；有的投入新四军，转战南北；有的虽然没找到党，但自觉为党工作，宣传党的政治主张，组织民众，维护治安，迎接解放。

白色恐怖笼罩了“联中”各个分校，学生个个心惊胆战。建始师范分校甲乙两个班，原来各有学生50多人，最后只剩下20余人，一半的学生被打跑、吓跑或被开除、逮捕，从此学校静如死水。

“联中”各分校的地下斗争趋向沉寂。但是党所领导的革命斗争活动，在师生中留下了深远的影响。

第五章　名垂史册

1940 年 8 月，陈诚回任湖北省政府主席。1941 年春，陈诚主持制定了《新湖北建设计划大纲》，而“计划教育”则是新湖北建设计划的内容之一。

一、计划教育

什么是“计划教育”？学界尚无定论。笔者认为，所谓“计划教育”，就是湖北省战时教育发展规划，主要内容有：

1. 公费制度。“计划教育”规定湖北省中等学校学生免交学费，贫困学生公费食宿，并发给服装费、书籍费和其他学习、生活费用。为此，陈诚调拨湖北军管区一万多名士兵的粮饷，作为经费，还把结余的粮饷发给学生作零用金。“计划教育”的这项规定打破了以前只有有钱人的子弟才能受中、高等教育的状况，极大地减轻了学生的经济负担，使得部分贫寒学生得到受教育的机会。这对于学生数量的稳定和增加，学校与社会秩序的安定及抗战力量的增强，都起了一定积极作用。1946 年公费制度取消。

2. 升学与就业统筹分配。“计划教育”规定省政府按实际需要及学生本身的情况，统筹分配，确保学生毕业后能升学，有工作。为了做到这一点，就必须做大量的前期工作：一是调查各机关（单位）、企业、学校以及其他部门所需的各类人才及数量；二是根据未来形势的发展预测对各类人才的需求，据此确定学校的类别和系别及招生的人数。不过，当时教育非常落后，基本是供不应求。省政府还规定：“即使有一部分学生一时未能安插，政府也负责让他们有进修和实习机会，不使之闲散无事。”

3. 每县设一初中，每行政区设一高中及师范学校。“计划教育”规定，一县设一所初中，冠以县名，比如，恩施初中、利川初中等等；还规定，一行政区设一所高中，而且所设的第几高中与第几行政区一一对应。比如，第一行政区在咸宁，设湖北省立第一高级中学；第二行政区在黄冈，设湖北省立第二高级中学；第三行政区在钟祥，设第三高级中学；第四行政区在江陵，设第四高级中学；第五行政区在襄阳，设第五高级中学；第六行政区在宜昌，设第六高级中学；第七行政区在恩施，设第七高级中学；第八行政区在郧阳，设第八高级中学。需要指出的是，此时的建始高中虽然仍在恩施的三里坝，但已决定迁往宜昌，因此校名定为湖北省立第六高级中学。果然，1945 年 8 月，日寇投降。1946 年，省立六高迁到宜昌市。

按照上述规定，师范学校与女校也相应改名，比如建始女师，改为省立第一女子师范学校，利川师范改为第七师范，巴东女高改为第四女高，恩施女高改为第七女高。唯建始师范改为第九师范，准备战后迁回武昌。

4. 筹办高等院校。1940 年，省政府拟筹设一所“湖北大学”，培养高等人才，但根据当时教育部的规定，综合大学必须有工学院或理学院方准成立。而工学院因条件不足，设备困难，中途告吹，遂致筹办湖北大学的计划亦流产。综合性大学一时难以成立，就先成立专科院校，1940 年成立农学院。陈诚认为，农业专科学校是“共产党的大本营”，强令解散，成立农学院，原有的学生须重新登记，甄别考试，不合格不准读书。1941 年办湖北省立教育学院，1944 年改为国立湖北师范学院，系湖北省最高学府。1943 年成立省立工学院、省立医学院。至此，“湖北有省立农、工、医、师高等学校 4 所，为前所未有”。

为办好这些高等院校延聘了许多知名专家学者。对此，吴国顺、万汉民两位校友很有研究，他们在《忆抗日时期的湖北联中》一文中写道：

> 四所学院罗致的教学人才，大多为全国知名、学有专长的教界名流。如农学院院长管泽良，留学美国，为美国农学博士；教

育学院院长陈友松，系西南联大教育哲学系教授、美国教育哲学博士；医学院院长朱裕璧是全国有名的病学原理专家，留学德国，在世界享有盛名。有了这几位知名的院长，招聘遴选的教授，也多系学界名流。如农学院的生物系昆虫学专家李凤荪；教育学院音乐系声乐专家喻宜萱、合唱演奏以指挥蜚声南洋海外的夏之秋、国乐专家杨大钧，一时齐集恩施，可谓名流荟萃，人文鼎盛时期。以后的国立湖北师范学院，院长汪奠基，留学法国，数学逻辑哲学博士。由他引聘的教师，如数学系的“三齐”（齐植朵、齐植彩、齐永魁），英语系的程仰秋、张万里，历史系的金功亮、韩荣森，中文系的张春霆、黎翔凤、杨乾斋、鲍贡九，地理系的王益昶、李延禧等，这些人实是学有专长。讲学论道，盛极一时。当然，在招来的人员中，也有不少的党棍、政客与学阀。如教育学院的院长陈友松卸职后，继任院长叶叔良组合的教务长沈达明、训导长刘真（日本早稻田大学毕业，以搞特务起家，陈诚的亲信，原为省干团训导长）。由于以院长叶叔良为首，把学院作官场，有的奔竞仕途，只图升官；有的以律师挂牌，贪图发财；有的甘作鹰犬，为“一个党”、“一个领袖”卖力，把教育学院一度搞得乌烟瘴气。当时的名教授不屑与彼辈为伍，如韩荣森、金功亮纷纷离去，学生则在学校无人管，每晚在寝室赌博。人称叶叔良的时代为“赌博时代”，斯文扫地，可见一斑。学生给叶叔良班底的评价是：“叔良不良，达明不明，刘真不真。”至于明显的党棍、学阀人物，在汪奠基院长任内仍大有人在，如CC系的王治孚（德国柏林大学毕业）任教务长，CC系的骨干人物艾毓英（训导长）等也混迹学院。这是当年湖北国师美中不足的地方。①

5. 高中毕业生一律不得报考外省高校。为了留住生源，陈诚不准本省高中毕业生报考外省的大学。肥水不流外人田，这是可以理解的。

---

① 吴国顺、万汉民：《忆抗日时期的湖北联中》，政协湖北省委员会文史资料委员会编：《湖北文史集粹》，1999年，第196—197页。

但这项规定对于好学生则有失公平，剥夺了他们进入更好大学读书的机会。当时恩施只有一所农学院和一所教育学院，条件很差，很多人宁愿就业或到重庆报考国立大学，也不愿就读缺乏师资、缺乏设备的这类省内学校。

这项规定还与教育部的规定相抵触。一是教育部规定各省高中毕业会考，成绩在前10%的可以由各省保送教育部，免试分配到各国立大学。“计划教育”违反这项规定。二是为了方便高中生毕业生报考国立大学，教育部规定可由原校暂发临时毕业证书。陈诚企图阻止湖北高中毕业生外流，又不想公开同教育部唱反调，遂以私人名义邀请鄂西各高中校长到他的官邸聚餐，一则宣布他的“计划教育”，二则命令在座的校长不得再发临时毕业证书，由此引发一场不大不小的风波。郑万选在回忆录中写道：

> 1940年冬季，陈诚召集各中等学校校长在恩施举行检讨会议。陈诚在会上大谈其“计划教育”，并宣布各高中校长再不准发给应届毕业学生的临时毕业证，以免自由行动。我认为对应届毕业高中学生可发临时毕业证书是国民政府教育部的规定；而且学生的家庭状况各有不同，个性和兴趣也不一致，如果强迫就范，抹杀学生的志愿，是不符合实际的。因此，1942年暑期，六高第八届毕业学生有文理科各一班，向我要求给予临时毕业证，我不顾陈诚的命令，仍按教育部的规定，发给他们了。不料这批学生中的32人，竟在陈文山、殷荣槐率领赴恩施集训途中，溜往重庆，凭着我发的临时毕业证，投考国立大专院校去了。因而实到恩施集训团受训的学生人数与册报学生人数少了32名，经陈诚当场点名核实，大为震怒，不加调查，诬我浮报学生名额，克扣学生伙食，饱入了个人私囊。虽然当场有学生向陈诚说明确有册报那些人数；但陈诚却说：“你们小孩，知道什么？”教育厅厅长张伯谨随即给我发来一份“盼即来施”的电报，把我叫去，对我说：“你校差32名学生未参加集训，陈主席非常生气，应把事实对他

说明。"我根本不知中途发生这回事情，非常惊异。我说："如有此事，请把我扣留待罪。"他说："我明知无此事，但不能向主席进言，你可往请参议会石议长替你向陈主席缓颊。"随即取出陈诚印发的《告湖北全省各校校长暨全体教职员书》给我看。文中有这么几段："惟尚有一部分人员，泄沓因循，积重难返，重视个人私利，漠视学生公益，如六高校长郑万选以学校为商店，视学生如路人，克扣学生伙食，滥报学生名额，诸凡贪污卑劣违章乱纪之行为不一而足。此次学生集训，该校未到学生竟至三十二名之多，即可知该校腐败之情形矣。"①

为此，郑万选被免职。几个学生到恩施探望，郑感慨万分，说："杀我者，学生也，救我者，学生也。"前句是说，学生偷偷拿着临时毕业证书去报考重庆的国立大学，害得他被免职；后句是说，学生还肯向陈诚反映实情，还他清白。

中国有句俗语：财大气粗。其实，官大也气粗，郑万选即是。据彭德润回忆：

校长郑万选，1942 年 9 月以前，一般学生都有点怕他，如狭路相逢，必肃立路旁。1942 年 9 月以后，情况大变，郑师已被陈诚"撤职"，在三里坝赋闲。我当时休学任教于三里坝中心小学，与耿师母同事，才有可能与郑师接近。每逢节假日，郑师常邀我们到他家吃饭，有时玩麻将，这是以前不敢想象的。②

总之，陈诚推行"计划教育"的目的是要强化国民党的党化教育。"联中"成立之初，除总校长已任命的分部主任外，还设置并任命了训导主任，军管区又分配了军事教官，造成"一国三分，互相牵制，互相推诿"的局面，行政效率低下。"计划教育"重新建立以校长为中心

① 郑万选：《主持湖北"六高"校务的回忆》，政协湖北省委员会文史资料委员会编：《湖北文史集粹》，湖北人民出版社，1999 年，第 222 页。

② 彭德润：《回首六十五年前》，"湖北联中"建始中学分校校友会编：《青史记联中》，2009 年，第 247 页。

的管理体制，无论军事教官、训导人员及党团活动都在校长的指导下分层负责。此后各学校普遍建立国民党、三青团组织，严密控制师生思想。每年暑假将高中应届毕业生和其他年级三青团骨干集中军训，以蒋介石《中国之命运》为主要教材，强迫推行“一个政党，一个主义，一个领袖”的法西斯独裁教育。

不过，客观来看，制定“计划教育”反映了陈诚要在教育问题上有所作为。实施“计划教育”促进了鄂西、鄂北落后地区教育的发展，部分地实现均衡湖北教育资源的目的，并使部分贫寒学生得到受教育的机会，有利于教育的发展与人才的培养。

二、光复旧物

这一天，“联中”师生期待了太久，太久；

这一刻，中国人民盼望了太久，太久。

1945 年 8 月 15 日，日本投降消息刚刚传出，重庆的各大报纸头版，不约而同地刊登了杜甫的这首诗：

剑外忽传收蓟北，初闻涕泪满衣裳。

却看妻子愁何在，漫卷诗书喜欲狂。

白日放歌须纵酒，青春作伴好还乡。

即从巴峡穿巫峡，便下襄阳向洛阳。

杜甫的这首诗也准确地反映了“联中”师生喜悦与急切的心情。

十四年浴血奋战，中国人民付出巨大的民族牺牲，终于迎来了抗日战争的最后胜利！“联中”的师生与全国老百姓一样张灯结彩，鞭炮齐鸣，欢庆胜利。

抗日战争胜利的喜讯传到利川，最先沸腾起来的是高商师生。友声文艺社成员和全校同学一起，在镇上买鞭炮一直燃放到离镇 5 里地的学校。《友声周刊》出了特大号外庆祝这来之不易的狂欢时节。

正在六高读书的谭文熙也异常兴奋，他在回忆录中写道：

善有善报，恶有恶报，不是不报，时辰未到，时辰一到，鬼子完了。

1945年8月15日以后的半个月，正值六高同学暑后归来，从四面八方返校，尽管人员不够集中，山沟里的交通又是那样闭塞，可是“春色满园关不住”。大家由各种渠道听来的情报汇集到一起，三里坝和全国各地一样，自发地沸腾起来了，有的内心无比激动，有的喜形于色，有的拱手互贺，有的纵情欢呼，形成了一个共同的心声：“日本侵略者投降了！”“中国人民胜利了！”学生见到老师，不是先问“您好”，而是拱手表示庆幸！有些同学相碰，从口里自然溜出：“VICTORY！VICTORY！”一连几天，大家沉浸在欢乐的海洋里。我和大家一样，高兴至极，忘乎所以，把丢了五六年的私塾作业又捡了起来，填词《定风波》曰：

伏虎降龙秋点兵，难忘血雨腥风频。
倭燹八年欲灭我，撒野！岂知三户足亡秦。
妄自作孽讵可逭？不可！从来玩火必自焚。
无限家仇和国恨，须记：前车之鉴警来人。①

孙仲民是襄阳高级中学的学生。他在回忆录中写道：“8月15日传出了好消息，日本鬼子无条件投降了。襄阳专员公署令扩大举行庆祝抗日胜利大会，我校及襄师、鄂北高中、汉沔高中，各中小学一起参加盛会，家家户户张灯结彩，鞭炮声震耳，人民夹道欢呼，高喊中华民国万岁……欢天喜地大肆庆祝一番。晚上提灯会盛况空前。人民自此以后可以过着平静安宁的日子，再也不要过逃亡流浪的生活了。”②

“联中”师生终于可以回家了，可以返回故里了，可以与家人团聚了！

---

① 谭文熙：《风雨晚晴》，鄂省图内字第61号，2002年，第55页。

② 孙仲民：《湖北省联合中学建校七十周年纪念》，“湖北联中”建始中学分校校友会编：《青史记联中》，2009年，第99页。

背井离乡的“联中”人渴望回家的心情比一般人都更加迫切！

然而，蒋介石有更重要的事情要办，“联中”之事还没有纳入他的工作日程。为了独吞胜利果实，1945 年 8 月 11 日，日本刚作投降的表示，蒋介石便一连发出四个命令，一个是给他的嫡系部队，要他们“加紧作战，积极推进，勿稍松懈”。另一个给中共领导的第十八集团军，要他们“应在原地驻防待命，其在各战区作战地境内之部队并应接受各该战区司令长官管辖”。第三个是给侵华日军的，要求日军“应对本委员长所指定之部队投降”，如不遵守，有权对其进行“武力制裁”。第四个是给伪军的，命令他们继续维持地方治安，不得向中共投降，还要对八路军、新四军的进攻作“有效之防卫”。国民党中宣部发言人还发表谈话，指责第十八集团军总司令朱德所发布限期日伪投降的命令是“唐突和非法之行动”。

“联中”的师生只有耐心地等待。

1946 年正月十五刚过，四女高接到了省政府的通知——复员武昌，全校师生员工欣喜若狂——终于可以回家了！这时初三和高三的同学已经毕业离校，另有一些同学也已随家人或亲友先期返回省城，随学校复员的师生有百余人。师生拿着省政府发给的“通行票”，徒步走过 720 里施宜官道，再搭上东去的木船。20 多天水陆兼程艰辛跋涉，终于回到了武昌北城角昔日的校园，恢复了“湖北省立第二女子中学”校名。据当年读高二的吴美禾回忆：“一路上有几个老师带队，组织得很好。我们高二的同学十五六岁，总是垫后，哄着那些十二三岁的小同学往前走，其实我们自己也走不动。我们有的老师还带着孩子，尽管她们坐车到宜昌和我们汇合，也很辛苦。到宜昌后，学校安排我们坐木船到武汉，在船上大家挤在一起，我们用绑带把自己绑在船架子上睡一会儿。尽管辛苦，但因为胜利了，大家扬眉吐气，一路心情很好。”①

① 王立：《从罗溪坝到冉大河》，恩施新闻网，2015 年 3 月 19 日。

迁回武汉的学校有：

省立一女师，1946 年 2 月初从宣恩晓关出发，迁原武昌师范旧址武昌五龙桥。

省立九师，由建始松树坪迁武昌，后更名省立武昌师范。

省立高级商业学校，迁回武昌，在原校址西卷棚继续办学，校名去掉“第一”两字，全称更为“湖北省立武昌高级商业职业学校”，仍然被人们简称为“高商”。

省立高级工业学校，由宣恩晓关迁回汉阳针钉厂旧址。

省立七女高，从恩施屯堡迁武昌，后改为第一女中（现为武汉市第十六中学）。

省立第一女子职业学校，从恩施枫香坪迁往武昌都府堤。

省立实验中学（含 2 个高中班），1946 年 2 月，迁回了武汉原实验中学旧址。

1945 年 10 月，省教育厅为使鄂西、鄂北、鄂东、鄂南、鄂中各有一所省立重点初中，分别将省立建始初中、长阳初中、秭归初中、巴东初中更名为省立第一、二、三、四初级中学。前文提到，湖北省高级中学（通称省高）与武昌中学（通称省一中）等学校组成建始高中学，后因战事紧张，建始初中部迁到宣恩的罗高。涂隆成是 1943 年秋入校的建始初中的学生。据涂回忆，他们学校也迁回武汉原校址，易名省立武昌初级中学。涂隆成写道：

> 日本鬼子投降，学校准备复员回武汉。鄂西籍的学生有的转到各自的县里读书，我打算随学校到武昌。1946 年春，学校将生活费发给学生做路费，部分有钱的同学和部分老师从恩施坐车经巴东乘船至武汉，我随部分步行的同学由两位老师带队步行，从恩施出发，7 天到达野三关，歇了一天脚，再走 7 天到了宜昌。700 华里路程一天走四五十里，很轻松地就到了。到了宜昌后，我路费不够，找同学借了些钱，和很多同学一样在江边土坡上小棚里吃饭，等了 7 天才来了建设厅的小船，载着我们学生七八十

人，在江中遇到大风浪，走走停停，7天时间才到了武昌汉阳门上岸。不知是谁派了一些日军俘虏帮忙搬行李，这是我第一次见到侵略我们的日本鬼子，也不知是哪位同学对一个军官模样的鬼子扇了一个耳光，当时我想到我的两个堂兄应征抗日，双双战死，家破人亡，中国人民受尽苦难，对日本鬼子吃他的肉都不解恨，可是多数同学还是很理智的，鬼子已经放下了武器，这些人又不是元凶，表示应该饶恕他们。

到了昙华林见到了母校的原址，由于日本铁蹄践踏，除了三栋空房外，都是一片废墟。一栋大一点的两层楼房，楼上地板上学生睡觉，楼下地上垒起砖头当课桌，一个月以后才有了新课桌，没有课本，学校图书馆也没有搬回。我们没有课本，找少数有书的同学借着读，找同学借钱买笔纸，拼命记，下狠心完成了毕业考试。两个毕业班共81人，我还考了个第9名。①

金敬迈与涂隆成是同班同学，一起随学校迁到武汉。涂隆成文中写的扇了鬼子一耳光的人就是金敬迈。据金回忆：

在昙华林，我打过一个日本人。没有原因，就是想打他。那时候我还不到十六岁，在路边玩，一个一米左右的铁栏杆，跳上跳下地玩得起劲。这时，过来一个日本人，见到我他赶忙躲在一边，“哈伊”，给我鞠躬——我这也是乘人之危，因为我个子小，他要站直了，我就够不着他的脸。我上去就“啪”地给了他一个嘴巴，“哈伊，哈伊”，他赶忙又退了两步，见我住手了才走开。打一个嘴巴够了。我很久以前就有这个念头，将来有机会，一定要揍一顿日本人。那时也没想到会胜利，也没想到我还能见到日本人。这一天我玩的时候也没想到他会出现，是他那一声“哈伊”，勾起了我这个恶念。他没有惹我，没有得罪过我，我不该扇

① 涂隆成：《忆母校湖北省立第一初级中学》，宣恩县政协文史资料委员会、宣恩档案局编：《萱鄂抗战》，2015年，第347—348页。

他耳刮子，这是一种很幼稚的报复心理。不知道这个日本人现在还在不在，他也未必做过恶，向他表示歉意。①

图 33　武汉市第十四中学校门

金敬迈在回忆录中还写道：后来我才知道，原来我上过的这个学校非常有名，董必武、李四光都是这个学校毕业的。

据武汉市第十四中学校史记载，湖北省立第六高级中学奉命迁往宜昌，有一部分教员自动离职回到武汉，仍回昙华林原校（湖北省立第一中学）任教，这所学校后来改名为武汉市第十四中学。

不忘初心，方得始终。

---

① 金敬迈：《老迈的学童生涯》，口述历史系列丛书《述林》第一辑《战争阴云下的年轻人》，广西师范大学出版社，2016 年。

如今，十四中学的大门两边一边一块校牌，右边写着武汉市第十四中学，左边写着“原湖北省立第一中学”。

其他各学校师生经过一番艰辛也先后到达指定地点。

省立四师由建始花果坪迁江陵，后更名江陵师范。

省立六高从建始三里坝迁宜昌。

省立第二初级中学，即省立长阳初中，迁往沙洋，易名荆门中学。

省立第三初级中学，即省立秭归初中，从咸丰墨池寺迁宜昌。

省立第四初级中学，即省立巴东初中，从咸丰丁寨迁蕲春。

1946 年部分学校复员有四点特别值得注意：其一，四所女校全部迁回武汉。其二，几所中专，除了改为普通中学的几所学校外，也都迁回武汉。其三，返汉的省实验中学与 1938 年迁到利川的实验中学是两所不同的学校。其四，1938 年迁到恩施的农业专科分校是所中专，1946 年返汉时升格为湖北省立农业学院。

1938 年，“联中”各分校西迁；1946 年上半年，大部分学校复员，有的迁回武汉，有的迁往外地。如果将复员与西迁做一对比，颇有趣味。

1. 形势不同。1938 年，“湖北联中”各分校迁徙之时，武汉会战打响，中日军队激战犹酣，日机对沙市、宜昌狂轰滥炸，兵荒马乱，师生的生命时刻受到威胁。为了使武汉及其他临战地区的学校免遭破坏，保存教育的基础，务必要抢在武汉沦陷（10 月 25 日）之前将学校搬迁。迁校工作十分紧迫，刻不容缓，省政府下令各校统一迁徙。那么多的学校一起行动，联系车船都不容易，结果混乱不堪。而返回武汉之时，日寇业已投降，中国恢复安定与祥和，归还建制返回武汉，早一天晚一天都无所谓，故省政府逐个下达命令，各学校逐个搬迁，时间拖得很长。

2. 责任不同。1938 年，在兵荒马乱中搬迁，涉及上万学生与家庭，湖北省政府责任重大，而且陈诚夸下海口，确保师生安全。因此，省政府不敢怠慢，统一部署，整体迁徙，督促各校，甚至帮助联系交通工具，劳神费力，发挥了主导作用。而1946年返汉，战争结束，和平到来。省教育厅自知问题不大，乃令师生自觅舟车，限期报到，基本没有投入精力。

吴乐玉曾就读于湖北省高级商业学校，据他回忆：

1945年8月，日本投降。1946年上学期，学校准备迁复，提前放了暑假，并通知学生可以离校回家，按时到新校址武昌西卷棚报到。同年9月，我们家住宣恩县的同乡同学结伴十多人，步行到宜昌，乘船到武昌。到校后，只见几栋破烂不堪的房子，据说是日本占领时的一个军营。接收后无人管理，搞得乱七八糟，学校也未抓紧修复。不说没有教学桌椅，连门窗都没有，不像个学校样子，更不具备上课条件。见此情景，同学们大失所望，人人牢骚满腹，叫苦不迭。我们毕业班急于要读完最后一学期的课程，毕业后好就业。没有桌凳，我们就站着听课；没有床位，我们就在地上开统铺睡觉，境况比在利川汪营时还艰苦，混了几个月，马马虎虎地举行了毕业考试。①

在六高就读的谭文熙前往宜昌，途中差点一命呜呼，他在回忆录中写道：

1946年春节前后，联中六高奉命迁往宜昌，我与同乡同学张宪旨、张宪法三人同行。战时长江水上交通被日寇严重破坏，尚未恢复，轮船无望；绕道步踱，时间不允。经共同磋商，唯有乘豌豆角船冒险漂流，别无他途。于是鼓足勇气，齐登扁舟，下牛口，漂叶滩，眨眼到了十有九埋的峡江新滩。正当我们战战兢兢、十分紧张的时刻，忽见眼前一艘满载煤炭的货轮，被一股恶浪连人带货卷入江底，不见影子。我们所乘客船尾随其后进退两难，只好乘风破浪鼓劲冲，又是一股高过桅杆的恶浪自天而降，劈头

① 吴乐玉：《回忆湖北省高级商业学校》，政协湖北省委员会文史资料研究委员会编：《湖北文史资料》第2辑，1986年，第205页。

淋了下来，霎时间黑如锅底，全身湿透。我们三人紧紧抱成一团准备同归于尽。事后忆起不寒而栗，互庆幸存。①

3. 规模不同。1938 年，内迁学校 22 所，学生 13000 余人，规模庞大。而 1946 年回迁的规模则小得多。这是因为：其一，按照一行政区设置一个高中及一个师范学校的原则，一些高中与师范留在了当地，比如七高留在恩施，八高留在郧阳，六高迁往宜昌；其二，在各县设立的初中大部分留在了各县，而初中学生人数甚多；其三，新建的初中以及相当于初中的中专与师范也都留在当地。

再有，1938 年，西迁的学校以初中为多；而 1946 年迁回的学校基本是高中以及相当于高中的师范与中专。迁回的学校要比西迁的学校高一个档次。除此之外，湖北省的几所高等院校医学院、农学院、国立湖北师范学院也迁回武汉。

4. 心情不同。1938 年，流亡的学生背井离乡，凄凄惨惨，一天到晚哼的就是《流亡三部曲》，倾诉着心中的苦楚。1946 年，师生返汉，心中充满了欢乐，看天天蓝，看水水绿。徐志雄是九师的学生，他在回忆录中写道：

> 抗战胜利了，1946 年春，经过高层多次争辩论证的结论终于公布了——湖北省九师迁回武昌。同学们欢欣鼓舞，我更是十分高兴。“可以回老家了！”……四人一道从建始步行出发，这次步行回家和上次步行上学心情完全不同。上次是四处流浪，这次是胜利返家。我们背着简单的行李走到渔峡口时，有一支木排愿意搭我们到宜都。我们高兴地上了木排，顺着清江下趟。一边欣赏着两岸青翠欲滴的苍山巨壑，一边唱着当时最流行的歌曲，景色是美丽的，心情是欢快的。②

---

① 谭文熙：《风雨晚晴》，鄂省图内字第 61 号，2002 年，第 56 页。

② 徐志雄：《三年师范二三事》，“湖北联中”建始中学分校校友会编：《青史记联中》，2009 年，第 228 页。

三、青史留名

“湖北联中”虽然仅仅存在了8年，但在湖北乃至中国近代教育史上具有重要的地位。

1. 促进鄂西教育大发展。“联中”分校分布于恩施各县，无论是高中、初中还是职业学校都对当地产生了巨大的社会影响，给偏僻闭塞的山野之地送来新的文化；不仅大规模地发展了恩施中等教育，直接提升了中等教育的品位等次，对所在地区的社会教育、中小学教育也都产生了非常积极的推进作用。“联中”驱散了愚昧下的黑暗，点燃了送子上学的希望之光。

长期以来，鄂西、鄂北地瘠民贫，教育落后。抗战爆发前，鄂西和鄂北仅有恩施初中和郧县初中两所中学，学生共计500余人。1938年，“湖北联中”西迁，鄂西、鄂北一下子涌入22所学校，1万多名师生，有力地推动了这一地区教育文化事业的发展。到抗战结束时，鄂西、鄂北拥有高中6所，师范和中专12所，初中20余所，大学4所。随着诸多学校的迁入，各校请来了不少外地籍教师；各校的图书，仪器设备也有增加，恩施山城也有了书店、图书馆、科学实验馆（实际上是供中学理化、生物实验室用）等设施。

由于大量学校的迁入，大批本地青年得以就近入学，本地学生在当地省立、县立中学中所占比例不断提高。例如，宣恩中学，1944年全校213名在校学生中，本县籍学生173名，占81.2%。1944年3月，恩施县临时参议会要求县立初中招收新生时，本地籍学生应占60%以上。11月，又设立恩施第二中学，重点招收本县学生。

傅一勤教授是著名的语言学家，历任台湾师范大学、台湾大学、淡江大学等校教授，还是辅仁大学语言学研究所资深所长。傅一勤曾就读于“联中”郧县高中分校。谈起自己的成就，他感慨万分：若不是抗战把“联中”打到我的家门前，使我有不但免费而且无条件供应吃穿的初中、高中以及后来的国立师范学院可读，便没有我的今天。对我而言，读“湖北联中”，可说是一件三生有幸的事情！①

“湖北联中”的西迁带动了鄂西各县中学教育的发展。1941 年前后，“联中”改组，各分校更名为“湖北省立××初级（高级）中学”。1942 年 9 月，按新县制各县须设初中的规定，湖北省立恩施、利川、咸丰、来凤等初中改为县立初中。没有省立初中的巴东、建始等县于 1943 年秋开始筹办县立初中，1944 年春正式开学上课。至此鄂西各县全部设立了县立初级中学，翻开了鄂西中学教育的新篇章。抗战胜利后，部分省立学校复员东归，而这批变为“县立”的初中被永远地留了下来，继续服务鄂西教育。

有位名叫姜勋的读书人总结了“联中”对宣恩文化教育的积极影响，他写道：

> 过去宣恩的文化教育，谈不上进步，文化及各种建设都是马马虎虎的，很少有人对教育热心，文化怎不落伍呢？可是最近两年来，迁移在我们宣恩的中等以上学校很不少，负责各小学的教师们，仿照他们的建设，效法他们的教师去教授儿童，这样一来，各小学的负责人员，从此也就更有热心和有信心了，也不畏烦闷，又不畏金钱的枯竭，抱下硬干、实干的决心。虽有未办完善的地方，各学校亦均在设法改进中。
>
> 冉大河女高、李家河（沈家寨）女师、沙道沟女职、高罗建始初中，都是最近两年迁移来的。这些中等学校迁移到宣恩各乡村里设立，各乡的中心小学及国民小学受益不少，中学教员所教授的方法，小学教师们都学到了，各小学的入学儿童数也比以前增加不少，因为地方人士看见别人的子女在进中学，所以都想把子女送到中学里面去，觉得中学里吃的是公家的，穿的也是公家的，贫苦的学生也都能上学进步了。近两年，有无饭吃的，有无

① 王立：《联中八载育英才》，恩施新闻网，2015 年 4 月 30 日。

衣穿的，都在送子读书。各个乡中心学校都有了学生百余人，其中贫苦学生占多数。这样看来，文化当然进步多了。

从民国三十年的秋季，新安保小、高罗中心学校，两校同赴建中参观，读书的小同学，比以前也多得多。送子弟的，也不顾及金钱的为难，只要勉强读得的，都送到学校里去，并且有十多个女学生。前几年连男子读书的都很少，女子读书的，一个都找不出。在这两年，完完全全是各中等学校感化了他们。现在不但无形中的感化，并且建中及冉大河女子高中，趁寒暑假的当中分别建立宣传队，到各乡镇宣传。这一点更受他们的益处较大。除宣传外还到乡间公演，这些感化的方法，对促进宣恩文化进步的功效是不待言的。小学读书的儿童，居民见到旁人说到读书的情形，他们倾耳听闻，非常欢欣，但因没有学校，所以他们的子女没有入学的机会。民国三十年实行新县制时，黎乡长开办中心学校，渐渐才有送子读书的现象。犀坪乡这一带万山重岭，人们的眼光受各中学的影响渐渐远大起来，相信宣恩的文化教育在各位先生的努力下，会有进一步的发展。①

“湖北联中”的成立与内迁对恩施山区的影响巨大而深远，启发了山里人的读书意识。

1946年，部分学校迁回武汉，但留下的学校仍为鄂西教育的发展奠定了基础。湖北省恩施土家族苗族自治州高级中学（简称恩施高中）的前身是“湖北联中”恩施高中分校（后来的第七高级中学），1954年被列为全省十八所重点高中学校之一。学校坐落在自治州首府恩施市城区土桥坝的黄家岇上。校园依山傍水、丛林掩映、环境幽雅、气候宜人，是静心读书、潜心研究、陶冶情操的理想境地，素有“黄家岇上好读书”的美誉。学校办学成绩显著，办学特色突出，校园文化

① 龚和生主编：《恩施抗战时期教育纪实》，湖北人民出版社，2009年，第100—101页。

生活丰富多彩，教学质量一直居全州首位。

湖北民族学院的前身就是“联中”乡村师范分校，1941 年“联中”乡村师范分校改为湖北省立第七师范学校。1946 年 4 月，第七师范由利川岩洞寺迁到恩施舞阳坝原省立实验中学校址，省立九师、第一女师、第二女师等校肄业的本地区学生大部分转入七师。1947 年 2 月，学校改名为湖北省立恩施师范学校。1989 年 6 月，经原国家教委验收，定名为湖北民族学院，成为普通本科院校。

2. 培养了大批人才。“湖北联中”尽管存在时间不长，环境极其艰苦，却培育了大量英才，在抗击日本帝国主义侵略，反对和推翻国民党反动统治，建设新中国的伟大斗争中，发挥了应有的作用。

首先，涌现了许多杰出的人才。以建始中学分校为例，该校自 1938 年建校至 1946 年迁至宜昌，在 9 年中，毕业学生共约 1500 余人。其中一部分同学毕业后，考入省内外大学，学有专长，还有极少数师生留学或定居国外或港澳台地区，成为著名专家和学者。抗日战争初期，加入中国共产党的一部分同学，在极其残酷的白色恐怖中，为争取抗日战争的胜利和新中国的诞生，与国民党反动派英勇奋斗，作出重要贡献，其中有的已经成为党和国家的领导干部，例如黎智（闻立志）曾任武汉市市长、书记。有一部分人在抗日烽火中投笔从戎，为抗击日本侵略者，争取全民族的解放顽强奋战，如丁纯洁，在抗日战场上献出了宝贵的生命。为反对内战争取解放，陈以文和张国维被国民党反动派杀害于新中国成立前夕的重庆渣滓洞集中营，牺牲时都还不满 30 岁。这是建始中学全体师生的光荣和骄傲，也是“联中”师生的光荣和骄傲。1945 年，中共中央南方局根据中共中央指示，发动与组织大后方知识青年到敌后抗日根据地参加革命，仓孝和、李廷玉、徐期瑞、吴恒槐、李选青、黎统元、左德星、肖永钧、吴炳南、黎道周、叶文屏、陆明达、肖永剑、万孝信、张学达、张业嘉等积极响应号召，舍弃了自己的学业，变卖了仅有的衣物，冒着生命危险，长途跋涉，由重庆的各个大学投奔鄂豫皖和晋察冀等解放区，为知识分子走上革命道路，为青年运动史谱写出光辉的一页。新中国成立后，建始中学的学生在各条战线上，作出卓越的贡献，取得丰硕的成果。据建始中学校友会粗略统计，在北京大学、西安交通大学、武汉大学、华中科技大学、河北大学、北京外国语大学、东北大学、南京理工大学、湖北大学和江汉大学担任教授职务的不下二十余人。此外在北京军事科学院担任研究员以及在纺织工业部、长江流域规划办公室、上海二机部第九设计院、上海纺织科学研究院、铁道部第一设计院、湖北省电力设计院，山东煤田地质公司、重庆钢铁公司等单位担任高级工程师职务的也有十余人。还有一大批同学担任武汉市和其他地方各中、小学校长和教师，他们在培育共产主义事业接班人的宏伟事业中，含辛茹苦、呕心沥血，作出了不可磨灭的贡献。①

其次，培养了大批的普通劳动者。江毓真是郧阳八高的毕业生，他在回忆录中写道：我们的校友遍及祖国各地，东起福建、浙江、上海，乃至台湾岛；西达乌鲁木齐、南至广东沿海，西南也有云贵川，北至冰城哈尔滨，也有侨居海外的。我们中有从军的，从政的，大部分是医生、教书匠。这些都是一群牛，吃的是草，挤出来的是奶。忍辱负重，有巨大承受耐力和能量。也不乏有成就的，大多数既不显赫，也不辉煌。我们的丰碑是做共和国的铺路石，共和国辉煌有我们的一份力量。如果要写书，八高是一部平凡而伟大的巨著，从我们中随便找几个都是一本书，我建议诸位动笔写写我们这一代，我们自己的故事无不离奇精彩。②

3. 改变了社会风气。“湖北联中”不仅促进了鄂西教育的大发展，还带来了新思想、新风尚、新理念，有力地改变了社会风气。

1941 年 12 月 12 日省立七高（“联中”）迎来成立三周年的纪念

---

① 郭其耀：《八年烽火育英才》，“湖北联中”建始中学分校校友会编：《三里坝岁月》，1988 年，第 12 页。

② 江毓真：《忆八高》，“湖北联中”建始中学分校校友会编：《青史记联中》，2009 年，第 82 页。

日。学校组织了大型纪念活动，《新湖北日报》于当日发了纪念特辑，对三年中的变化作了总结。该校教师肖萸以“三年”为题，陈述了“联中”带来了新思想、新风尚、新理念，他写道：

恩高成立三年，我在恩高也待了三年。三年来的一切演变好像昨天发生似的，在我的心里记得清清楚楚。三年前恩高成立的时候，是三座民房，三年后的今天，依然是三座民房；恩高没有能力大兴土木，实在是太不长进。在人事方面，恩高也没有多大变动。现在的校长、教员、职员，乃至工人差不多都是三年前的旧人。这点恩高也似乎太单调。一句话，恩高一切都显得很平凡。

不过，把镜头调向另一面，三年来从恩高出去的学生，差不多要以千数。在这众多的学生中有没有七十二大贤类的人物，不敢说有，也不能说无。三年来金子坝的文化水准提得很高，这点功劳恩高当仁不让。现在金子坝的民众知道了消极和积极防空，知道了敌人侵华的阴谋，知道了如何防范汉奸，这是恩高学生三年来舌敝唇焦的一点成绩。今年二五减租运动，金子坝的民众首先得到消息，而且一致起来热烈地拥护，是恩高学生分头工作的成效；政府两度平抑物价，金子坝方面全靠恩高来维持、检举。至少恩高的学生、先生，乃至先生的太太小姐出去买东西，绝对没有走向黑市，而是抵制、打击黑市。三年来金子坝一天天繁荣起来，穿西装的也一天天多起来。虽说若没有恩高也会如此，但其生气一定会骤减很多。①

4. 留下宝贵的精神财富。“湖北联中”的成立距今已80年了，这一段艰苦卓绝的历史，可以让后人更加珍惜现在的幸福生活。“联中”利川师范分校的毕业生王炎森在文章中写道：每当我在学校新建的教学大楼里授课时，那优越的教学条件和环境，融洽的师生关系，常常把我的记忆引向抗战时期“湖北联中”的学生生活：“常将有时思无时，莫把无时想有时。”我羡慕现在，但也珍视过去，我不希望再出现

① 龚和生主编：《恩施抗战时期教育纪实》，湖北人民出版社，2009年，第89页。

那个年代，却希望现在的青年学生了解抗战时期的学生生活，珍惜今天的大好时光，珍爱优越的学习条件和生活环境①。

记录"湖北联中"艰苦卓绝的历史，也是为了让后人继承与发扬"联中"精神。

第一，抗日爱国。在中华民族遭受日本帝国主义侵略、国难深重的历史条件下，抗日与爱国是密不可分的。

当时的流亡学生，长途跋涉，经过千辛万苦，来到鄂西各地。有的还是从日寇飞机狂轰滥炸中逃出来的。家乡遭到日寇的蹂躏，有的父母遭到日寇的屠杀，大多数同学与家庭失去联系，故同学们十分仇恨日寇。1939 年春节之夜，宣恩初中的同学，因思念家乡、思念父母而痛苦地唱起了《流亡三部曲》，引起了各寝室的同学大合唱。当唱到"哪年哪月，才能够回到我那可爱的故乡"时，哭声四起，十分悲伤，震撼了全校师生。

建始高中一个学生的父亲在家乡被日本鬼子枪杀了，母亲被鬼子强奸后刺死了。这位学生疯了，有苞谷饭不吃吃潲水，有床不睡而晚上睡在伙房大灶炉膛内，当时没有医疗条件，最后不治而亡。同学们同情难过，但没有办法，只有更加仇恨日本鬼子。

日本帝国主义的侵略是中国人民苦难的根源。"联中"校友王延庆在《我们这一代》一文中写道："我们这代人的苦难，来源于国内的反动统治和帝国主义的侵略，特别是日本帝国主义的侵略。我们深切感受到，国家的安危与个人的命运、前途息息相关，没有国家的繁荣、富强就没有人民的安居乐业和幸福生活。'天下兴亡，匹夫有责'，我们有义不容辞的强烈责任感，有深厚的爱祖国爱人民的思想感情。一切有志气，抱负的青年，必须起来以挽救国家的危亡为己任。"②

---

① 王炎森：《联中利川师范分校学生生活纪实》，政协湖北省恩施自治州委员会文史资料委员会编：《鄂西文史资料》第 2 辑，1995 年，第 201 页。

② 王延庆：《我们这一代》，"湖北联中"建始中学分校校友会编：《青史记联中》，2009 年，第 30 页。

建始中学分校学生张良皋回忆道："1938 年 10 月初，日寇大军压境，我随武汉三万子弟，随校西迁。10 月 5 日，登上江顺轮，历时 6 天到宜昌。船行很慢，因为船旁拖带一艘载满难民和学生的趸船。航行中时有空袭警报，那是日寇的空袭，哪怕你是手无寸铁的平民也不能幸免。民生公司就有一艘客轮被日机炸沉，7000 人葬身江底。10 月 25 日，武汉沦陷。我们在宜昌闻知消息，无不椎心泣血，目眦尽裂。这种耻辱，稍有血性的人，就该永世不忘。"①

"联中"的学生自觉地把读书与抗日联系起来，学习目的明确，学习动力十足。宣恩初中的学生胡挠在回忆文章中写道：一位同学因害狂犬病而死，同学们的悼词也把日寇与狂犬并列，如："日寇欺人，狗欺人；病魔伤人，天伤人。"当时同学们是带着复仇的心理学习的。"在课堂上，用心听课，认真作业。宣恩初中的学习是我印象最深刻的。每日早上天明即起，在操场上、在野外，朗读英语。晚上自习时，朗读国文，研讨数学，或做其他作业，十分认真。每人一盏桐油灯(以后改用木油灯，油烟少一些)，灯光暗淡，油烟笼罩教室。每早起来，不仅鼻孔是黑的，吐的痰也带黑色。但并没有影响复仇雪恨、勤奋学习的决心。"②

建始高中学生张扬写道："师生都拥护抗战，都有一颗跳动着的爱国心，为了不当亡国奴，宁可远离家乡而来到偏僻的山沟里，忍受生活上的艰苦而勤奋学习。师长谆谆教诲，同学大都奋发图强，教学成绩十分优异。"③

张良皋表示：我们的同学往后为救国而学习，为抗战而工作，"乃

---

① 张良皋：《勿忘市耻》，"湖北联中"建始中学分校校友会编：《青史记联中》，2009 年，第 150 页。

② 胡挠：《联中学生生活片断回忆》，政协湖北省恩施自治州委员会文史资料委员编：《鄂西文史资料》第 2 辑，1995 年，第 211 页。

③ 张扬：《建高生活回忆片段》，"湖北联中"建始中学分校校友会编：《三里坝岁月》，2008 年，第 40 页。

至身历戎行，冲锋陷阵，为国捐躯，九死无悔，凭的就是这一腔报仇雪恨的义愤。”①

向淦之在回忆文章中写道：“大部分同学来自沦陷区，深受日本帝国主义侵略的痛苦。背井离乡，远别父母跋涉千山万水，遭受无数惊险，来到恩施山城，为报效祖国而学习的思想十分强烈。如陈瑜光，是河南人，他眼睛近视，上课看不见黑板，只能听教师的声音，学习十分认真，从不放松。”②

学生爱国主义的情操也影响着老师。管泽良曾任湖北农学院（今长江大学）第二任校长，他在回忆录中写道：

> 在我任院长以前一两年内，湖北农学院，包括它的前身——农专，学生被捕者达十余人之多，在我任院长八九年间，却无一人被捕，也从未开除过任何一个进步学生。
>
> 我之所以坚持这个保护进步青年的方针是与我到校接任，首先花了很多时间对学生一个个地进行个别谈话，深入了解他们的情况分不开的。我为这些纯洁青年的艰苦奋斗的爱国精神所深深感动，从而改变了自己打学术基础的个人主义打算，决心从事农业教育事业。我深切地了解到，这些学生大多是从沦陷区来的，他们的生活主要依靠学校出资维持，开除他们，不但使他们失学，而且也失去生活来源。他们的进步表现，代表着国家的未来，我有责任保护他们。③

1944年，日军为打通中国大陆南北交通线，发动了豫湘桂战役，日军直指黔南重镇独山，威逼陪都重庆。就在国家民族生死存亡之际，

---

① 张良皋：《勿忘市耻》，“湖北联中”建始中学分校校友会编：《青史记联中》，2009年，第150页。

② 向淦之：《回忆“国师”的学风》，政协湖北省委员会文史资料研究委员会编：《湖北文史资料》第2辑，1986年，第94页。

③ 管泽良：《我与湖北农学院》，政协湖北省委员会文史资料研究委员会编：《湖北文史资料》第2辑，1986年，第103页。

国民政府号召青年从军，当时，“一寸山河一寸血，十万青年十万军”这一撼动人心的口号，感召着无数热血青年携笔从戎，报国卫疆。在这场知识青年志愿从军运动中，“湖北联中”应征从军者众多，除六高、七高、七师、高农、高商、高工等男校外，四女高、二女师等女校也有学生勇敢地走向军营、走向战场。体检结束后张榜公布从军人员名单，七高的高三就有40多名同学参加了青年军，高三原来的三个班只剩下两个班了。教育厅根据中央的指示，从军的学生均予保留学籍；湖北从军的青年，都在万县被编入青年军二〇四师，有数百人之多，大部分是学生。抗战胜利后，这批学生返校后，恢复了学籍。从军时高中快毕业的学生，多被破格送入了武汉大学及其他高等院校。

第二，坚韧不拔。孟子曰：“天将降大任于斯人也，必先苦其心志，劳其筋骨，饿其体肤，空乏其身，行拂乱其所为，所以动心忍性，曾益其所不能。”孟子的这段名言，是说艰苦的环境对人优良品质的形成有重要的影响。

艰苦的环境磨练了“联中”的学生坚韧不拔的品质，这也是一笔宝贵的精神财富。王延庆是郧阳分校的学生，他在回忆录中写道：战乱和艰苦的生活学习环境，锻炼了我们这代人。培养了我们吃苦耐劳、勤奋向上的精神，也培养了我们不怕困难、坚韧顽强的品格。学生时代，有学校能读书，已是幸运；有饭吃，不挨饿，已心满意足；能穿上粗布衣，不受冻已很不错。生活上不奢谈享受，衣服脏了自己洗，破了自己补；常年冷水洗脸，冬天有点热水洗脚，就很不错。[1]

雷振环是建始中学分校的学生，他写道：抗日战争时期，我幼小离开家乡，西行求学达6年之久，过着艰苦的学习生活，一种特殊的自然环境和救亡图存的发奋心态，锻炼了身体，磨练了意志，培养了爱国主义思想，为日后能吃苦耐劳，体魄健康，意志坚定，做一个有

---

① 王延庆：《我们这一代》，“湖北联中”建始中学分校校友会编：《青史记联中》，2009年，第31页。

情操的人，打下了基础。我很感谢上苍，给了我这份机遇。①

张端庆也是建始中学分校的学生，他写道：抗日战争流亡学生的生活非常艰苦，学校设施极其简陋。很多同学为了不当亡国奴，背井离乡，经济来源断绝，全靠学校提供膳食住宿，我们吃的是糙米和苞谷，有时两顿稀饭，为了充饥，吃饭如同打冲锋，还要背柴磨面，宿舍是一个大统舱，晚上在教室自习，在昏暗充满烟雾的桐油灯下，一直学习到深夜。就这样，磨炼了同学们的意志和身体，在艰苦的环境下，造就了不少人才。②

彭德润在建始中学建校 50 周年纪念专刊上，写了一首《坝上思》，抒发了越艰苦越奋发图强的精神以及对母校的思念，他写道：

乃因江汉间，烽火遍南北，负笈此山中，有家归不得。
诲我有良师，弦歌终未绝。常年着草履，足茧坚如铁。
短褐补复破，鹑衣诚百结。冬风夜拍窗，夏蚊昼吮血。
夜读油灯暗，油烟熏鼻黑。苞谷可充饥，粗粝无妨噎。
岂不嗜荤腥？阮囊长羞涩。一碗糊汤面，望之不可得。
艰苦虽备尝，英气未曾折。我志仍昂扬，我歌仍热烈，
游艺杂管弦，登台施粉墨，每逢良宵会，师生同欢悦。
三载容易过，坝上终须别，游子故乡情，踯躅阡与陌。
回首再回首，依依复切切，别时我鬓青，别后我头白。
长怀坝上思，屡忆秋山叶，梦里景依稀，觉后浑难说。
旅路何迢迢，重访安可得！愿假双飞翼，一览清溪月。③

人老了，总爱怀旧。

---

① 雷振环：《西行求学散记》，“湖北联中”建始中学分校校友会编：《青史记联中》，2009 年，第 259—260 页。

② 张端庆：《建始高中的学风》，“湖北联中”建始中学分校校友会编：《夕照万山红》，1998 年，第 33 页。

③ 彭德润：《抗战时期云梦流亡学生漫记》，政协湖北省云梦县委员会文史资料研究委员会编：《云梦文史资料》第 6 辑，1990 年，第 147 页。

往事如昨，仿佛就在伸手可及处。

胡紫岩在《炮火中负笈西征：抗战时期恩施求学散记》一文中写道：

恩施，我的第二故乡，是哺育我茁壮成长和锻炼洗礼的地方。在绿葱坡，有我与风雪作斗争的高声呐喊；在石板岭，有我艰苦攀登洒下的汗水；在齐岳山，有我长途跋涉留下的足迹；在清江河，有我日落黄昏时游泳的身影……那段日子，虽然是艰辛的，有时是痛苦的，但也是充实的，有时又是快乐的。磨练和挫折是一个人一生受用不尽的财富。从这个意义上说，那是值得怀念的一段岁月。①

图 34　恩施南门外侠口

关于“联中”精神的内涵，仁者见仁，智者见智，有着不同的理解与概括。由于“湖北联中”所属学校甚多，情况千差万别，因此只能寻找共性之处。笔者认为，继承与发扬“联中”精神最核心的是两

① 胡紫岩：《炮火中负笈西征：抗战时期恩施求学散记》，宣恩县政协文史资料委员会编：《宣恩文史资料》第 15 辑，2011 年，第 121 页。

图 35　恩施三孔桥

点：一是抗日爱国，二是坚韧不拔。爱国主义是永不枯竭的精神动力。在日寇深入我国国土的情况下，"联中"师生都秉持抗日爱国的信念，因此他们能够奋发图强，克服难以想象的困难。坚韧不拔的品质既是艰苦环境磨练的结果，更是宝贵的精神财富。大力弘扬爱国主义，为早日实现国家富强、民族振兴、人民幸福的"中国梦"努力奋斗，再加上坚韧不拔、百折不挠，我们将无往不胜、无坚不摧。

第六章 情满施州

写到此处，本书稿记录了“湖北联中”的方方面面，来龙去脉，作为一部“联中”史似乎可以画上句号。然而，笔者意犹未尽，准备详细地记载“联中”一所学校——省实验中学的历史，写它的昨天与今天，弥补本书只有宏观描述而没有“校别史”的缺陷，希望此举不是画蛇添足。

一、凤凰涅槃

抗日战争时期，恩施是湖北的战时省会，又是第六战区司令长官司令部所在地，人口陡增，要上中学的学生很多。“联中”在恩施虽然有几所学校，但都在边远郊区，校舍均利用民房，容纳学生有限。学生家长纷纷要求，在城区开办一所中学以解决子女入学难的问题。于是，教育厅以方便省教育学院学生实习为由，筹办一所附属中学。

要办一所中学，首先要选校长。湖北省教育厅看中了初级农业学校的校长何斌。何斌有能力，有干劲，办学有成绩，受到省教育厅的嘉奖。省主席陈诚要求何校长一定要“创办一所高质量的学校”。

何斌毕业于金陵大学农学院，身体结实、肌肉发达，如果不戴眼镜，别人很可能以为他是一位拳击运动员。

1942 年春，湖北省教育厅令何斌率初农的全体教职员工到恩施开办一所新校，图书、仪器以及教学设备随同教职员工运往恩施。当年秋季开学。

由于时间紧迫，教育厅向湖北省干训团借用恩施城外一幢房屋作为临时校舍。8 月招生，9 月 1 日正式上课，最初只招两个班，校名为

图 36　恩施十大街

湖北省教育学院附属中学，由教育厅直接领导。不到半年，省干训团索要房屋，附属中学迫不得已向教育学院求援，由于平时没有来往，几经交涉仅将五峰山上几间闲置的木板房屋短期借用，经过修整，附属中学于 1943 年 1 月搬到五峰山上课。五峰山的校舍既小且破，家长颇有非议，并向学校建议：请民享社（实际就是湖北省平价物品供应处）的老板帮助。民享社是省城当时极有经济实力的商团，不少学生的家长即是该商团成员及省政府各厅处的负责人。经省政府运作，民享社答应帮学校解决校舍问题，并交其所属的建筑公司负责施工，在恩施西北郊的舞阳坝修建新校舍。

1943 年冬，新校舍落成，一式土木结构的瓦房，在当时堪称一流。学校的主体建筑是一座高大明亮的礼堂，两端是教师办公室，礼堂对面是宽敞的草坪与花坛，两侧是平行的教室。沿礼堂北面拾级而下，又是并列的教室，教室两侧是学生与教师的宿舍，再往北是伙房

图 37 实验中学所在的恩施舞阳坝

和食堂，再北就是大操场。

学校环境优美。学校坡下，清江一支流蜿蜒东去，溪水清澈见底；溪北是五峰山，连珠古塔坐落在山顶。学校四周无围墙，东南西三面是橘林、水田与农舍，南面清江上有一座大木桥，连接恩施城。

图 38 当时的恩施清江大桥，远处是五峰山的连珠塔

同年年底，附中师生进驻新校舍。

为了解决政府人员子女的就学，省教育厅曾考虑恢复省立实验中学。恰值省立教育学院于 1944 年 1 月升格为“国立湖北师范学院”，

不属湖北直辖。省教育厅顺势将教院附中改为实验中学。

凤凰涅槃，省立实验中学终于得以复校。像实验中学这样浴火重生，返汉之前就恢复校名的学校，在西迁的数十所学校中仅此一例。

图 39　舞阳坝旧址

1944 年秋，实验中学发展到 6 个班，1945 年秋开招两个高中班，学生总数达 400 多名。实验中学的学生特别珍惜得来不易的读书机会。

黄诚亮 1942—1945 年在实验中学读初中。他在回忆录中写道："当时的生活是极其艰苦的，大地铺、大通铺是睡眠之地，虱子满身，臭虫满床，清江是我们的洗脸盆和洗澡盆，两顿苞谷饭是一天的全部营养，但我们却很愉快，有机会读书了。直到 1945 年日本投降，我进入舞阳坝的实验中学高中部，1946 年初随学校迁回武昌，这才结束了我的流浪生活。"①

要创办一所高质量的学校，首先就要有高水平的教师。在旧社会，教师均由校长自行选聘，经常会有人打招呼，送"条子"。何斌的体会

① 黄诚亮：《辗转千里入实中》，湖北省武昌实验中学校友总会编：《我与实验中学》第 2 辑，2010 年，第 311 页。

是，一定要“排除干扰，慎聘教师”。因此他秉公办事，不讲关系，不走后门，不怕得罪人，唯才是举，聘请了许多学识优良的教师，既有大学的教授、讲师，也有刚刚毕业的大学生，为实验中学日后的腾飞奠定了坚实的基础。

实验中学的学生由衷地感谢何校长，说：“何校长给我们最大的恩惠就是为我们请来了一批好的老师”，“他们都是那个时代的精英”。1949 届学生陶德麟说：“这个学校有许许多多以教师事业为第一生命，热爱自己的学生，道德水平业务素质都很高的老师，他们像爱自己的子女、弟妹一样爱护我们。”

杨孝寰老师也赞道：何校长办学，非常重视教师的聘请，聘用那些有真才实学，能踏踏实实教书的人。老师们都有一颗赤诚的心和坚定的信念：“抗日必胜，为了未来，我们一定要把下一代培养好。”

何斌非常重视对青年教师的培养。他深有体会地说：“这些青年教师的优点，一是离开大专不久，没有当时学派文人相轻的恶习，能团结合作，共同从事教学。二是青年好胜心强，兢兢业业，从事工作，以求取得良好成绩，谁也不甘落后。三是食宿在校，能专心备课与批改作业，并能随时对学生进行辅导。四是精力旺盛，能和学生一道参加课外文体活动。这些教师虽然教学经验少一点。但干劲却是十足。”①

何斌校长经常听课，尤其是听青年老师的课，而且从来不打招呼，上课时就悄悄地坐在教室后面。这对青年教师的迅速成长大有益处。白汉贞老师回忆：“1945 年 6 月，我到实验中学开始教学，当年不过是一个 20 岁的，稚气未脱、初出茅庐的小青年。4 年里在何校长的严格要求、管理下，逐步学会学，学会教。虽然已是先生，仍每周住校，晚上统统用作备课和批改作业，一门心思就是把课教好。何校长没少

① 何斌：《在恩施创办的湖北省实验中学》，政协湖北省委员会文史资料研究委员会编：《湖北文史资料》第 2 辑，1986 年，第 211 页。

听我的课。”①

在长期主持实验中学的过程中，何斌也有一些独到的体会与经验：

（一）重视学生的课外辅导。由于学生都是住读，早晚都安排了自习，而教师也是食宿在校。就能轮流下班辅导，学生有疑难也就可以及时得到解答。

（二）鼓励学生自学钻研。在教学中教师一般不主张死记硬背，强调必须领会透彻。更重要的是多看参考书籍。在老师的号召下，各班大都集体借书、轮流阅读，因此有的同学知识要比课文广泛一些，如高中有位同学在上几何课听完教师证题以后，自己钻研，从参考书中寻找到另外几种证法，这样掌握知识就牢固了。

（三）重视爱国主义教育。抗战时期，日本帝国主义疯狂侵略，使得半壁河山疮痍满目，妻离子散，家破人亡。教师都主动结合教学向学生进行爱国主义教育，如音乐教师在教完《黄河大合唱》全部歌词以后，还组织学生以歌剧形式彩排公演，使观众感动泪落。

（四）要求学生明辨是非。抗战时期，学校早晚要举行升降国旗仪式，为了教育学生，利用降旗以后的短暂时间，由校长或主任就当天校内发生的事情，轮流给予讲评，好事肯定，坏事否定，使学生能明辨是非，知所遵循。

（五）重视学生的身体锻炼。为了增进学生的健康，除体育课外，每天下午课后安排一定时间，进行各种活动，教室、寝室上锁，教师出席指导，学生必须参加，日积月累，养成了习惯，增强了体质。②

---

① 实验中学校史馆。

② 何斌：《在恩施创办的湖北省实验中学》，政协湖北省委员会文史资料研究委员会编：《湖北文史资料》第2辑，1986年，第211—212页。

何斌的体会含有德智体全面发展的办学理念，确实是经验之谈，金玉之言。

教育不能因循守旧，只有变革才能进步。实验中学坚持“面向全体、因材施教”原则，教学上生动活泼，不拘一格，大胆创新，大胆实验。学校专设研究主任一职，由余小柏老师担任。学校重视学生创新精神的培养，鼓励学生与英文老师以英文对话，鼓励学生用文言文习作，在美术、数学、物理、地理等学科教学中，很多老师引导学生探索书本上找不到的答案，培养了一大批社会英才。

当时，湖北省除女中外，中学都不招女生，省政府公务人员、民享社成员的女孩都读不了实验中学。为解决此问题，省教育厅特批允许实验中学招收女生。

实验中学是湖北省男女混招、男女合班上课的第一校。

这是一个前人没有遇到的全新课题，实验中学只有在没有路的地方蹚出一条路来。具体做法是：学生不论高矮，男生一律坐在教室的前排，女生坐在后面，以免男生望着女生的背影想入非非。当时男女学生都遵从“男女授受不亲”的戒律，彼此不说话，不交流；女生拿不动东西，男生绝不会伸手帮忙；在校外相遇，也形同陌路，不会主动打招呼。

中国的学校教育真是奇怪，小学、大学都是男女同班上课，唯独中学不能同班。不过，既然实验中学开了头，男女同学间的关系也慢慢地发生变化。对于这个实验结果，何斌校长很满意，说：有了女生以后，学生打闹的情况减少了，粗野的语言没有了，课堂较前安静；并由于相互竞争，学习气氛也较之前浓厚了，家长因此都比较满意。①

实验中学办学的显著特点就是“严”字当头。条件虽苦，但管理严格。学校实行军事化管理，学生训练有素，个个精神抖擞，朝气蓬

---

① 何斌：《在恩施创办的湖北省实验中学》，政协湖北省委员会文史资料研究委员会编：《湖北文史资料》第 2 辑，1986 年，第 211 页。

勃。学生清晨排队进教室，食堂就餐不得喧哗，晚自习不许出声；学生一律住校，晚自习回宿舍，校长亲自点名。被子叠成方块，用品摆放有序；女生不留长发，男生一律剃平头；周六下午回家，周日晚上返校，回家和离家须家长签字。

1950届毕业生夏世钧在回忆文章中写道：

> 在亲爱的母校武昌实验中学学习近三年的时间里，我感受最深的是一个“严”字。它是我心目中庄严的圣殿。我在这里过着严谨的生活，接受严格的教育，时时刻刻被严密的科学思维熏陶着。学校的生活按部就班地进行着，一点也不能违背。有一次，我未整理床铺就上教室了。第二天，我的大名就赫然地上了被批评的公告板。以后我就十分注意。后来，我居然受到床铺整理优秀的表扬。“严而不计前嫌”，有错改了就好。①

俗语说“严师出高徒”。凡办学有成效的学校，都是“严”字当头。从“要我学”到“我要学”，需要一个过程，而良好习惯的养成与严格管理、严格要求、严格训练是分不开的。松松垮垮、放任自流的环境，不可能培养出严谨、科学、严肃的良好学风，也不可能培养出品学兼优的好学生。

在学校管理上，何斌校长费尽心思。在附中时期，学生都穿统一的校服，校服的衣领上，一边绣有“附中”二字，一边绣有编码，比如01、02等等。何斌校长望着这群穿灰制服的学生说：“如果你们在外面胡闹，只要别人记住了你们的号码，你们就休想逃掉。”的确，这一招很奏效。在学校里，在街道上，在人群中，最守规矩、最有礼貌的就是附中的学生。

何斌校长勤于职守，起得早，睡得晚，一天到晚在学校里随处查看。他看到学生用功，就悄悄走过；看到不正常的现象，就批评、

---

① 夏世钧：《好一个“严”字当头》，湖北省武昌实验中学校友总会编：《我与实验中学》第2辑，2010年，第25页。

训斥。

每学期的考试，何校长总要巡视，“走路轻得像猫，悄悄地站在教室的最后面，监视考生们的动作。‘坐在左边的同学向左；坐在右边的同学向右！’何校长提醒每个同学，因为两人共用一张课桌，各自倾向一边可避免互相偷看”。

对于何斌校长，学生评价很高。1949 届的毕业生涂光群写道：

> 他没有在学校员工及学生中发展国民党、三青团，保存了校园一片洁净空气，这是做了件大好事。历史地看，何校长真是一位雷厉风行、实干的教育家，他对学生的管理虽说比较严厉（特别是对调皮的学生会施以体罚，不少学生比较畏惧他），所谓“铁腕”，但他是为学生好，并且带出认真读书的好校风……像何校长这位一心倾注在办学上的教育家，实属难得。①

一天，何校长带领师生到几十里外的红庙背粮食，每人带一条裤子，扎紧裤脚装粮食，翻山越岭，背回学校。此事轰动了恩施城。要知道，在旧中国，知识分子根本不屑从事体力劳动，更不用说背粮食这样的重体力活了。而且校长在当时也有很高的社会地位，其他学校的校长出远门都要坐滑竿，像何斌这样同学生一起背粮食的校长，绝无仅有！著名银行家、实业家周苍柏先生得知此事，说：“孩子们太小，不要再背了，我派人送粮食。”从此，他按时派人送粮食和煤炭到学校，解决了学校的运输问题。

上善若水。何斌校长无意充当别人效法的楷模，但他的日夜操劳、含辛茹苦、殚精竭虑却潜移默化地影响着师生，对良好校风、学风的形成起了重要的作用。

实验中学崇尚健康快乐，全面发展的理念。在艰苦条件下，师生一道劳动、一道锻炼、一道娱乐，乐观面对困苦岁月。学校非常重视

---

① 涂光群：《实验中学求学记》湖北省武昌实验中学校友总会编：《我与实验中学》第 2 辑，2010 年，第 21 页。

课外活动，规定每个学生必须至少参加一项课外活动，课外活动时教室和寝室一律上锁。活动项目很多，有球类、美术、诗词、演讲、歌唱、话剧等等，老师也要参与其中，何校长就经常与学生一起踢足球。没有体育设施，就土法上马，学校附近的清江就是最佳的游泳场。夏日，学生在清江里游泳、戏水，欢声笑语随波逐流飘得很远、很远。每晚 9 点下晚自习后，学生整队回寝室，一路高唱抗日歌曲。夜晚的五峰山上灯火一线，歌声一片。何校长这时就会说："唱得好不好，我一看便知——谁的嘴巴张得最大，谁的歌就唱得最好！"

实验中学学生的家庭背景悬殊。有富豪（如民享社）、有权贵（如教育厅的官员），也有寒门子弟。但在学校看来，所有学生一律平等，没有高低贵贱之分，不管学生家长的地位如何，一视同仁，一律从严管理。学生表现好当众表扬；表现不好公开批评。学校考试严禁舞弊，违规者严厉训斥、处分直至开除。老师阅卷不徇私情，不讲特权，绝对不送"人情分"。

学校特别重视爱国主义教育，通过各种形式向学生进行教育，早晚都要举行升降旗仪式，努力营造崇文重教、相互激励的校园环境。老师竭尽所能，言传身教；同学们学习目的明确，学习态度端正，学习动力十足，刻苦自学，互帮互助，共同提高，发奋图强，矢志报国。

在课堂上。国文老师讲授《满江红》、《正气歌》，给学生树立正气的楷模；讲灿烂的历史文化，讲近代的屈辱血泪史，给学生烙上"中国心"，教育学生要做有骨气的中国人。

孟子云："富贵不能淫，贫贱不能移，威武不能屈。此之谓大丈夫。"实验中学践行了这一点。

实验中学的这种育人环境，对养成学生的自尊、自强、自信、自立的健康人格影响巨大。涂光群在《实验中学求学记》一文中记载了这么一件事：

国民党省主席、军阀万耀煌，有一天装模作样地突然来到我们教室，那时魏其巍老师正在聚精会神地为我们授课，他完全不理会带着随员，已站在课堂前的万某。万遂恼羞成怒，大声斥责，长官来了你还不……话没说完益发显露其丑态，魏老师仍然不理会他。这真是大快人心事！魏老师以行动给我们上了生动的人格尊严课。我们绝不能在所谓高官丑官面前，低下我们高贵的头。这榜样影响我的一生。①

实验中学校友，武汉大学原校长陶德麟也感慨地说：

在实中，我们学到了基本知识，学到了做人的道理、求知的方法。离开母校时间越久，越感到这是终身受用的无价之宝。中学时期对一个人一辈子是太重要了，它初步把一个人的模子铸好。正是由于在少年时代打下了扎实基础，我们这批人才在漫长的人生道路上不发生大的偏差，弯路走了，错路没走。我永远忘不了五峰山、舞阳坝的日日夜夜，忘不了老师们的谆谆教诲，深厚情谊，没有母校的哺育就不会有我们的今天。②

1945年8月抗战胜利，教育厅指令实验中学迁回武汉，以武昌的省贡院旧址为校址。同年十月学校派员先期回汉筹备，清整场地，修缮房屋，置备校具，争取不误明春上课。由于教育厅返汉船队在秭归倾覆一艘木船，溺死多人；为确保安全，决定全校师生步行到宜昌，再从宜昌乘轮船返汉。为了克服途中食宿的困难，师生混合编组，每组有教师、学生、校工以及运输民工，从二月中旬分批出发，三月初，全部人员（包括图书、仪器）安全到达武昌。

赵军是实验中学首届毕业生，回忆往事，感慨万千，他写道：

学生东迁到武汉时，师生们都是步行千里，从恩施翻山越岭

---

① 涂光群：《实验中学求学记》，湖北省武昌实验中学校友总会编：《我与实验中学》第2辑，2010年，第17—18页。

② 实验中学校史馆。

走了12天才到宜昌，没有人叫苦哭鼻子。要知道，我们那时还是十三、十四、十五岁未成人的小孩子，如果放在现在，还要爸妈陪送上学哩！不信，你可以看看现在上大一的学生，哪个不是由家长护送到校？回到东卷棚，校舍是接收的日军兵营，破烂不堪，蚊子臭虫的叮咬，使得我们夜不能寐，大家可能还记得煮双人床杀臭虫有趣的活动吧？那都是何校长关心学生想出的土办法。①

1948年7月，第一届高中两个班毕业，53名毕业生全部考取大学，共被120多所大学录取（当时一个毕业生可以同时报考几所大学）。特别需要指出的是，报考武汉大学的毕业生也全部被录取。

这在湖北教育史上是开天辟地的第一次！

武汉大学的教授在《武汉日报》报道了这一新闻。喜讯传来，全校振奋！当时，武汉大学中的湖南籍学生居多，舆论普遍认为教育上"鄂不及湘"；这让不少湖北家长耿耿于怀。据查，湖南省也没有报考武汉大学的考生全部被录取的先例。

实验中学一炮打响，一鸣惊人，成了全省闻名、升学率最高的中学。以后，历届同学继续保持了高升学率的势头，渐渐使实验中学名扬全省、全国。

此时的实验中学除继承了"实验中学"这金字招牌之外，完全是一所全新的学校：校长是不见经传的原农专校长何斌；教师中没有杏坛名宿，却有许多没有教学经验的刚刚毕业的大学生；学生也不是全省择优录取，而且有很大比例的"富二代"、"官二代"。

这样一所生源、师资都很一般的学校，却能在短短几年内重振雄风、独占鳌头，这是湖北教育史上值得大书特书的一页，也为其他学校提供了可以效法、可以复制的成功经验。

---

① 赵军：《在八十五年校庆上的致词》，湖北省武昌实验中学校友总会编：《我与实验中学》第2辑，2010年，第9页。

二、对口帮扶

湖北省实验中学与利川有着不解之缘。1938 年武汉失守前夕，“湖北联中”内迁，省立实验初中与黄冈初中合为一所分校，迁往利川县，命名为“湖北联中利川初级中学分校”，主任王道隆。1944 年，实验中学重建于恩施西门外的舞阳坝，抗战胜利后，迁回武汉。沧海桑田，人和物都在变化，学生一茬又一茬地进进出出，老师一任又一任地辛勤耕耘，但实验中学与利川的情谊却在延续。

图 40　利川中学学生旧照（1）

改革开放以来，国家先后实施《“八七”扶贫攻坚计划(1994—2000 年)》、《中国农村扶贫开发纲要（2001—2010 年)》、《中国农村扶贫开发纲要(2011—2020 年)》，扶贫思路和扶贫方式不断创新。党的十八大提出了“两个一百年”奋斗目标，其中“第一个一百年”规定到 2020 年全面建成小康社会。习近平总书记还多次强调，全面建成小康社会，一个也不能少，措施之一就是对口扶贫，让经济发达地区对口帮助欠发达地区。

2007 年，湖北省启动“616”工程。该工程是省委、省政府贯彻党的民族政策、大力推进民族团结进步事业的重要举措，是湖北省推动民族地区加快发展的有效载体和开展民族工作的品牌。其主要内容为：对民族地区 10 个县（市）实施对口支援，每个县（市）由 1 名省

图 41　利川中学学生旧照（2）

委、省政府领导同志负责，省直 6 个单位（4 个省直部门、1 个大中型企业、1 所大专院校或科研单位）开展对口支援，每年至少为对口支援县（市）办 6 件实事，其中，智力帮扶是重要的方面。在这个背景下，实验中学与利川一中结成帮扶对子。

需要指出的是，在对口帮扶单位中，省实验中学是唯一的一所中学。为什么省实验中学能成为对口帮扶单位？原因有二：

第一，省立实验中学属全国首批重点中学。1997 年，实验中学率先跨入“湖北省普通高中示范学校”的先进行列。该校有湖北省“十大名师”、武昌区“十大名师”2 人，特级教师 10 人，市、区学科带头人及省级骨干教师 24 人。多年来，实验中学为国家培养了包括多名两院院士、百余名博导、千余名博士、数以万计的优秀人才，成为湖北教育的一个品牌、一面旗帜。

进入新世纪，实验中学提出新的办学理念：“以生为本、奠基人生、张扬个性、创新发展”，明确提出“三好两有”（即品德好、身心好、学习好，有创新精神、有个性特长）的育人目标，帮助学生树立

“让优秀成为习惯，从母校带走一生的财富”的成长信念，通过“三导制”引导教职工深刻认识落实立德树人就是要坚持德育为先、能力为重、全面发展，构建“以生为本”的德育模式，取得了显著的育人成效。近年来，一大批学生在小科技、小发明、学科竞赛、田径、篮球、乒乓球、文艺小人才比赛中获奖。近几年的高考成绩也是芝麻开花节节高，连续三年重点大学上线率稳定在百分之九十六之上，2014 届甘草以 699 分、2016 届欧阳云浩以 706 分的优异成绩夺得湖北省理科榜眼。2017 年重点大学上线率突破 98%，600 分人数 248 人，600 分上线比例达到 54%，近 200 人考入华科大、武大等“985”高校。

总之，实验中学全新的办学理念、独到的见解、宝贵的信息、成功的经验，这些都使它具备了智力扶贫的能力。

图 42 湖北省实验中学

第二，实验中学与利川有着特殊的历史渊源。2009 年，恩施州召开“616 工程”对口扶贫工作会议，省实验中学校长许惠银应邀出席，感到一头雾水。会上，许校长发言，说出心中的困惑：我们实验中学一没有资金，二没有技术，对扶贫攻坚更是一窍不通；我们只会教书，在办学方面有一些新理念，有一些成功的经验。会议主持人说，这正是我们最需要的。

滴水之恩，当涌泉相报，这是中国的传统美德。

1938 年，在那战火纷飞的岁月，省立实验初中与黄冈初中合为“湖北联中利川初级中学分校”，迁到利川，善良、厚道的鄂西父老乡亲热情地接待、收留了这些流亡师生。1946 年 2 月，省立实验中学迁回武汉。具有实验中学基因的利川县立初级中学继续办学，继续得到利川百姓的厚爱与呵护。

如今有能力回报利川的父老乡亲，许校长自然是满心欢喜；再有，实验中学有机会参与扶贫攻坚的伟大工程，许校长深感责任重大。

从此省实验中学与利川市第一中学结成对子，对口帮扶。一个虚心学习、虚心求教；一个无私帮助、传经送宝，两所学校就像走亲戚一样，来往密切，续写友谊的新篇章。

图 43　利川一中

省实验中学非常重视对口支援利川一中的工作，把这当做一项政治任务，尽心尽力，多次协调利川一中参加武汉市、武昌区的调考、联考，共享教育教学信息，并且热情主动传递考务信息、提供样卷、提供质量分析数据。

自2009年以来，省实验中学每年都要分批接待利川一中管理人员和教师。2014年7月，利川市第一中学主要负责人带领分管教学副校长以及各学科组长一行16人前往省实验中学，开展第一轮高考复习备考交流活动，得到省实验中学全力支持。

2016年4月初，利川一中的部分教师到省实验中学学习取经。他们首先参观校园和校史馆，接着进班听课并与实验中学的英语、语文老师们进行了认真细致的交流。利川一中的教师还观摩了省实验中学高二（11）班的主题班会，班会的主题是“学会沟通”。学生们列举了同学间在沟通方面存在的种种障碍，交流如何沟通的体会，班主任邓伟老师进行了说课，董有建校长作了精彩的点评。利川一中的老师们纷纷表示受益匪浅。

省实验中学每年选派骨干教师赴利川一中开展教学交流活动。2016年3月23日，省实验中学董有建校长率副校长罗荣、总务处主任彭亚中、武汉市五一劳动奖章获得者许红明、刘芳一行五人，到利川一中开展帮扶活动。其中刘芳老师是武汉市优秀班主任；许红明老师为武汉市功勋班主任工作室执掌人。两位老师分别从班主任和教学两个方面介绍了实验中学五年来推进的“三导制”工作的经验，董校长作了点评。利川市委市政府对此次帮扶活动高度重视，利川五中的部分教师也参加了观摩学习。其间，董校长一行按照省委“616”工作领导小组的统一部署，前往实验中学在利川的精准扶贫点——利川市东城办事处交椅台村慰问贫困户，听取村委会的情况汇报，确定下一步帮扶方向。

2017年1月12—14日，湖北省武昌实验中学一行7人在校长汪拥军的带领下赴利川进行帮扶活动。应利川一中的要求，实验中学特地安排了2016年高考湖北省理科第二名的班主任王兴旺老师，武昌区文科第一名的班主任张波老师以及英语满分学生的科任老师向兰芳参加。

三位老师作了经验介绍，受到热烈的欢迎。

2017年6月15—18日，武昌实验中学11位学科骨干教师再次到利川市一中传经送宝。

专家们在同课异构、心理辅导、德育方面进行示范讲课。其中，同课异构活动以语、数、政学科为导向，分别以“高考小说真题”、“绝对值不等式的解法”和“依法行政”为切入点，展示了精彩的示范课。

把德育教育融入班级管理，打造生龙活虎的课间体育活动是省实验中学的成功经验。由杨威老师组织的一场课间跑操活动，让学生在愉悦的情境中锻炼身体，增强团队意识和竞争意识，为利川一中开启了德育教育智慧之门。

实验中学的耿喜玲老师给利川一中高三的学生们带来了一场心理“及时雨”。耿喜玲老师是国家级心理专家，她的心理辅导讲座非常精彩。首先耿老师有一个开场白：

> 各位利川一中的高三同学们，大家好。每年这个时候我们都会来到利川一中，虽然每次看到的面孔都不一样，但是每年高三学生的问题都有着相似之处。今天呢，我不想预设某个类似于减压啊、鼓劲儿啊之类的具体主题，因为在我看来不是每个高三学生一定就是压力过大或者须要打鸡血（同学们笑，有的点头表示赞同）。今天我把主动权交给大家，你们须要我帮助你们解决什么问题，抓紧时间抓住机会，赶紧提出来！

会场中有数名学生站起来向耿老师提问。接着，耿老师将同学提出的问题归纳为四类，并一一作答。第一个问题是：现在这个复习阶段，觉得很焦躁，静不下心来，该怎么办？耿老师答道：

> 高考在即，觉得紧张、焦躁，你们认为这样的情绪出现在这个时候，正常不正常？对！在这个阶段产生焦躁的情绪是很正常的！如果到这个时候了你一点压力也没有，觉得心里很轻松那才不正常！焦虑、紧张是伴随压力的一种情绪体验。从心理学的角

度来讲，做任何事情，保持中度的压力是最利于水平发挥的，压力过低或过高都不太好。举个简单的例子，三个气球，一个充气较少比较软，一个充气过多硬邦邦，一个充气适中，三个气球拍到地上，哪个气球反弹得最高？是那个充气适中的。

但是，如果你的焦虑感太强烈，以至于影响到了复习，那么这个时候就需要反思和调适。焦虑的情绪是会传染性的，当你觉得自己过于焦虑时，请首先观察和思考一下自己周围人的情绪状态，你是不是有个天天都在抱怨，都在念叨的同桌呢？你是不是有个天天都在说“完了完了，时间不够了”，“完了完了，这次又考没好”的朋友呢？你是不是有个天天都在问你“今天学得怎么样啊?”“这次考多少名啊?”的爸爸妈妈呢？反思一下自己的焦虑情绪是否是周围同学或者是父母传递给自己的，如果是，请在这个阶段远离或者调整传递负面情绪给自己的焦虑源头。不要让焦虑的情绪像瘟疫一样在你们之间传递和蔓延！

再有，通常每个人焦虑的背后都会有具体的原因，要解决一种情绪给自己带来的困扰，首先要找到引起这种情绪的源头。比如说，有的同学制定的目标过高，过于困难，“跳一跳都够不着”，那么这种焦虑就应该通过调整目标来缓解。什么叫跳一跳都够不着？如果你的元月、四月的调考都是刚刚过一本线，但是你给自己定下非武大不上的目标，那么这个目标就定得过高了。虽说每年高考都会出现“黑马”，但是定目标时一定不能寄希望于“黑马”这种小概率的事件；有的同学因为家长给的压力太大而焦虑，现在有种说法很形象，有些家长自己飞得不高于是就鞭策下一代使劲儿飞！恨不得自家的鸽子能飞得比鹰更高！如果你是因为父母有这样的问题而焦虑，那么应该跟家长进行沟通，让他充分地了解你现阶段的实际情况，让家长做出合理的期待，如果短时间内无法跟家长沟通好，那就请明确“学习和未来都是自己的事情”这个观点；还有的学生因为某门课程较差，那么就针对这个科目做出有效的补课计划或者找相关的老师交流、补习等等。当具体诱因得到了解决，情绪就会得到舒缓。

耿老师还回答了同学们提出的另外三个问题。

耿老师的公开课诠释、推广了实验中学的"让优秀成为习惯，从母校带走一生的财富"的教育理念，告诉同学们许多道理：一是"优秀"不是少数英雄人物特有的专利，而是每个人经过努力都可以具备的品质，比如，守时、勤奋、坚毅、有规划等；二是"优秀"不是与生俱来，而是后天养成的；三是"优秀"比分数更重要；四是"优秀"让人一辈子受益。

耿老师的公开课有如下特点：一是对症下药。了解学生是优秀教师的基本功。耿老师概括了困扰高三学生的普遍存在的心理问题，说明老师对学生的心理状况了如指掌。接着，耿老师对症下药，分析了学生的产生心理问题的原因，提出了解决问题的建议，娓娓道来，令人信服。二是随机应变。一般公开课都要事先备课，然后按照准备的内容讲授，很少现场发挥。耿老师的心理辅导课则不同，现场坐诊，现场作答。能达到这种随心所欲的状态很不容易。首先，教师要有扎实的专业功底，雄厚的理论素养，并能将理论与实践融会贯通地加以说明。其次，还要求教师具有掌控课堂的能力，能够自如地应对各种情况，比如，根据学生的提问，将学生的心理问题归纳为四类，虽然事先没有准备，但耿老师概括得全面、准确。这就是随机应变的能力。没有长期的教学实践，没有用心的深入钻研，很难达到如此炉火纯青的境地。

总之，耿老师的心理辅导课精彩纷呈。整堂课师生互动，气氛活跃；归纳的问题具有普遍性、针对性，解答说明令人信服；讲授深入浅出，风趣幽默，笑声不断。

这是心理辅导课，帮助高三学子摆脱心理问题的困扰。

这是教学示范课，教师从中可以找到差距，收获多多。

自 2009 年以来，实验中学与利川一中开展互动交流活动近二十次，利川一中受益匪浅，其德育、教学和科研工作都取得明显进步，升学率不断攀升，连创佳绩。

2014 年，利川一中上一本人数由 2008 年的 120 人上升到 499 人，上二本线人数突破 1000 人大关。被录取北大清华的有 9 人，州理科状元，理科前一、二、三、五、七名，文科第三名均在该校，各项指标均居全州县（市）重点高中第一，创历史新高。

2017 年，利川一中高考成绩喜人，再创辉煌，一本上线 685 人（文科 229 人，理科 456 人），本科上线 1333 人。各项指标居全州县（市）重点高中第一。温岭同学以 670 分摘取全州理科状元桂冠，利川市文科状元马璇 624 分。利川一中一跃成为恩施最好的高中之一。

通过对口帮扶活动，实验中学与利川一中结下了深厚情谊。除此之外，实验中学还与利川二中结成对子，开展对口帮扶活动。

潮平两岸阔，风正一帆悬。

有了“616”工程这一平台，实验中学帮扶之路越走越宽广，并且必将为扶贫攻坚，为推进民族团结进步的伟大事业续写辉煌。

后　记

从1938年西迁到1946年部分学校返回武汉，“湖北联中”存在了8年。在浩瀚的历史长河中，8年仅仅是短短的一瞬。

这是一段无上荣光的苦难历程，

这是一段不能忘却的国家记忆。

然而，很少有人知道、记得这段历史。于是，笔者有一种写作的冲动，接下这个课题，写一部关于“湖北联中”历史的书。

需要指出的是，并不是所有的“湖北联中”的分校都迁往鄂西、鄂北。留在鄂东、鄂南一些没有迁移和其后新建的学校，1939年后也统一归并“联中”，成为“联中”分校。比如，按照湖北省政府的规定，黄冈初级中学与省实验中学合并，迁往利川，称“湖北联中”利川分校。但是黄冈初中的师生只有少数西迁，绝大多数师生仍留在鄂东。1939年，为了解决青年学子就学问题，鄂东专员程汝怀等利用原省立黄冈初中的基本力量，组建湖北联合中学鄂东分校。该校规模很大，1940年上半年有本部和10个县分部，近百个班，学生4500多人。这些未迁徙的学校也是“湖北联中”大家族的成员，如果写“湖北联中”史，也应该包括这些学校。

但是，本书只写迁往鄂西、鄂北分校的历史，主要写迁往鄂西的那些分校，对于仍留在原地的学校就不再叙述。为了名副其实，将书名定为《“湖北联中”西迁记》。

再有，“湖北联中”有广义与狭义之分。狭义是指改组前的“联中”。将这么多的学校，上万师生合并为一所学校，其规模之大在全中国、全世界都极其罕见。然而，由于学校过大，分布过广，情况又千差万别，根本没有办法实行有效的管理，不得不进行改革，将各分校单独设立并更名。比如，将“联中”来凤初中分校改为“湖北省立来凤初中”，第二年又将省立来凤初中交由县办，改名“来凤县初级中学”，实现学校地方化。

狭义的理解，自学校更名起，“联中”已经解体，“联中”的历史已经结束。广义的理解系指“联中”的成立、发展及其演变。

本书采用广义的理解。为了讲清楚来龙去脉，使历史的叙述有头有尾，笔者仍将更名后的学校作为“联中”的延续，加以叙述。

本书的所有章节都有根有据。史料主要来自三个部分：1．“湖北联中”建始中学分校校友会编写的《青史记联中》、《夕照万山红》与《三里坝岁月》；2．湖北省政协及其省内县市政协编的《文史资料》；3．江汉大学王立教授的采访录。王立教授用10余年的时间，采访了众多的“湖北联中”的校友，发表了一系列的文章，保存了一大批珍贵的史料。再有，湖北省武昌实验中学，武汉市第十四中学、第三十九中学也提供了一些资料。在此一并表示感谢。

笔者希望这部书是一部严肃、严谨的历史书籍，同时又有较强可读性。做到这一点并不容易。为此，笔者努力做到：1．注重文字的准确性、严谨性，又尽量写得精彩生动、通俗易懂。2．少论述，多叙事，注重用鲜活的故事、感人的细节来表现历史，用翔实的史料来展现历史，使读者能够见事、见人、见精神。3．采用散文的手法，追求文字优美、抒情。4．夹叙夹议，既讲出历史的本然，又讲出所以然。

如果本书能引起读者的兴趣，闲暇时愿意翻翻，笔者就心满意足了。

限于资料的搜集与笔者的水平，书稿肯定有疏漏不当之处，敬祈读者质疑指正。批评径赐 lmg49@sina.com。

笔者还要感谢华中师范大学原校长、92 岁高龄的章开沅先生为本书作序，感谢江汉大学原党委书记罗友松为本书撰写前言，感谢武汉市老教授协会、闻一多基金会提供的资助，感谢华中师范大学出版社的支持。

刘明钢

2017 年 11 月